Hans-Günther Pölitz

Abwatschen und Tee trinken

Satiren aus 14 Jahren »Pölitz-Frühstück«

Eulenspiegel Verlag

ISBN 978-3-359-02271-8

Umschlaggestaltung: Verlag unter Verwendung
eines Fotos von Regina Pölitz
Druck und Bindung: CPI Moravia Books GmbH

Ein Verlagsverzeichnis schicken wir Ihnen gern:
Eulenspiegel · Das Neue Berlin Verlagsgesellschaft mbH & Co. KG
Neue Grünstr. 18, 10179 Berlin
Tel. 01805/30 99 99
(0,14 €/Min., Mobil max. 0,42 €/Min.)

Die Bücher des Eulenspiegel Verlages erscheinen
in der Eulenspiegel Verlagsgruppe.

www.eulenspiegel-verlag.de

SEHEN SIE,
genau so mache ich es auch immer, wenn ich im Laden ein Buch in die Hand nehme: Erst mal blättern, was da so drin steht. Eine ungeschriebene Regel soll ja lauten: Der erste Satz ist immer der Entscheidende. Danach geht der Leser mit dem Buch entweder zur Kasse oder das Buch wieder ins Regal. Halt! Stellen Sie es noch nicht zurück, denn Sie halten gerade etwas in der Hand, das es hätte eigentlich gar nicht geben sollen. Wenn es nach mir gegangen wäre. Aber was geht schon nach unsereinem.

»NÖÖÖ!«,
habe ich immer gesagt. Gut, es kann auch ein »ö« mehr oder weniger gewesen sein. Das ändert nichts an der Tatsache, dass ich mich lange gesträubt habe, das, was auf den folgenden Seiten steht, als Buch erscheinen zu lassen. Weil die Worte, die den jetzigen folgen werden, gar nicht zum Lesen gedacht waren, sondern zum Sprechen. Im MDR. Genauer gesagt, im Landesfunkhaus Sachsen-Anhalt kam ein Redakteur auf die Idee, allwöchentlich einen satirischen Kommentar ins Programm zu bringen. Meine Bedenken, ob er sich wirklich auf solches Glatteis begeben wolle, entkräftete er mit dem Argument, dass es für ihn kein unbekanntes Metier wäre. Klar, der Mann war in der DDR ein bekannter Eiskunstläufer. 1967 sogar Zweitbester. Und so einer lässt sich nicht von jedem Erstbesten die Butter vom Brot nehmen. Seit diesem Gespräch gehe ich nun den Hörern auf den

Geist. Sonnabend für Sonnabend. Seit 1997. Immer zur Frühstückszeit. Deshalb hat der Sender das Wort vorm Sonntag auch »Pölitz-Frühstück« genannt. Da gilt es dann, die Brocken zu verdauen, die uns in der Woche fast im Halse steckengeblieben wären.
Eigentlich heißt es ja: »Beim Essen spricht man nicht.« Wie ich aber von vielen Hörern erfuhr, heißt es bei ihnen, wenn die Sendezeit ran ist: »Beim Sprechen isst man nicht.« Und dann folgt immer die Frage, ob denn das nicht alles irgendwo nachzulesen wäre, hier kam von mir als Antwort stets das oben erwähnte »Nööö!«, weil ich der Meinung war, dass die satirische Betrachtung mancher Ereignisse von heute morgen schon wieder von gestern wäre.
Als der Eulenspiegel Verlag an mich herantrat, versuchte ich dem Druck eines Buches zu entkommen, indem ich sagte, dass in den Buchhandlungen die Bücher ja immer alphabetisch angeordnet seien und ich mit meinem Namen dann genau zwischen Pilchers Rosamunde und Poths Verona stehen müsste. Dieses Argument wurde vom Verlag dahingehend entkräftet, dass mein Buch garantiert nicht bei den Bestsellern platziert werden würde, sondern unter der Rubrik freiwilliger Humor. Und Satire. Da stünde ich dann zwischen Peter Panther und Hans-Joachim Preil. Das nahm mir erst recht den Mut. Und so versuchte ich, mich auf mein Mitleid mit den armen Bäumen herauszureden, die für ein Buch extra gefällt werden müssten. Wenn das Buch dann niemandem gefällt, hätte man die ganz umsonst gefällt. Der Verlag erwiderte, dass ihm dieses Argument nicht gefällt, weil es nicht stimmt. Wenn das Buch nämlich keiner kauft,

wird es eingestampft, und aus dem Papier können dann wieder andere Bücher entstehen. Auf meine Frage, aus welchen Büchern denn meins entstehen würde, erhielt ich allerdings keine Antwort. So blieb mir am Ende zwar die Gewissheit, dass mein Buch keine Bäume ausreißen wird, aber immer noch die Ungewissheit, ob Sie damit jetzt zur Kasse gehen oder doch lieber zu den Namen links und rechts von mir greifen. Bei denen weiß man schließlich, woran man ist. Denn

WER BITTE IST PÖLITZ?

Normalerweise findet man bei Büchern die Notizen über den Autor immer auf der Klappe des Schutzumschlages. Wobei ich mich schon immer gefragt habe, welche Funktion der eigentlich hat. Soll er das Buch vor dem Leser schützen oder den Leser vor dem Buch? Dieses Buch jedenfalls wird ungeschützt auf die Menschheit losgelassen. Und hat deshalb auch keine Klappe, sondern nur einen Buchdeckel. Aber wer kriegt sein Leben schon gern auf den Deckel? Es reicht, wenn man es uns immer wieder um die Ohren haut. Da ein Leben aber immer mehrere Seiten hat, versuche ich, es hier zwischen selbige zu schmuggeln.

Eine biografische GAUCKelei (1996)

Wir leben in einer neuen Zeit. Schrieb man früher Lebensläufe eines Postens oder Ordens wegen, durfte man möglichst keine falsche Vergangenheit vor 1945 haben. Heute, da es um neue Posten und andere Orden geht, muss man danach trachten, möglichst keine falsche Vergangenheit nach 1945 zu besitzen. So soll nicht nur unter Politikern die Fähigkeit zum Lebenslaufkünstler gefragter denn je sein. Gilt es doch, in der Gegenwart die Vergangenheit so darzustellen, dass man eine Zukunft hat. Und das geht so: Ich wurde 1952 in Waldheim geboren. Schon meine Geburt war eine Protestreaktion meiner Eltern auf den Beschluss des SED-REGIMES, den Aufbau des Sozialismus just in diesem Jahr beginnen zu wollen – bin ich doch zum Bauen völlig ungeeignet. Als sich die Nachricht von meiner Geburt bis ins ferne Moskau herumgesprochen hatte, bekam STALIN einen solchen Schreck, dass er starb, was mich ohne Zweifel als glühenden Antistalinisten ausweist. Zur Strafe musste ich meine Kindheit in Waldheim absitzen. Ein Schicksal, das ich mit vielen teilte. Das Vorhandensein einer Oma ersparte mir jedoch die Einweisung in eine Kinderaufbewahrungsanstalt, von den Machthabern demagogisch als Kindergarten bezeichnet.

Bereits mit sechs Jahren nahm ich an der APO teil, was ich natürlich aus Sicherheitsgründen damals nicht als Außerparlamentarische Opposition bezeichnen durfte, sondern als Allgemeinbildende Polytechnische Oberschule. Zur Verstärkung der Tarnung wurde ich einige Tage später Pionier. Doch wo es nur ging, widersetzte ich mich den Pioniergeboten, wie z.B.: »Junge Pioniere halten ihren Körper sauber und gesund ...« So bestens zur Untergrundarbeit vorbereitet, schlich ich mich acht Jahre später als Trojanisches Pferd in die Reihen der sogenannten Freien Deutschen Jugend, was dann auch bald zur Ablösung ihres Vorsitzenden, Egon Krenz, führte. Durch diesen Erfolg meines unauffälligen Widerstandes ermutigt, ließ ich mich sogar auf die Erweiterte Oberschule delegieren, um das sozialistische Abitur zu machen. Und zwar lächerlich. Permanent erwies ich mich, ohne Schonung der eigenen Persönlichkeit, hier als Andersdenkender. Besonders in Mathematik und Physik. Das ist in zahlreichen schriftlichen Arbeiten durch mich dokumentiert worden, die natürlich unter der allgewaltigen ZENSUR der parteihörigen Lehrer gelitten haben. Da ich nach dieser Entwicklung den Machthabern ein immer größerer Dorn im sozialistischen Auge geworden war, dachte man sich für mich eine besondere Schikane aus – ein Studium an der Pädagogischen Hochschule in Zwickau.

Von 1972 bis 1976 musste ich unter der Überwachung von SED-Professoren mein Diplom ablegen. Doch ich versetzte den Überwachern einen harten Schlag. Getreu ihrer eigenen Losung: »Wo ein Genosse ist, ist die Partei«, trat ich selbiger bei. Ab sofort mussten sie sich also selbst überwachen. Um die dadurch entstandene Verwirrung für meine weitere konspirative Tätigkeit auszunutzen, trat ich dem Studentenkabarett bei. Leider gelang es gegen Ende des Studiums Denunzianten herauszufinden, »dass der auch denkt, was er auf der Bühne sagt«. Das hatte zur Folge, dass ich unter dem Vorwand eines Forschungsstudiums für weitere drei Jahre in dieser Anstalt interniert wurde. Geschickt ließ ich es jedoch an Forschungsergebnissen fehlen oder lieferte nur solche ab, die sich noch hier und heute, in der

Freiheit, als unrichtig und provokant erwiesen (z.B. »Der Sozialismus siegt«). Geschickt gelang es mir, einer drohenden Promotion zu entgehen. Das Fehlen meiner Doktorarbeit brachte die gesamte Bildungspolitik des SED-UNRECHTSSTAATES ins Wanken. Von diesem, durch mich 1982 eingeleiteten Prozess, konnte sich Margot Honecker nie wieder erholen und stürzte im Herbst 1989 endgültig.
Fortan musste ich mich in den Nischen dieser zum Untergang verurteilten Gesellschaft verstecken und nur noch Kabarett spielen. In immer wieder anderen Rollen versuchte ich, den SED-HÄSCHERN zu entkommen. Während sich andere als Republikflüchtlinge feiern lassen konnten, flüchtete ich in der Republik. Bis 1984 konnte ich auf der Bühne der Dresdner »Herkuleskeule« untertauchen, danach setzte ich meinen stillen Widerstand in Magdeburg bei den »Kugelblitzen« fort, bis ich, doch entdeckt, an die Öffentlichkeit gezerrt und zum Direktor dieses Kabaretts verurteilt wurde. Als durch den Fall der Mauer auch im Westen bekannt wurde, welche Leistungen ich im BULLEN-STAAT, genannt DDR, vollbracht hatte, ging von den Deutschsprachigen Rundfunkanstalten die »Goldene Bulle« aus, mir 1990 einen bronzenen Bullen zu verleihen, der noch heute »Salzburger Stier« genannt wird.
Aber bald schon befand ich mich wieder unter einer Minderheit. Während alle lautstark riefen: »Dem Osten werden wir schon helfen!«, ging ich 1994 und 1995 in der »Münchner Lach- & Schießgesellschaft« der Frage nach, ob dem Westen noch zu helfen ist. Die Beantwortung dieser Frage steht noch aus.

Fest steht aber, dass sich bei diesen gegenseitigen Hilfsaktionen wohl noch viele in eine »Zwickmühle« begeben werden. Deshalb gründete ich 1996 in Magdeburg eine solche als Kabarett. Und wenn ich nicht gestorben bin, befinde ich mich noch heute darin. Denn wie das Leben vor dem Tod war, dazu fragt man heute am besten seinen Arzt Dr. Merkel, seine Apothekerin Birthler, die Packungsbeilage Emmerlich. Die wissen das. Vor allem besser.

Die Deutsche Einheit ist in den vergangenen Jahren ein beliebtes Thema für die Satire gewesen. Man sagt ja, dass eine Satire nur über etwas entstehen kann, das vorhanden ist. Die deutsche Einheit führte diese Theorie immer wieder erfolgreich ad absurdum. Schon vor zwanzig Jahren hieß es: Über Deutschland lacht die Sonne, über unsere Einheit die ganze Welt.
Und so haben wir in den vergangenen Jahren gelacht über: die CDU und den Wahn bei der Kuh, die FDP, Merkels Dekolleté, die Deutsche Bahn und den Vatikan, die Hartz-IV-Idee und die SPD, die Schweinegrippe und die Bankersippe. die Linkerei in der Linkspartei, die Spendenskandale und die Steuerspirale, die Koalition und die Korruption, Hessens Roland Koch und was aus ihm kroch.
Leider mussten wir dabei feststellen: Ob unter Kohl, ob Merkel, Schröder, nichts wurde besser, höchstens ...
... wie es Erich Kästner schon 1957 formulierte: »Fast alles hat sich geändert, und fast alles ist sich gleichgeblieben.«
Kinder, wie die Zeit besteht, könnte man da sagen.

Und die soll ja bekanntlich nach Satire schreien, wie Tucholsky fand. Leider haben sich ihre Schreie zumeist als einsames Rufen in der Wüste erwiesen. Versuchen wir es in diesem Buch deshalb einmal andersherum. Wir lassen die Satire zurückrufen. Und zwar die Zeit, die nach ihr geschrieen hat. Deshalb sind die einzelnen Abschnitte auch nicht mit lustigen Überschriften versehen, sondern mit nüchternen Daten. Eine Art Datenverarbeitung. Auf diesem USB-Stick aus Papier könnten Sie nun, falls Sie das Buch nicht schon wieder ins Regal zurückgestellt haben, eine Zeitreise unternehmen. Und wenn Sie, vorausgesetzt Sie sind mit dem Buch schon zur Kasse gegangen, jeden Abend vor dem Schlafengehen eine solche Geschichte als Gute-Nacht-Geschichte lesen würden, könnte mein Tagewerk sie vielleicht zu einem Seufzer »Gute Nacht, Deutschland« verleiten. Sollten Sie das Buch aber lesen wollen, nachdem sie erwacht sind, werden sie merken, auch wenn Ihnen der ein oder andere Name vielleicht entfallen ist, dass das gar nichts macht. Namen sind ohnehin nur Schall und Rauch. Der Politik dagegen wird nicht umsonst nachgesagt, dass es in ihr zugehe wie in einem Saustall: Der Trog bleibt immer derselbe, nur die Schweine wechseln.

Damit wäre vorab alles gesagt. Ach, halt eins noch! Da ja, wie eingangs erwähnt, die Texte ursprünglich zum Sprechen gedacht waren, sind sie auch nicht so sehr den allgemeinen Regeln der Recht-Schreibung, sondern meiner persönlichen Recht-Sprechung unterworfen.

Und so ging es damals los:

4. Januar 1997

(mit vollem Mund) Oh …, was? … sind, wir schon auf Sendung? … Äh … ja, das klingt bisschen ungewohnt, aber die Redaktion hat gemeint, ich soll jetzt samstags mit Ihnen frühstücken. Ich weiß bloß gar nicht so recht, was ich Ihnen heute aufs Brot schmieren soll. Ist ja eine blöde Zeit. Die Knaller sind verstummt, die von Silvester. Die von Bonn gehen erst nächste Woche wieder los. Also, in ihr Amt … Tja, was machen wir da heute? Jahresrückblicke sind überall durch. Aus dem Kaffeesatz kann ich Ihnen auch nicht vorlesen, ich bin Teetrinker. *(Trinkgeräusch)* Huch, ist der heiß. Da muss ich höllisch aufpassen, dass ich mir im öffentlich-rechtlichen Rundfunk nicht gleich beim ersten Mal den Mund verbrenne. Nee, wie gesagt, Kaffeesatz ist nicht, und der Teebeutel ist auch schon dort, wo das Schwermaschinenkombinat »Ernst Thälmann« jetzt ist – im Eimer. Bei uns sagen wir bloß SKET dazu. Also, nicht zu dem Eimer. Zu dem Schwermaschinenkombinat. Das ist übrigens eine schöne Sache, dass 1400 SKETianer ihr Frühstück jetzt nicht mehr früh um fünf runterwürgen müssen und dann zur Schicht hetzen. Das müssen jetzt nur noch 425. Weniger produzieren mehr. Haben wir uns in der DDR immer gewünscht. Jetzt ist es soweit. Die anderen 1000, die können jetzt ganz ruhig jeden Tag in ihre Brötchen beißen, wann sie wollen. Dank der BvS. Sie wissen zwar noch nicht, wie sie sich die verdienen sollen. Das hat die Treuhand-Nachfolgegesellschaft BvS, also die Bande vereinigungsbedingter Sauerein, ihnen nicht gesagt, aber die BvS ist ja auch nicht für Menschen zuständig, sondern für Gewinne … Da musst du jetzt nicht so grinsen! … Entschuldigung, ich meinte nicht Sie zu Hause, sondern

meine Frau. Die verdreht immer die Augen, wenn ich so was sage. Muttilein, gugge du lieber auf dein Brötchen! Was schmierst'n dir da gerade drauf? ... Das sehe ich auch, dass das Marmelade ist. Muss es denn ausgerechnet rote sein? Wo in Berlin schon alles, was rot ist, vom Verfassungsschutz beobachtet wird? ... Was heißt, wir sind nicht in Berlin ... Wenn unser Ministerpräsident Bergner das mitkriegt, dann erklärt er dein Brötchen glatt zur kommunistischen Plattform. Nimm lieber künftig die Orangenmarmelade ... Die ist dir zu bitter? ... Die passt aber besser zu dem, was in diesem Jahr auf uns zukommt. Na, nu beiß schon rein, Muttilein. Wem der Mund voll ist, dem läuft die Galle nicht über ... oder so ähnlich. Ich weiß gar nicht, ob das Sprichwort noch stimmt, da sich in diesem Jahr so vieles ändert. Kindergartenplätze werden teurer, Rundfunkgebühren und Mieten steigen, die Altersgrenze für die Rente wird angehoben. Und ab 1. April dürfen wir bei der Bahn auch 12,8 Prozent mehr bezahlen ... Was sagste, Muttilein? ... Damit die Belastung nicht zu groß wird, sinkt es ja woanders ... Ja, beim Wohngeld, bei der Arbeitsförderung. Manches fällt auch ganz weg. Die Kassenzuzahlung für Brillen, zum Beispiel. Es wird immer schwerer, in diesem Land den richtigen Durchblick zu haben. Dafür soll es aber in Sachsen-Anhalt bald lokales Fernsehen geben ... Glaub's nur, Muttilein! Das hat der Landtag beschlossen. Dorf-TV sozusagen ... Was sagste? ... Da kann dann jedes Dorf seine eigenen Schweine über den Bildschirm treiben ... Jetzt reiß dich mal bissel zusammen, Muttilein, wir sind hier im Radio. Das war natürlich jetzt ein Scherz, was Muttilein gesagt hat. Denn der Vorsitzende des Landesrundfunkausschusses hat gesagt: »Wir können doch nicht irgendwelchen Blödsinn über die Bildschirme flimmern lassen.« Schade, damit verbieten sich von vornherein Übertragungen aus unserem Landtag. *(Trinkgeräusch)* Verdammt, jetzt habe ich mir doch noch die Gusche verbrannt!

25. Januar 1997

Muttilein, du kannst den Tisch ruhig schon abräumen. Ich sage heute nix. Es ist schon schlimm genug, dass man sich immer überlegen muss, was man sagt. Jetzt muss man sich auch noch überlegen, was man nicht sagt, wenn man was sagt ... Verstehste? ... Nee ... Ich mache dir ä Beispiel! Wenn ich jetzt einfach »Bürgermeister« sagen würde, dann würde ich damit nämlich nicht sagen, dass unter ihnen oft Frauen sind ... Nee, Muttilein, jetzt nicht unter den Bürgermeistern drunter. Was du nu wieder denkst ... Ich meine, es gibt doch auch Frauen, die über den Bürgern sind, als Meister ... Was sagste? ... Das versteht doch keine Sau? ... Das liegt aber nicht an mir, sondern an der Staatssekretärin für Frauenpolitik in Sachsen-Anhalt, der Frau Plöger. Die gehört zwar zu den »Grünen«, aber im Moment treibt sie es ziemlich bunt. Sie will nämlich die Stellung der Frauen im Verkehr verbessern. Durch einen neuen Zungenschlag ... Was heißt hier Ferkel? ... Gloobs nur, Muttilein. Das steht hier in der Zeitung. Beim Verkehr mit Frauen soll man jetzt mit dem Mund ... also mit der Sprache im Verkehr ... Sprachverkehr ... jetzt hab ich's. Da soll eine neue Stellung der Frau erreicht werden. Und zwar gleich. Deshalb spricht man auch von Gleichstellung der Frau. Also, wenn ich bisher bei einer Autopanne gesagt habe: »Peng, der Reifen ist geplatzt!«, hätte ich schon die Frauen diskriminiert, weil ich gesagt habe: Der Reifen – männlich. Verstehste!? Da nun aber nicht nur Männer, son-

dern – siehe Frau Plöger – auch Frauen ein Rad abhaben können, müsste ich gleichstellend sagen: »Die Reifen ist kaputt.« Da würde ich aber die Grammatik diskriminieren, und damit wieder die Frauen, weil: Die Grammatik ist ja weiblich. Deshalb fordert unsere Staatssekretärin auf, alles zu umschreiben. Das klänge dann ungefähr so: »Die Gummihülle an einem Viertel der zur Teilnahme am sicheren Verkehr auf der Straße notwendigen runden, sich um eine Achse drehenden Teile ist kaputt.«
Muttilein, ich kann dir auch ein Beispiel machen, das zum Frühstück besser passt: Stell dir vor, unser Eierkocher ist kaputt. Da müssten ich jetzt sagen: »Die Vorrichtung, die meine Eier auf die optimale Gebrauchskonsistenz erhitzt, hat einen Defekt.« Oh, halt, falsch! Der Defekt ist ja männlich. Ich korrigiere mich: »Die Vorrichtung, die meine Eier auf die optimale Gebrauchskonsistenz erhitzt, hat die Grätsche gemacht.« Was sagste, Muttilein? … Plöger geht's nimmer! … O doch! Im Kultusministerium existiert bereits eine Liste mit Vorschlägen. »Partnerarbeit« soll künftig »Arbeit in Zweiergruppen« heißen, oder »Schülerexperiment« wird umbenannt in »Experiment der Lernenden«. Autorin ist die Referatsleiterin Friedlinde Bachmann, die sich künftig wahrscheinlich Bachfrau nennen wird. »Nicht geschlechtsbezogene Sprachform« nennt man das in der Landesregierung. Ich halte das eher für die ersten Anzeichen von Rinderwahnsinn in Sachsen-Anhalt. Ist doch wahr, Muttilein! Ideologisch bedingten Sprachunsinn hatten wir schon mal. Ich sage nur »Jahresendflügelfigur«! Oder weeßte noch, wie sich in der DDR jeder Sack »flexibler Schüttgutbehälter« nennen sollte? Geholfen hat's nix. Die alten Säcke haben jeder Reform getrotzt. Muttilein, wer glaubt, mit Formulierungen die Gleichberechtigung

der Frau herstellen zu können, der glaubt wahrscheinlich wirklich noch an den von Jahresendflügelfiguren begleiteten, mit einem flexiblen Schüttgutbehälter ausgestatteten, rotbemäntelten Interessenvertreter des Einzelhandels – kurz Weihnachtsmann. Na, dann machen Sie sich noch einen schönen Tag, zu Hause … Was sagste, Muttilein? … Der Tag ist männlich. Oh, Kommando zurück! Machen Sie sich die Zeit schön zwischen Auf- und Untergang der Sonne … nee, geht auch nicht … der Aufgang ist männlich … Vielleicht so: Machen Sie sich die Zeit schön, die die Erde für die Rotation benötigt … oder … Ach, machen Sie einfach, was Sie wollen!

8. März 1997

(mit vollem Munde) Pssst! Heute können wir mal nicht so laut, weil – ich will meine Frau nicht stören. Heute ist doch Frauentag. Und an dem Tag sollen sich die Frauen doch ungestört verwirklichen können. Meine ist gerade voll dabei. Die Treppe hatse schon gemacht, jetzt isse gerade am Fensterputzen. Sie, das müssten Se mal sehen, so schnell kann ich gar nicht frühstücken … och nee, jetzt sind mir auch noch die ganzen Krümel runtergefallen. *(ruft)* Muttilein, da müsstest du dann noch mal mit dem Staubsauger rübergehen … Ah, ich glaube, das hat sie gar nicht gehört, weil ich die Küchentür zugemacht habe. Nee, jetzt kommt nicht der alte Witz, dass ich nicht mit ansehen kann, wie sie arbeitet. Nee, zu der zuen Türe bin ich durch das Frauenförderungsgesetz der Landesregierung verpflichtet: Das soll den Frauen mehr Räume für Arbeit schaffen. Das ist ein enormer Fortschritt. Gucken Se mal, in der DDR wurden für die Frauen durch das Gesetz nur Ruheräume geschaf-

fen. Jetzt werden durch das Gesetz sogar Arbeitsräume geschaffen. Und darin muss dann die Frau gleichberechtigt wirken können. Machen wir ein einfaches Beispiel. Nehmen wir einen beliebigen Arbeitsraum. Sagen wir mal die Küche. Da kann ich nicht mehr allein drin hantieren, einfach die Kühlschranktür aufmachen und mir ein Bier rausholen und so. Laut Gesetz muss ich jetzt ermöglichen, dass der Raum zu 50 Prozent durch meine Frau genutzt werden kann, dass sie also in der gleichen Zeit in diesem Arbeitsraum den Abwasch machen kann. Ohne dass ich sie dabei behindere. Früher hat man da manchmal noch »Hallo!« gesagt, oder »Na, schon wieder alle Tassen im Schrank?« Das fällt natürlich jetzt weg, weil das schon unter Belästigung am Arbeitsplatz fiele. Das ist schon hart. Aber was soll man machen. Wer sich nicht an die Quotenregelung hält, der bekommt laut Gesetz keinen Auftrag mehr über 100 000 Mark. Da sind wir mit unserem Wirtschaftsminister Schucht aber blöd dran. Der wohnt mit lauter Mönchen zusammen! Wie will denn der das Gesetz einhalten? Oder gilt die Jungfrau Maria vielleicht schon als Quote? Nee, kann ja nich, die ist ja selbst bloß fünfzig Prozent Frau sozusagen, da erfüllt der Schucht die Frauenquote im Endeffekt höchstens mit fünfundzwanzig Prozent. Da kann der noch so viel in Amerika rumgurken, der kriegt doch keinen einzigen Auftrag über 100 000 Mark nach Sachsen-Anhalt. Jetzt wird mir aber langsam himmelangst! Und dann sollen die Frauen auch noch prozentual verstärkt in die Bundeswehr. Na, da ist doch Mord und Totschlag vorprogrammiert: Frauen in Uniform. Um Himmels willen! Sie wissen doch, wie Frauen sind. Die gehen doch sofort aufeinander los, wenn eine andere das Gleiche anhat. Tja, Männer, da kommt was auf uns zu. Aber in 61 Tagen ist ja erst mal

Männertag. Und da geht's, Gott sei Dank, nicht um Prozente, sondern nur um Promille!

5. Juli 1997

Was sagste, Muttilein? ... Es ist schon wieder halb zehne durch ... Oh, dann sage den Leuten mal, sie müssen heute alleine frühstücken. Ich kann mich jetzt nicht mit ihnen unterhalten. Warum? ... Das siehste doch Muttilein, ich bin gerade voll beim Nachschlagen ... Wieso kommst du jetzt darauf, dass das was mit Olvenstedt zu tun hat? ... Ach, weil ich schlagen gesagt habe. Siehste, Muttilein, so weit ist es nun schon gekommen, wenn das Wort »schlagen« irgendwo auftaucht, wird das sofort in Verbindung mit dem Magdeburger Wohnviertel gebracht. Das ist ja inzwischen bekannter als die Magdeburger Halbkugeln. Nachdem die Faschos da den Punker erschlagen haben, bemühen sich die Politiker fieberhaft, etwas gegen den schlechten Ruf zu tun; und schon kommt der nächste Knüller aus dem Stadtteil. Dort soll das neue Gymnasium einen Namen erhalten. Die Gesamtkonferenz der Schule hat sich für »Gotthold Ephrahim Lessing« entschieden. Da staunste, was? Ja, ich auch. So wie's da zugeht, hätte ich eher darauf getippt, das die das Gymnasium »Mike Tyson« nennen wollen. Gut, das mag jetzt für manches Ohr etwas bissig klingen ... Aber es soll Lessing sein! Oha, denke ich, da wird endlich mal ein echtes Zeichen für Toleranz und Humanismus gesetzt, denn was fällt einem bei Lessing sofort ein? ... Richtig, Muttilein, die Ringparabel! Die Stelle haben wir noch in der Schule auswendig lernen müssen, wo der weise Nathan sagt: »Es eifre jeder seiner unbestochnen, von Vorurteilen freien Liebe nach ...« und so weiter. Und nun lese ich gestern in der Zeitung: »Mit Lessing können wir uns nicht identifizieren.« Sagen die Schüler. Oh, denke ich, gibt es da bei dem Mann etwas, was man uns zu unserer Schulzeit verheimlicht hat? Deshalb wühle ich doch hier gerade alle Lexika durch, aber ich finde nüscht, was den Mann belasten könnte. Der war nicht im Politbüro, die Gauck-Behörde zuckt bei dem Namen auch die Schulter ... Was sollte denn aus der Sicht der Schüler gegen den Lessing sprechen? ... Was sagste, Muttilein? ... Dass er nicht bei »Take that« mitsingt ... Das hat er ja auch bedauert ... Wer? ... Na, der Lessing: »Ich kann fehlen wie andere«, hat er gesagt, »aber andere können auch fehlen wie ich.« So tolerant ist der Mann! »Mit wem man umgeht, dessen Sitten nimmt man nach und nach an.« Originalton Lessing. Selbst wenn man das Gymnasium »Tic, tac, toe« nennen wollte oder »Kelly Family« – Gotthold Ephraim hätte volles Verständnis dafür gehabt. »Das Vergnügen ist so nötig als die Arbeit«, hat er mal gesagt. Mensch, Muttilein, wo finden denn junge Leute heute schon jemanden, der ihnen so viel Verständnis entgegenbringt wie der Lessing? ... Was, der Bildungsminister? ... Das glaube ich jetzt nicht. Was hat der Rüttgers gesagt? ... »Wer in Deutschland heute eine Schule verlässt, von dem kann man nicht erwarten, dass er lesen und rechnen kann.« Tja, Muttilein, wenn das so ist, dann wäre der Name Lessings wirklich nicht angebracht. Dann gäbe es für ein deutsches Gymnasium sowieso nur einen treffenden Namen: »Die toten Hosen.«

26. Juli 1997

Muttilein, wie sagt schon das alte Sprichwort: Ein Unglück kommt selten allein. Du, die Leute um Frankfurt in der

Oder, die können das bestätigen. Erst kam das Hochwasser über sie und dann auch noch der Kanzler. Der lief da so über das Wasser wie einst Jesus über den See Genezareth. Na ja, mit dem Unterschied, dass man Jesus keine Sandsäcke unter die Füße gelegt hatte. Unseren Helmut dagegen konnte kein Sack davon abhalten, sich auf den Damm zu stellen und zu blubbern, dass Deutschland sehr viel für den Hochwasserschutz ausgegeben hat. An Rhein und Mosel. Auf den Zwischenruf eines vorbeischwimmenden Brandenburgers: »Wir brauchen hier keene Leute, die jaffen, wenn det Wasser kommt, sondern die anpacken!«, wurde es erst mal peinlich und dann deutlich gemacht, dass an der ganzen Katastrophe eigentlich nur die marode DDR schuld ist. Ja, als nämlich der Honecker 1987 in Bonn war, hat er nie davon gesprochen, dass Oder und Neiße Flüsse seien. Hinterhältig hat er immer nur gesagt, das sei eine Grenze. Die Oder-Neiße-Friedensgrenze. Und die war ihm, also Helmut, schon immer suspekt. Und die Polen hätten auch nie gesagt, sagt er, dass da Wasser drin ist. Aber denen wird er jetzt was erzählen! Entweder die geben das jetzt zu, oder sie fliegen gleich wieder raus aus der NATO. Es wäre doch gelacht, wenn die Abwehr von Wasser an der Ostgrenze nicht genauso klappen würde wie die Abwehr von Asylanten. Und dann versprach er den Leuten unbürokratische Hilfe. Aber da waren die außer sich vor Freude. Er hätte ihnen ja auch bürokratische Hilfe versprechen können. Nur wann die Hilfe eintrifft, das konnte er nicht so genau sagen. Daraus lernen wir, wer übers Wasser läuft, ist noch lange kein Jesus. Dafür wiederholte er zum Trost dann noch mal seinen Satz von den blühenden Landschaften. Nur diesmal eben mit Wasserpflanzen. Nachdem alle Welt nun gesehen hatte, wie unser Kanzler auf dem Damm war und geredet hatte, kam es, wie es kommen musste. Der Klügere gab nach. Der Damm, der konnte vor Lachen sein Wasser nicht mehr halten. Aber da schwebte Helmut schon wieder über allen Dingen. Im Hubschrauber. Und kündigte als nächste Besucher Herrn Kanther und Herrn Rühe an. Wie gesagt: Ein Unheil kommt eben selten allein.

13. Dezember 1997

So, Muttilein, jetzt dauert es ja nicht mehr lange, und wir können uns alle das dritte Lichtlein anzünden. Bis auf Volker Rühe, der kann sich eine Pfeife anbrennen. Sagen die »Grünen«. Noch im August wurde der Sprecher der »Grünen« in Sachsen-Anhalt, der Herr Rost, zur Schnecke gemacht, weil er gesagt hatte, dass sich womöglich in den Bundeswehrkasernen besonders viele von solchen ... ich will das Wort jetzt nicht wiederholen ... also sagen wir mal Insekten mit Flügeln tummeln, die gerne in Toiletten rumsummen. Und jetzt gibt der Rühe selbst bekannt, dass die Zahl der rechtsextremen Vorfälle in der Bundeswehr doppelt so hoch ist wie im vergangenen Jahr. Da muss sich der »Grüne« wahrscheinlich wieder entschuldigen. Diesmal aber beim Tierschutzverein, weil er die relativ harmlosen Scheißhausfliegen – oh, jetzt ist mir das Wort doch rausgerutscht – mit rechtsextremen Soldaten verglichen hat, die auf Videos üben, wie man »Sieg Heil!« ruft, Gefangene hinrichtet, Frauen vergewaltigt ..., also alles, was man für eine Friedensmission so braucht ... Was sagste, Muttilein? Die Kritik an dem Rost war berechtigt? ... Wieso, war seine Aussage falsch? ... Weil er den Konjunktiv gebraucht hat, also die Möglichkeitsform, wo doch offenbar schon lange unmögliche Formen in den deutschen

Kasernen herrschten … Da haste allerdings recht, Muttilein. Da wuchs sozusagen die Zahl der Hakenkreuze proportional zur Zahl der Autobahnkreuze. Deshalb hatte ja Rühe als Verteidigungsminister den Einfall, der ganze Vorfall wäre nur ein Einzelfall: Horst-Wessel-Lied gesungen – Einzelfall; mit Hitlergruß gegrüßt – Einzelfall; Führerbild auf dem Schreibtisch – Einzelfall; Neonazi spricht an der Bundeswehrakademie – Einzelfall; Bundeswehr liefert kostenlos Militärgerät an die Organisation des Neonazis – Überfall …, nee… immer noch Einzelfall, sagt Herr Rühe. Damit wird der Mann langsam zum Ernstfall. Na, Muttilein, mit den ganzen Einzelfällen kriegt er schon einige Kompanien zusammen. Deshalb versucht er es jetzt mit einem Ausfall und verspricht, dass er konsequent dafür sorgen will, dass die Einzelfälle alle aus dem Bund entlassen werden bzw. gar nicht erst reinkommen. Oh, Muttilein, wenn er das wehrmacht … äh, wahrmacht, könnte Deutschland bald das erste Land sein, das ohne Armee dasteht. Dann müsste sich Volker ganz allein an die Grenze stellen. Ein abschreckender Gedanke. Der würde nur noch von der Vorstellung übertroffen, Volker Rühe müsste wieder in seinen alten Beruf zurück – als Lehrer. Ich frage dich, Muttilein, würdest du *dem* Mann unsere Kinder anvertrauen? Und was sollte er überhaupt unterrichten? Für Geschichte reicht es nicht, das hat er schon bewiesen. Und Biologie packt er auch nicht, denn dann müsste er ja wissen: Der Fisch stinkt vom Kopfe her. Das hat auch die Claire Marienfeld, gesagt, die die Mutter von den Soldaten ist … Nee, Mutter heißt das ja nicht, sondern Wehrbeauftragte des Bundestages, so heißt das. Jedenfalls weiß sie, wo die Ursachen dafür liegen: Im gesellschaftlichen Versagen. Das leuchtet mir ein. Gugge mal, Muttilein, wenn unsereiner früher in einer Kaserne war, die »Soja Kosdemjen... Kosmosdem... Entschuldigung, ich mach noch mal: Also, wenn unsereiner früher in einer Kaserne war, die »Soja Kosmodemans...« ... ich nehme eine einfachere ... »Hans Beimler« ... Ja, Muttilein »Artur Becker« geht auch! Also, wenn man in einer Kaserne war, die so hieß, da mussten wir doch auch immer den Namensgebern nacheifern. Und wenn die Soldaten heute in Kasernen sind, die wie Nazi-Generale heißen, dann müssen die auch das machen, was ihre Vorbilder gemacht haben. Und die Politiker feuern die noch an. Wenn der Herr Glos von der CSU vorgestern wieder im Bundestag sagt, dass die Ausländer an der Arbeitslosigkeit schuld sind oder der Herr Nägler von der CDU bei uns im Landtag auf das Zitat: »Zu Hitlers Zeiten wären Homos hinter Gitter gekommen« – »Richtig!« dazwischenruft und bei der Debatte über nichteheliche Lebensgemeinschaften bereits dazwischengerufen hat: »Die streunen doch wie Hunde und Katzen« ... Da stehen unsereinem zwar die Haare zu Berge. Andere lassen sie sich gleich abrasieren. Daher auch das Sprichwort: Köpfe mit Nägler machen ... oder so ähnlich. Da kann man es schon mit der Angst bekommen. Aber weniger vor solchen Politikern, sondern mehr vor denen, die solche wählen.

Das Jahr 1998

... war ein Wahljahr. Landtagswahlen und Bundestagswahlen standen vor uns. Und Helmut Kohl wollte es noch einmal wissen. In der Magdeburger Stadthalle verriet er seinen Anhängern bereits im Oktober 1997, wie er die Zeit bis zur Wahl nutzen will. »Ich will die Situation in Deutschland jetzt ein-

mal nüchtern einschätzen.« Was sofort die Frage aufwarf: War denn der Mann die ganze Zeit besoffen? Aber wie viele andere Fragen beantwortete er diese auch nicht, sondern erzählte lieber, wo in ihm der Entschluss gereift war, erneut zu kandidieren. Nicht etwa im Kopfe, sondern im Kino. Es lief »Jurassic Park II«. Beim Anblick der vielen jungen Leute hat er sich dann gesagt: »Wenn die Dinosaurier bei den jungen Leuten in sind, dann lasst uns auch mit Dinosauriern in die Schlacht ziehen.« Dass sich Helmut dieser Spezies zurechnet, hat schon Sinn. Nicht nur weil bei ihm auch immer die Zunge so rauskommt, sondern wegen vieler Parallelen mehr: Die Dinos haben die Welt zertrampelt, hatten keine Überlebensstrategie und sind ausgestorben. Wegen dieser Gefahr war er zu diesem Zeitpunkt schon in den eigenen Reihen nicht mehr ganz unumstritten. Das konnte man schon an der Losung erkennen, die über dem Präsidium hing. Früher stand da immer: »Mit Helmut in die Zukunft.« Diesmal stand da: »Mit mehr Mut in die Zukunft.« Und nun fragten sich alle: Wer ist dieser Mehrmut?

3. Januar 1998

Na, haben sie auch schon Ihren Silvester-Kater wieder ins Tierheim gebracht? Bei mir ging's. Ich gehe da nie groß feiern. Muttilein und ich, wir gucken lieber Fernsehen. Silvester sind da immer so lustige Sendungen. Erst kommt ä Dinner für einen und dann ä Dicker für alle, wenn Sie wissen, was ich meine: Erst stolpert Freddie Frinton über das Tigerfell und dann Helmut Kohl über die Syntax – bei der Sendung seiner Neujahrsrede. Obwohl, eine Sendung war die Rede nicht gerade, mehr so eine Ausstrahlung … Nee, das geht ja nun gleich gar nicht … Helmut Kohl und Ausstrahlung … Jetzt hab ich's: Übertragung! Seine Worte wurden übertragen. So wie Schnupfen oder Fußpilz. Damit wollte er uns anstecken … Nicht mit Fußpilz, Muttilein, mit seinem Optimismus! Er sieht nämlich erste Erfolge in der Wirtschaft, hat er gesagt. Da muss er aber einen guten Optiker haben, denn die sogenannten Wirtschaftsweisen, die sehen schwarz. Was nichts anderes bedeutet, als dass der dicke Schwarze eben nicht weise ist, sondern nur groß. Aber das reicht ihm auch noch nicht, denn, so hat er wörtlich gesagt: »Alles deutet darauf hin, dass das Wachstum 1998 noch zunehmen wird.« Wie groß will denn der Mann noch werden? Er ist doch schon 1,93 m hoch. Aber er will noch über sich hinauswachsen. Wahrscheinlich, bis seine Politik vollends bis zum Himmel riecht … äh … reicht … Was ist, Muttilein? … Je länger Helmut nach den Sternen greift, umso mehr können wir in den Mond gucken … Das sagt die SPD auch und will das verändern. Nee, also verändern, das ist jetzt ein zu hartes Wort im Zusammenhang mit der SPD. Also sagen wir mal so: Der Mond soll schon für uns bleiben, bloß nach den Sternen, da will die SPD mitgrapschen, sagt Schröder. Notfalls auch gemeinsam mit der CDU. Und damit er die CDU dabei nicht allzu sehr behindert, sagt Schröder, könne er ja die linke Hand in die Tasche stecken. Da könne dann auch keiner behaupten, die SPD mache ihre Politik mit links. Aber da Schröder wohl selbst nicht so richtig daran glaubt, dass Helmut ihn an seinen Sternen rumfingern lässt, redet sich Schröder einfach ein, Schäuble könne noch Kanzlerkandidat werden. Wenn er die Neujahrsrede des Kanzlers gehört hätte, dann würde er nie auf solch einen Gedanken kommen ... Woher ich das weiß? ... Muttilein, weil Helmut eindeutig gesagt hat, dass »Deutschland aus den Umbrüchen gestärkt hervorgeht«. Geht, hat er gesagt. Und nicht fährt! Obwohl, Schäuble und Schröder als Kanzlerkandidat, das könnte ich mir spannend vorstellen. Dann könnte endlich der ganze teure Wahlkampf ersetzt werden, durch einen einfachen Elchtest. Und wenn Schröders VW-Modell in der Rechtskurve nicht kippt. Dann wissen wir, was auf uns zukommt: Die Weiterführung der alten Politik mit neuen Leuten.

24. Januar 1998

(telefoniert) Hallo, Muttilein ... ich bin's wieder! ... Ja, immer noch in München ... Wie teuer? ... Ja, hier ist alles bissel teurer ... Ach, du meinst das Telefonieren wird teuer. Nee, nee da musste jetzt nur gucken, welcher Anbieter wann am günstigsten ist. Beim Telefonieren kommt es nicht mehr so sehr drauf an, was du sagst, sondern wann und wo du was sagst ... Bitte? ... Das war früher auch so? ... Das kannste doch nicht vergleichen. Früher ging's nur um Kopf und Kragen. Heute geht's um Geld. Das ist viel schlimmer. Gucke mal, oder besser: Horche mal, wenn ich jetzt um die Zeit über den Anbieter, ich will jetzt keine Namen nennen, also sagen wir mal, wenn ich jetzt über »Humsti« telefoniere, da komme ich billiger, als wenn ich jetzt über »Bumsti« telefonieren würde. Wenn ich aber eine halbe Stunde später anrufen würde, da könnte es schon wieder sein, dass ich bei »Bumsti« besser käme als bei »Humsti«, verstehste? Das nennt man call by call. Der Papst, beispielsweise ... Wie? ... Nein, der Papst ist kein Callboy! Wer erzählt denn so was? ... Ich? ... Ich habe nicht Callboy

gesagt: Call by, habe ich gesagt! Obwohl, beim Papst muss man ja heute mit allem rechnen. Wer hätte denn gedacht, dass der mal kommunistische Erde in den Mund nimmt? Aber diesmal ist er dabei nicht auf die Knie gefallen … Was? … Weil er nicht mehr runterkommt? Das sagst du. Andere sagen, er wollte sich nicht vor Fidel Castro beugen. Wie auch immer: Wenn der Papst nicht zur Erde kommt, kommt eben die Erde zum Papst. Jedenfalls wurde er kurzerhand auf die Schippe genommen … Nein, nicht der Papst, der Erdklumpen, der wurde auf die Schippe genommen und ihm hochgereicht, und er hat Kubas Erde dann sozusagen standrechtlich abgekusselt … Aber wie sind wir jetzt überhaupt auf den Papst gekommen? … Ach wegen Callboy … äh, call by call … Jetzt haste mich auch schon durcheinandergebracht. Der Papst hat nämlich – oder besser gesagt die Kirchen, die evangelische Kirche nämlich auch, die haben beschlossen, jetzt aus der Telekom auszutreten und nur noch bei Otelo zu telefonieren. Nein, die wollen nicht schwarz telefonieren. Muttilein, Otelo, das ist ein Konkurrent der Telekom … Wieso ich jetzt doch richtige Namen nenne? … Muttilein, ich kann doch jetzt nicht, wenn ich vom Papst spreche, »Bumsti« sagen. Das siehste doch ein, oder? … Das ja. Aber nicht, warum die Kirchen aus der Telekom austreten? … Muttilein, das habe ich dir doch vorhin erklärt: Wegen der Tarife. Otelo hat bessere Tarife bei Ferngesprächen! Und der liebe Gott, der wohnt nun mal nicht im City-Bereich, sondern? … Wieso in Frankreich? … Weil er da immer zum Essen ist? … Muttilein, ich habe das Gefühl, du nimmst mich nicht ernst … Hallo? … Hallo? … Och nee, da habe ich nun 7 Stunden gebraucht, um für dieses Gespräch den günstigsten Tarif zu finden, und dann legt die einfach auf.

4. April 1998

Na, Muttilein, das war aber endlich mal wieder eine erfolgreiche Woche. Da kannste nicht meckern. Überall ging es aufwärts. Bei den Prozenten der Mehrwertsteuer, bei den Preisen der Bahn, bei der Anzahl der Ladendiebstähle, bei den Diäten der Abgeordneten. Wobei – die Reihenfolge ist keine Wertung … Nee, Muttilein, wenn es jetzt ums Niveau gehen würde, da ist ja die Diätenerhöhung die absolute Höhe … äh, der Gipfel … die Spitze … also, ich meine, die hätte als Erste genannt werden müssen. Dicht gefolgt von den Ladendiebstählen. Dagegen sind ja die Erhöhungen bei den Bahnpreisen und bei der Mehrwertsteuer die reinsten Peanuts … Bei den Abgeordneten, da spricht man nicht von Peanuts … Was sagste? … Das sind schon eher Peanutten … Muttilein, wie kommst du denn jetzt auf Nutten? … Wegen der Käuflichkeit? … Muttilein, Abgeordnete sind doch nicht käuflich! Jedenfalls nicht für unseren Geldbeutel. Abgeordnete handeln nur nach ihrem Gewissen. Und das sitzt bekanntlich wo? … Genau, im Kopf. Und das macht es eben so kompliziert. Wenn ein Abgeordneter mit seinem Gewissen abstimmen will, müsste er sich ja ständig an den Kopf greifen. Deshalb haben die Parteien den Fraktionszwang erfunden. Der Fraktionsvorsitzende gibt das Gewissen vor. Und die Abgeordneten müssen nicht mehr zum Kopf greifen und haben die Hände frei. Für die Diäten. Und schon sind wir bei den Dieben. Den Ladendieben … Ja, Muttilein, das hängt doch alles zusammen! Bei denen geht es doch auch um materielle Werte, für die man nicht gearbeitet hat. Die Arbeit, die haben doch die Richter. Und viele Ladendiebstähle bedeuten gleich viel Arbeit für die Richter. Und wer viel arbeitet, soll auch viel verdienen.

Das ist ja der Grund, warum die Diäten der Abgeordneten an die Richtergehälter gekoppelt sind. Deshalb haben auch hier und da schon mal Abgeordnete nachgeholfen, wenn es mit den Ladendiebstählen stagnierte ... Da siehst du mal, wie das alles zusammenhängt. Auch die Erhöhung der Bahnpreise darfst du nicht als Schikane auffassen. Das ist nun wiederum mehr eine Wahlhilfe für »Bündnis 90/Die Grünen«. Muttilein, nun rechne doch mal! Wenn eine vierköpfige Familie in Zukunft verreisen will – ehe die da einen Kredit aufnimmt, um sich die Fahrkarten zu kaufen, da ist doch für die dann der Benzinpreis von fünf Mark pro Liter immer noch ein echtes Schnäppchen. Aber die guten Nachrichten sind noch lange nicht alle. Hier horche: Die ARD hat angekündigt, trotz voraussichtlicher Millionenüberschüsse wird das Niveau der Rundfunkgebühren nicht gesenkt. Über das Niveau der Sendungen könne man allerdings reden.

11. April 1998

Muttilein, welches von den Eiern soll ich denn jetzt nehmen? ... Muttilein hat mir nämlich schon zum Gründonnerstag ein kleines Osternest gebastelt mit lauter kleinen Eiern drin. Und jetzt kann ich mich nicht entscheiden, welches ich ... o nee. Wie soll denn das erst werden, wenn wir uns in zwei Wochen dann für die großen Eier entscheiden sollen, die Landeier ... äh Landtag mein ich. Naja, ich frage mich das vorsichtshalber jetzt schon mal, weil bald darf ich das nicht mehr fragen. Öffentlich-rechtlich jedenfalls nicht ... Nee, Muttilein, das ist jetzt keine Zensur. Das ist in den Medien ein Gesetz. Ein ungeschriebenes, und so eins wird bekanntlich am strengsten eingehalten ... Muttilein, mir haben sie das so erklärt: Wenn wir den Wahlen zu nahe treten, also zeitlich gesehen, dann hat Funkstille zu herrschen. Für uns. Weil wir sonst womöglich den Wählern zu nahe treten, indem wir ihnen eine Entscheidung nahe legen ... Ich mache dir mal ein einfaches Beispiel! Stell dir mal vor, Muttilein, es wäre jetzt Wahltag und wir reden hier, und die Leute müssen beim Kreuzelmachen über eine Bemerkung von mir lachen ... Muttilein, das soll schon vorgekommen sein. Und beim Lachen rutschen sie mit ihrem Stift aus und landen auf dem Wahlzettel plötzlich auf dem rechten Rand oder auf dem linken. Da wäre ich dann an ihrer Verirrung schuld ... Was sagste? ... Dann wüsste man wenigstens mal, wem man das Wahlergebnis zu verdanken hätte. Sonst will es ja hinterher immer keiner gewesen sein ... Muttillein, ich merke schon, du glaubst mir nicht ... Was soll ich denn da machen? ... Was? ... Ein anderes Beispiel? ... Ich hab's: Nehmen wir einfach mal den Gründonnerstag. Was glaubst du denn, warum der schon in dieser Woche war? Später hätte der gar nicht sein dürfen, weil dann die Silbe »Grün« eine zu große Beeinflussung der Wahlentscheidung gewesen wäre. Oder haste dich noch nie gewundert, dass eine Woche vor Wahlen noch nie Weihnachten war? Nämlich wegen der vielen Männer in roten Mänteln. Beeinflussung! Deshalb ist ja der »Schwarze Freitag« auf das Jahr 1929 vorverlegt worden. Nur um uns eine faire Landtagswahl zu ermöglichen. Also, Muttilein, wenn du in den nächsten Tagen im Radio keine Lieder von Herbert Roth mehr hörst, oder »Schwarzbraun ist die Haselnuss« ebenso fehlt wie »Blau, blau, blau blüht der Enzian« und »Siebzehn Jahr, gelbes Haar«, dann weißte auch warum. Und wenn du immer noch denkst, du wirst verscheißert, da kann ich nur sagen: Das ist vor Wahlen nun mal so.

22. August 1998

Muttilein, gut, dass wir nicht Schneider heißen. Du, das ist ein ganz gefährlicher Name. Der Schneider von Ulm dachte, er könne fliegen, huppte vom Kirchturm und ist dabei derartig auf die Fresse geflogen, dass er nicht mehr aufstehen konnte. Der Schneider von Leipzig, der ist über eine Bank geflogen, eine Deutsche, kann aber wenigstens noch sitzen. Und nun der Schneider von Magdeburg! Während die Schneider von Ulm und Leipzig mehr so an ihren Höhenflügen gescheitert sind, handelt es sich beim Schneider von Magdeburg mehr um einen Tiefflieger. Einen geistigen. Seit 1994 ist er Sekret bei uns ... nee, Sekretär ... So rum! Obwohl Sekret war jetzt gar nicht so falsch, denn er ist ja eine Ausscheidung des Landes Niedersachsen. Er ist nach 22 Jahren Karrierestau ausgeschieden als Stadtdirektor in Stade, weil er sich sagte: »Im Osten steigt der Wessi auf.« ... Ja, Muttilein, eigentlich ist es die Sonne, die da aufsteigt. Aber da sich Herr Schneider offenbar für eine solche Leuchte hielt, kam er nach Sachsen-Anhalt, um uns heimzuleuchten, weil wir alle nur Armleuchter sind. Wir Ossis können ja nicht mal ordentlich eine Kantine betreten, sagt er. Da würden wir uns erst mal ehrfurchtsvoll ducken. Abgesehen davon, dass in der Kantine des Herrn Staatssekretärs, nämlich der Landtagskantine, gar keine normalsterblichen Ossis verkehren, würde es aber schon jedem einen Schlag ins Kreuz versetzen, wenn er sieht, zu welch niedrigen Preisen die hochbezahlten Mitesser da verköstigt werden. Typischer Ossi-Neid, sagt Herr Schneider. Und während der Herr Staatsekretär in einer normalen Gaststätte am Tisch mal munter drauflos plaudert, sagt er, schaut sich der Ossi erst einmal ängstlich um. Das kann ich verstehen,

Muttilein. Bei dem Stuss, den der Schneider quasselt, wäre mir das auch peinlich, wenn mich einer mit dem an einem Tisch sehen würde. Und seine Frau, hat er gesagt, würde von den Ossi-Frauen nicht in ihre Cliquen aufgenommen. Muttilein, hast du irgendwann die Frau Schneider mal nicht gegrüßt? … Was? … Du kennst die gar nicht? … Siehste, Muttilein, Frau Schneider nicht kennen, das ist die typisch ostdeutsche Ignoranz. Das war jetzt ein Witz, Muttilein! Genau so einer, wie wenn der Herr Schneider daraus gleich ableitet: Westbeamte sind im Osten unerwünscht. Muttilein, wenn er nach vier Jahren nicht mitgekriegt hat, wo unsere Probleme eigentlich liegen, dann ist mir mein Steuergeld für den wirklich zu schade … Ja, ich habe das auch gelesen, dass der in den nächsten Tagen freiwillig aus dem Amt scheidet. Kunststück, wo wir ihm seine Altersversorgung nun gesichert haben. Unfreiwillig. Und weißte, was er noch geschafft hat? Dass der nächste Westbeamte, der bei uns an die Tür klopft, zu hören kriegt … Mache mal, Muttilein, kloppe mal! *(leises Klopfen)* Muttilein, ich sagte Westbeamter! *(lautes Klopfen)* »Herein, wenn's kein Schneider ist!«

3. Oktober 1998

Muttilein, schade, dass wir keinen Fahrradladen haben. Da würden wir jetzt ein Geschäft machen. Rücktritte sind der Renner in dieser Woche. Nee, aber jetzt mal im Ernst, da haben die Leute wieder was angestellt. Wählen einfach den Kanzler ab. Ich habe mich dran gehalten, was die SPD und die Grünen vor der Wahl immer gesagt haben: Jede Stimme für die PDS ist eine Stimme für Helmut Kohl. Genützt hat's nüscht. Da kannste mal sehen, was rauskommt, wenn du auf die SPD hörst. Da haben wir nun unser Schicksal, das in diesem Fall Stimmzettel hieß, selbst in die Hand genommen, sind damit ein paar Schritte aufrechten Ganges durch einen Saal geschickt worden, den Schicksaal – daher auch der Begriff Schicksal – und haben es dann in einen Behälter rutschen lassen, der den sinnigen Namen Urne trägt. Deshalb sagen manche ja auch statt Wahl gleich Urnengang. Das sind die Realisten unter uns, weil die wissen, was der Begriff Urne eigentlich bedeutet, nämlich ein Gefäß zur Aufnahme von Brandrückständen nach der Leichenverbrennung. Wenn unser Wille also darin angekommen ist, ist er schon tot. Deshalb ist auch nicht so wichtig, was für ein Wille vorn hineinkommt, sondern nur, was hinten rauskommt. Bei Helmut Kohl war das Pfarrer Hintze, bei Gerhard Schröder kann das noch die große Kollaboration sein … Was sagste, Muttilein? … Das heißt Koalition? … Du sagst, wie's heißt, ich sage, was dabei rauskommt. Der Wähler denkt ja immer noch, er habe Rot-Grün gewählt – also die kleine Kopulation … Nein, Muttilein, Kopulation stimmt jetzt. Laut Wörterbuch bedeutet Kopulation neben dem, was du gedacht hast, auch noch »Veredlung von Pflanzen, bei der das schräggeschnittene Edelreis auf die angeschrägte Unterlage aufgepasst wird«. Das wird also eine schräge Sache, wenn das grüne Edelreis Trittin auf die schräge Rotbuche Schröder aufgepasst wird. Das geht schon bei der Ausländerpolitik los. Die SPD will kriminelle Ausländer abschieben. Die »Grünen« dagegen sagen: Mit uns ist das nicht zu machen, wenn die nicht wenigstens auf dem Flughafen einen Blumenstrauß in die Hand gedrückt kriegen. Und nun muss der Strauß ausdiskutiert werden. Also ausgeredet. Und zwar den »Grünen«. Und das kann dauern. Deshalb hat ja der Gärtner Müntefering am Wahlabend schon mal geschielt, ob für die Rotbuche nicht doch eine Kopulation mit Schwarzwurzeln günstiger sei. Nun bin ich gespannt, ob die SPD den berühmten Wahlforscher Kurt, also jetzt nicht Biedenkopf, sondern Tucholsky, widerlegt, der da sinngemäß formulierte: Da will man immer eine rote Grüne, und dann kriegt man eine schwarze Rote ... Was sagste, Muttilein? ... Laut Wörterbuch hat Kopulation noch eine dritte Bedeutung ... Ja, ich weiß: Jemandem vertrauen. Aber gugge doch mal genau hin, was da dahinter steht! Klammer auf – veraltet – Klammer zu. Das mit dem Vertrauen ist also auf die heutige Politik nicht mehr anzuwenden.

24. Oktober 1998

(telefonisch aus München) Hallo, Muttilein ... Hallo ...! Ja, das klingt heute bissel anders. Ich bin hier in einer Zelle ... Nein, nicht in Abschiebehaft. Wie kommst du denn auf so was? ... Ach, du hast gleich gesagt, wir können die Münchner nicht mit unseren Magdeburger Problemen belästigen: Wieso denn nicht? Die Münchner haben uns doch auch bei unserer Landtagswahl mit ihrem Immobilienmillionär Frey belästigt. Da wird jetzt eben mal ein bisschen zurückbelästigt! Das nehmen die nicht übel. Nein, das ist wie bei Alf: Außerirdische haben die sehr lieb. Ob du nun von Melmac kommst oder von Magdeburg, das ist für die wie von einem anderen Stern. Also, die Vorstellung davon. Aber das wollte ich jetzt gar nicht erzählen, sondern was ich hier in der Zeitung gelesen habe. Da stand, der »27. September 1998 war eine friedliche Revolution, wie 1989« ... Was sagste, Muttilein? ... Das Volk hat eine ungeliebte Regierung gestürzt ... Muttilein, hallo! Am 27. Sep-

tember 98 hat die CDU eine Wahl verloren. Weiter war da nüscht. Wenn das eine friedliche Revolution wie 1989 gewesen wäre, dann würde es doch jetzt in Deutschland ganz anders zugehen … Wie? … Na, da hätte die Staatsanwaltschaft beispielsweise schon längst einen Lokaltermin in Oggersheim angesetzt. Die in- und ausländische Presse wäre über den ungeheuren Luxus der Familie Kohl informiert worden. Die SPD hätte eine Enquete-Kommission eingesetzt und gefragt: Was sind das dort für Trophäen auf den Regalen? … Ja, genau, die meine ich, die sich der Helmut von seinen Staatsbesuchen mitgebracht hat, wie der Erich. Da müsste dann auch gefragt werden, warum der die nicht in Bonn abgeliefert hat … Nicht der Erich, der Helmut! Das reicht für U-Haft! Wegen seines Übergewichts bekommt er dann Haftverschonung. Pfarrer Fliege ermöglicht ihm Obdach in seinem Haus und über seine Stiftung dann die Flucht nach Moskau. Dort gibt er in einer Neubauwohnung ein Fernsehinterview, in dem er den legendären Satz spricht: Den Kapitalismus in seinem Lauf halten weder Lafontaine noch Schröder auf. Die Ministerpräsidenten der fünf neuen Länder verlangen dann von Boris Jelzin die Auslieferung Helmut Kohls, weil er der Hauptverantwortliche für die verbrecherische Treuhandpolitik ist. Das wird aber vereitelt durch eine Einladung. Margot Honecker lädt die Kohls nach Chile ein. Jelzin besorgt die Flugtickets, und zwei Tage später landen Hannelore und Helmut auf dem Flughafen in Timbuktu … Was sagste, Muttilein? … Timbuktu liegt nicht in Chile? … Das weiß ich auch, aber Jelzin hat wieder mal die Länder verwechselt … Was sagste? … Ich soll mich ja nicht unterstehen, das in München jemandem zu erzählen. Du, das mache ich jeden Abend. Und weißte, was da passiert? … Die lachen.

Da lacht sich zusammen, was zusammengehört. Da sind wir hinterher alle gut aufgelegt … Hallo! … Hallo! … Mist! Jetzt hat die das mit dem aufgelegt falsch verstanden. Na, da versuche ich es nächste Woche noch mal.

31. Oktober 1998

(telefonisch aus München) Hallo, Muttilein, hörste mich? … Ich muss dir was Tolles erzählen! Die Deutsche Einheit kommt immer weiter voran. Die ist schon so weit, dass du hier in München Marmelade aus Sachsen-Anhalt kaufen kannst. Echte Zörbiger! Das ist ungefähr so, als würde sich Edmund Stoiber eine CD mit der DDR-Nationalhymne kaufen. Ein kleiner Schritt für die Menschheit, aber ein großer Schritt für die Einheit. Das mit der Marmelade, meine ich. Obwohl, das ganze Sortiment haben sie ja nicht übernommen. Nur schwarze und gelbe. Johannisbeere und Pfirsich. Erdbeere und Kirsch fehlen. Rot ist hier nur der Stoiber. Und zwar vor Wut, wenn er über die neue Bundesregierung spricht. Als Christ ist er beleidigt, weil Kanzler Schröder und sieben seiner Minister bei ihrer Vereidigung nicht »so wahr mir Gott helfe« gesagt haben. Das wäre Verrat an ihm … Nein, Muttilein, nicht an Stoiber, an Gott. Und das ist Verrat am Christentum – für Stoiber. Für mich ist das eher ein Anflug von Humanismus, denn wir wissen ja aus der biblischen Geschichte, wer vom lieben Gott Hilfe will, muss ihm auch was opfern. Meist, was ihm als Erstes entgegenkommt. Einen Ochsen oder ein Schaf. Also, den Wähler. Und das wollten die neuen Minister nicht gleich so deutlich sagen. Außer Rudolf Scharping. Der will sich von Gott helfen lassen. Der kann sich das auch leisten. In seiner Funktion als Verteidigungsmi-

nister kann er am leichtesten jemanden opfern. Aber das hat Stoiber auch nicht überzeugt. Und selbst die Tatsache, dass die PDS jetzt im Bundestag eine Vizepräsidentin stellt, hält er für eine heidnisch-kommunistische Verschwörung. Muttilein, ich sage dir, wenn du das hörst, da kommt es einem hoch. Apropos! In Bonn war ja auch in dieser Woche das große Übergeben. Also, der Ministerien. Die meisten neuen Minister haben gesagt, sie wollen an die Arbeit ihrer Vorgänger anknüpfen. Der Riester macht weiter wie Blüm, der Fischer wie Kinkel, und der Trittin hat wörtlich gesagt: »Es ist für mich eine Herausforderung, die Arbeit von Angela Merkel fortzuführen.« Ich frage mich bloß, warum soll sich der Trittin so quälen? Die Arbeit der Merkel hätte doch am besten die Merkel selber fortführen können. Der Einzige, der alles anders macht als sein Vorgänger, das ist Gerhard Schröder. Er fährt nicht mehr »Mercedes«, sondern »Audi«. Als alter Achtundsechziger weiß er eben: Veränderung beginnt auf der Straße.

7. November 1998

Muttilein, haste mir heute gar kein Zucker bei die Tee getan? Was sagste? ... Ob ich mir das falsche Deutsch in Bayern angewöhnt habe? ... Nein, das ist kein falsches Deutsch. Das ist Sozialdemokratisch. Der Schröder sagt ja auch immer, er will jetzt »Butter bei die Fische tun«. Das ist wahrscheinlich die sozialdemokratische Umschreibung für »Blühende Landschaften«. Das erste Mal habe ich den Ausdruck von Engholm gehört, als er Kanzlerkandidat sein sollte. Er konnte das dann aber nicht in die Praxis umsetzen, weil er zuviel Meineid bei die Barschel getan hatte. Und nun eben Schröder. Wer etwas auf sich hält, der muss jetzt Butter bei die Fische tun. Jeder auf seinem Gebiet. Der Scharping, der tut jetzt Soldaten bei die Kampfeinsätze tun, der Fischer Krawatten bei die Anzüge. Er sagt sich, solange der Schröder der Genosse der Bosse ist, dann will ich auch mal einen »Boss« genossen haben. Und auch unser Vorzeige-Ossi, Wolle der Thierse, hält da voll mit. Als Bundestagspräsident war seine erste Äußerung, er wolle jetzt höhere Diäten bei die Abgeordneten tun … Was sagste, Muttilein? … Weil er jetzt öfter zum Friseur muss? … Nee, nee, das macht der nicht wegen des Friseurs. Wegen der Sorge, hat er gesagt. Damit die Abgeordneten nicht anderweitig geschmiert werden, will er ihnen lieber gleich selbst Fische samt die Butter bei die Taschen tun … Hm? … Woher der wissen will, dass die Abgeordneten so labil sind? … Naja, schließlich ist er doch der Präsident von den allen. Wie der Herre, so's Gescherre … Nee, Muttilein, ich tue jetzt keine Verleumdung bei die Politiker tun, aber in dieser Gesellschaft regelt sich nun mal alles über Mark und Pfennig. Vielleicht sollte bei Wahlen künftig auf dem Stimmzettel gleich mit angegeben werden, bis zu welchem Betrag der Kandidat bereit ist, die Interessen seiner Wähler ohne Aufpreis zu vertreten. Es nützt eben nichts, bloß die Stimme bei die Kandidaten zu tun. Damit sind deine Interessen noch lange nicht gesichert. In Sachsen-Anhalt, da wurde ja auch die SPD gewählt, weil die Leute dachten, die will weiter ABM bei die Leute tun. Und jetzt tut se kräftig Striche bei die ABM tun. Aber dann wundern sie sich wieder alle, wenn an den Schulen die Bundestagswahl nachgespielt wird und 12,2 Prozent der Schüler rechtsextrem wählen. Nun geht das große Rätseln los, woran liegt das bloß? Dabei liegt die Erklärung doch auf der Hand: Weil wir schon wieder kräftig Scheiße bei die Politik tun.

28. November 1998

Muttilein, können wir vielleicht erst mal in Ruhe frühstücken? … Ja, ich weiß auch, dass der Termin ran ist. Aber bloß weil du in freudiger Erwartung bist, musste doch nicht so eine Hektik verbreiten. Außerdem ist der Termin dafür erst morgen. Also, dass Sie das mit der freudigen Erwartung jetzt nicht falsch verstehen: Wir kriegen hier keinen Zuwachs. Oder doch. Wenn Muttilein ausgepackt hat, schon. Dann ist die Bude voll von Nussknackern und Räuchermännern. Deshalb nennt man diese freudige Erwartung umgangssprachlich auch Advent. Es geht die Zeit der Besinnung los. Man besinnt sich, dass man die Pyramide vom Boden holen muss. Bis heute waren wir sozusagen besinnungslos, aber morgen geht uns dann ein Licht auf. Unsere Landesregierung hatte ja ihre Erleuchtung schon eher. Sie hat erkannt, dass alles Übel dieser Welt mit Musik zu tun hat. Muttilein, denke doch nur mal an den Sängerkrieg auf der Wartburg, die Posaunen von Jericho, den kleinen Trompeter oder Monica Lewinsky. Überall, wo geblasen oder gesungen wurde, brachte das Unglück über die Menschen. Und davor will uns die Landesregierung künftig bewahren, indem sie das Geld für die Brutstätten, in denen die blasenden, klimperndern und fidelnden Monster herangezüchtet werden, um 67 Prozent kürzt. Wenn schon Konzert, sagt sich die Regierung, dann Streichkonzert … Was heißt hier: Wo man singt, da lass dich ruhig nieder, böse Menschen haben keine Lieder? … Muttilein, das ist alles Schwindel. Gerade die Sänger, das sind doch die Schlimmsten. Nimm nur mal die dreie, die immer in den Fußballstadien singen: José Caritas, Placebo Domino und der andere, der immer so hoch singt, wie er breit ist –

na, ist ja auch egal –, jedenfalls sollen die unseren deutschen Finanzminister um zwölf Millionen DM Steuern betrogen haben. Von wegen: Böse Menschen haben keine Lieder. Keine Skrupel haben die. Da siehst du es doch, was die Musikschulen ausbilden: Steuerhinterzieher! Und so was muss doch von einer Regierung nicht auch noch gefördert werden. Muttilein, da rechne einfach mal: Wenn drei Sänger zwölf Millionen Steuern hinterziehen, wie viel sind das dann bei einem ganzen Chor? Von dem Geld könnten wir uns in Magdeburg glatt einen neuen Dom leisten. Stattdessen müssen wir uns immer noch mit dem alten, bröckligen Ding zufriedengeben. Gott sei Dank verschwindet der bald hinter einem neuen Bankgebäude. Ich sage dir, Muttilein, die einzigen Noten, die man in dieser Gesellschaft wirklich braucht, das sind Banknoten. In diesem Sinne: O du fröhliche …!

Das Jahr 1999

Während sich der geneigte Leser (beim Lesen ist der Kopf ja immer etwas geneigt) mit den schwarzen Buchstaben beschäftigt, beschäftigte sich das Jahr 1999 vor allem mit schwarzen Konten. Im Gegensatz zu Helmut Kohl erinnern wir uns, was uns in diesem Jahr alles spendiert worden ist. Die Wissenschaftler spendierten uns die Erkenntnis, dass sich die Erde immer langsamer dreht. Böse Zungen spendeten dazu dann die Begründung, sie würde das wegen Rudolf Scharping tun, damit der noch mitkommt. Und in der Tat, der war im März 1999 gerade mal im April 1941 angekommen und glaubte, deutsche Soldaten auf den Balkan schicken zu müssen. Die

Parteispitze der »Grünen« war von dieser Idee begeistert. Besonders gefallen hat ihr, dass der Benzinpreis in Belgrad innerhalb kürzester Zeit auf fünf Mark kletterte. Gunda Röstel wertete die ganze Aktion als eine beschleunigte Ökosteuerreform. Das kam bei der Basis nicht so gut an. Und so begann dann der Geschwindmarsch der »Grünen« von der Röstel zum Restel – bei allen anstehenden Wahlen. Bundeskanzler Schröder vollbrachte im Sommer seine größte Leistung. Er machte Urlaub. Und das so überzeugend, dass er sogar zum Ehrenbürger von Positano gekürt wurde. Für diese Leistung bekam er vom Bundespräsidenten das Großkreuz zum Verdienstorden. Das war das Letzte – was Roman Herzog in seiner Amtszeit fertiggebracht hat. 1999 unterschieden sich unsere Parteien nicht so sehr durch ihre Politik als vielmehr durch die Summen, die sie in die eigene Tasche steckten. Auch bei der SPD ging es Rau zu. Bruder Johannes hielt sich schon für einen Engel und glaubte, dass er fürs Fliegen nichts bezahlen muss. Nur die PDS stellte sich dumm an und probierte immer noch mit der unentgeltlichen Entnahme von Wimpernspiralen und Kosmetikstiften aus Warenhausregalen herum. Deshalb wurde ihr von den anderen Parteien auch vorgeworfen, sie sei noch nicht in der Demokratie angekommen.

Das Fazit für 1999 lautet also: Auch in diesem Jahr wurde von unseren Politikern alles angenommen. Außer Vernunft. Wir haben inzwischen zwar die bestangezogene Regierung, aber auch das bestausgezogene Volk. Und so gingen wir mit der Gewissheit an die Silvesterparty, dass am nächsten Tag nicht nur eine Zwei an der Spitze der Jahreszahl stehen wird, sondern auch bald am Anfang des Benzinpreises. Nostradamus hat für die nächste Zeit genug Katastrophen vorausgesagt. Wir müssen sie nur noch mit Inhalten füllen.

9. Januar 1999

Muttilein, gloobste denn so was? Kaum sind die Knaller von Silvester verstummt, da reißt schon wieder der Erste von der CSU seinen Mund auf. Die gehen doch immer um diese Zeit in Klausur. Klausur, Muttilein, wie soll ich das jetzt erklären. Also eine Klausur musst du dir so vorstellen wie eine geschlossene Abteilung ... Nee, nicht Uchtspringe ... Muttilein, der Unterschied zwischen einer Klapsmühle und der Klausurtagung der CSU besteht darin: In der Klapsmühle darf aus der geschlossenen Abteilung keiner raus. Bei der CSU laufen die aber alle frei rum ... Nee, anders! In eine geschlossene Abteilung kommt keiner mit vernünftigen Gedanken rein, und aus der CSU-Klausur kommt keiner mit vernünftigen Gedanken raus. In Wildbad Kreuth spielen die doch immer »Heilige drei Könige«. Balthasar, Melchior und Kaspar. Waigel ist Balthasar, Stoiber Melchior und Huber ist ... Was sagste? ... Wer von den Dreien der schwärzeste ist? ... Ich glaube Stoiber ... Also, Melchior, meine ich. Das wechselt aber. Der Huber jedenfalls hat sich in diesem Jahr zum Kasper gemacht und gesagt, er will die Finanzhilfen für den Osten streichen. Also, nix mehr Finanzausgleich, sondern er will das Finanzaus gleich, weil der Osten eine Gefahr für die Demokratie darstelle. Wir würden hier angeblich den Kommunismus wieder aufbauen wollen, hat er gesagt.

Hast du was davon gemerkt, dass wir hier den Kommunismus …? … Nee, auch nicht. Aber wie kommt dann der Kasper …, äh, der Huber, bloß auf so was? … Oh, da fällt mir ein: Wir haben doch mal gelernt: Kommunismus ist, wenn man kein Auto mehr kaufen muss, weil die dann alle auf der Straße rumstehen, und wer mal eins braucht, nimmt sich einfach eins. Du, Muttilein, vielleicht hat der Huber Ostfernsehen geguckt? Im MDR kam doch jetzt ein Bericht, dass da in Dresden ein Versuch gemacht wird mit Autos. Bloß, die nannten das nicht Kommunismus, sondern carsharing. Das scheidet schon mal aus. Und dass der Mielke vom Gericht zweitausend Mark Entschädigung kriegen soll, kann es auch nicht sein, denn Mielke ist doch kein Kommunist. Wenn der einer wäre, dürfte er gar kein Westgeld annehmen. Muttilein, ich hab's! Der »Topas« ist es, der Rainer Rupp! Der soll als Vorbestrafter jetzt einen Honorarvertrag bei der PDS kriegen. Bloß, da müsste ja die FDP auch eine kommunistische Partei sein. Klar, Muttilein! Die hat auch einen vorbestraften Grafen zum wirtschaftspolitischen Sprecher gemacht. Da soll der Huber mal schön die Kirche im Lambsdorff lassen. Die Gefahr für die Demokratie geht nicht vom Osten aus, sondern offenbar vom Wildbad Kreuth … Ja, Muttilein! Wildbad ist doch nur eine andere Bezeichnung für Thermalbad … Genau, Muttilein, mit so warmen Quellen. Und darin haben sie wahrscheinlich den Huber zu heiß gebadet.

6. Februar 1999

Oh, ich bin heute noch gar nicht zum Frühstücken gekommen, denn ich muss mir alles selber machen. Muttilein ist nicht da. Die ist zum Bahnhof. Nee, verreisen will die nicht.

Die kauft bloß Fahrkarten, weil die Deutsche Bahn AG schon wieder eine Schraube locker hat. Diesmal nicht an einer Weiche, sondern am Preis. Die Preisschraube ist der zu locker. Und nun dreht sie wieder dran. Ab ersten April 5,2 Umdrehungen im Osten. Wie ich das gelesen habe, da bin ich aus der Jacke gehuppt wie ein ICE aus der Schiene. Deshalb habe ich zu Muttilein gesagt, wir machen das einfach mal wie an der Börse. Du gehst jetzt los, Fahrkarten kaufen, solange die noch billig sind. Die gülden ja ein halbes Jahr. Und dann, wenn die teurer geworden sind, dann tun wir die nicht für 5,2 Prozent teurer verkaufen, sondern … na, sagen wir mal bloß für 3,2 Prozent. Dann machen wir immer noch Gewinn, und der, der sie bei uns kauft, macht ein Schnäppchen. Ja, von der Bahn lernen, heißt rechnen lernen. Da muss man jetzt auch mehr bezahlen, wenn man billiger fahren will. Die BahnCard wird nämlich teurer. Auch weiß man durch die Bahn endlich, was ein fester Standpunkt wert ist: Genau fünf Mark. Die spart man nämlich, wenn man sich keinen Sitzplatz reserviert, sondern in der 1. oder 2. Klasse steht. Daher kommt der Begriff Klassenstandpunkt. Wer künftig früh um fünfe losfährt, kann allerdings schon für 69 Mark in allen Fernzügen durchstarten. Mit anderen Worten: Bahnfahren ist nur was für ausgeschlafene Typen. Wer zu spät kommt, den bestrafen die Tarife, denn bevor der rausgekriegt hat, welches Ticket in welchem Zug gilt bzw. nicht gilt, ist er längst abgefahren. Der Zug. Ich will mal so sagen, wenn man künftig nach München will, kommt man am günstigsten, wenn man mit dem Auto nach Berlin fährt und dann fliegt. Denn die neuen Tarife sind zum In-die-Luft-Gehen. Gut, wir in Sachsen-Anhalt sind da noch gut dran. Da werden demnächst dreizehn Bahnstrecken komplett eingestellt. Das hat den Vorteil, dass man uns auf denen kein Geld mehr aus der Tasche ziehen kann. ... Oh, hoffentlich kauft Muttilein jetzt nicht gerade für diese Strecken die Fahrkarten ... Tschuldigung, ich muss los. Vielleicht kann ich Muttilein noch abfangen, bevor sie dran ist. Früher, bei der Reichsbahn, warn die Preise sauber, aber dafür konnte man nicht durch die Scheiben sehen. Heute sind die Züge sauber, aber dafür kriegt man eine Scheibe, weil man bei den Tarifen nicht mehr durchsehen kann. Also, wenn Sie mich fragen, ich täte da lieber nicht durch die Fenster gucken ...

13. März 1999

Na, Muttilein, da staunste, hä? Was habe ich dir immer gesagt? Eine SPD-Regierung macht endlich das wahr, wozu die Kohl-Regierung nicht in der Lage war. Wie oft haste dir gewünscht, dass der Waigel zurücktritt. Jahrelang ist da nichts passiert. Die SPD braucht nur 168 Tage, und schon tritt er zurück. Der Finanzminister ... Ja, Muttilein, das weiß ich auch, dass das nicht mehr der Waigel ist, sondern Lafontaine. Also war. Muttilein, hier geht es doch nicht um Namen, sondern ums Prinzip. Wie dem Lafontaine, dem ging es auch ums Prinzip. Ums sozialdemokratische. Das hat ihn ja immer von Schröder unterschieden. Dem geht es mehr um den Namen, also jetzt nicht den sozialdemokratischen, sondern um seinen ... Das ist dir unverständlich? ... Das hat die Politik der SPD so an sich. Wenn die jeder verstehen würde, wäre ja auch jeder in der SPD. Also, vom Prinzip her ... Was sagste? ... Ich soll nicht immer SPD und Prinzip in einem Atemzug sagen, das wäre so abwertend ... Für die SPD? ... Ach, fürs Prinzip ... Na, Muttilein, dann erkläre ich dir's anders: Gucke mal, die

SPD pflegt doch das Erbe, das ihr der Bebel hinterlassen hat … Nein, Muttilein, ich meine jetzt nicht den Kampf gegen den Kapitalismus. Man kann ja auch ein Erbe ausschlagen. Noch anders: Das Wertvollste, was der Bebel der SPD hinterlassen hat ist doch … nee, Muttilein, auch nicht »Die Frau und der Sozialismus«, sondern seine Taschenuhr! Und in die teilten sich sozusagen bis vorgestern der Schröder und der Lafontaine. Also, besser gesagt, während der Schröder immer nur die güldene Uhrkette aus seinem Markenanzug hängen ließ, wollte Lafontaine wenigstens mal ab und zu auf die Uhr gucken, ob es schon Zeit ist, sich mit den Banken anzulegen oder den Unternehmerverbänden. Oder ob das Verhältnis zur PDS neu bewertet werden müsste. Und immer wenn er seine Nase über die Uhr hielt, hat sie ihm Schröder mit dem Sprungdeckel eingeklemmt. Deshalb ist die ja auch so rot und spitz geworden. Und wenn Oskar da so klemmte, sagte Gerhard zum Volk: »Seht, zwischen uns passt nicht mal ein Stück Papier!« Und da merkte man auch, das der Regierung was fehlt. Das Papier. Deshalb konnte sie noch nichts Sinnvolles aufschreiben. Interessant ist ja, wie reagiert nun die Welt darauf, dass mit Oskars Nase das letzte Rot aus der SPD verschwunden ist? Man kann direkt sagen mit gesteigertem Interesse. Ja, der Dax ist gestiegen, der Euro ist gestiegen und sogar der Verdacht, dass der Lafontaine mit einem Rücktritt mehr Bewegung in das Land gebracht hat als Schröder mit jedem Auftritt.

3. April 1999

Huch, Muttilein, der Tee ist aber kalt! Wann haste denn den gebrüht? Wieso schon am Mittwoch? … Achso, ja, da war der Strom noch billig. Muss ich mich erst dran gewöhnen. Seit 1. April greift ja die Ökosteuer. Uns in die Tasche. Strom, Gas und Öl – alles teurer geworden. Da zahlen wir künftig im Jahr, sagen wir mal, 280 Mark mehr, dafür werden wir dann bei der Einkommenssteuer entlastet, haben sie gesagt. So um die 28 Mark. Da gibt es nur eins: Sparsam mit der Energie umgehen. Wir sind da gerade am Probieren. Gestern Abend, beispielsweise, haben wir schön bei Kerzenlicht gesessen. Wir hatten da noch ein paar Stummel von Weihnachten gefunden. Dabei haben wir dann Musik gehört. Auch ohne Strom. Ich hatte das Grammofon vom Boden geholt. Gut, muss man sich erst wieder dran gewöhnen, alle drei Minuten aufstehen und die Platte umdrehen ... Muttilein hatte uns dann bissel Kaltschale zum Abendbrot gemacht. War mal was anderes. Heute Mittag allerdings wollen wir versuchen, doch wieder was Warmes zu essen, aber ohne dass die Gasrechnung hochschnellt. Ich habe schon den Teppich weggerollt, bis zum Estrich eine Mulde gebuddelt, paar Steine aus dem Steingarten drumrum und fertig ist die Feuerstelle. Da stellen wir dann den Wäschetrockner drüber, Topp dran, paar alte Zeitungen mit den Wahlversprechen drunter, dienen die auch noch einem guten Zweck, Streichholz dran, und schon kann's brutzeln. Damit hätten wir schon mal den Strom- und Gasverbrauch auf Null gebracht. Und das mit dem Öl kriegt Muttilein auch in den Griff, hat sie gesagt. Sie nimmt einfach Butter. Da sehen die mit ihrer Ökosteuer von uns keinen Pfennig ... Bloß, Moment mal, Muttilein, je mehr wir Energie sparen, umso mehr schaden wir doch dem Staat ... Nee, das ist kein Quatsch! Wir betrügen ihn dann um seine Ökosteuer. Und auf Steuerhinterziehung steht Gefängnis. Da sind wir dann vorbestraft. Muttilein, stell den Tee in die Mikrowelle, dreh die Heizung wieder auf Stufe fünf, alle

Herdplatten an ... Nee, ist auch blöde. Wenn wir Steuern zahlen, machen wir uns ja auch strafbar ... Klar, Muttilein! Was machen denn die mit unseren Steuergroschen? »Tornados« fliegen lassen. Das ist doch in diesem Jahr die Osterbotschaft: Wir werden weiter befrieden, bis alles in Serbien fällt. Schönes Ostern! Eigentlich soll da der liebe Herr Jesus Christus auferstanden sein. Muttilein, ich glaube nicht dran. Wenn der von oben sehen würde, was hier unten los ist, dann hätte er auch mal ein bisschen Verstand auf die Erde werfen können. Ob das was genützt hätte, ist allerdings fraglich. Verstand ist doch auch so eine Art geistiger Energie. Und so was fällt ja bei unserer Bundesregierung wieder unter die Ökosteuer.

8. Mai 1999

Muttilein, haste das schon gelesen? Alle, die für den Frieden sind, kriegen jetzt wieder einen Vogel gezeigt ... Was? Die Friedenstaube bei der Friedensfahrt ... Ja, Muttilein, der Witz ist auch gut. Heute haben wir doch den Tag der Befreiung. Also, besser gesagt, früher hatten wir heute den Tag der Befreiung. Heute haben wir nur den 8. Mai, also den Tag der früheren Befreiung. Die heutige Befreiung besteht darin, dass wir uns nun endlich mal von dem Tag befreien sollen, also nicht von dem Tag selber, sondern von seinem Inhalt. Wer da immer noch vom Frieden spricht, der kriegt einen Vogel gezeigt. Von Antje Hermenau ... Wer das ist? Die ist bei den »Grünen« Sprecherin der Heeresgruppe Ost ... äh Ländergruppe Ost. Tschuldigung, Muttilein, aber bei der Politik, die die »Grünen« im Moment machen, kann man das schon mal verwechseln. Also, jedenfalls hat die gesagt, dass so viele Ossis gegen den Krieg in

Jugoslawien sind, das wäre der »subtilste Fall von Ostalgie der letzten zehn Jahre«. Das sind sozusagen die Auswirkungen davon, wenn man vierzig Jahre kollektiv auf dem Töpfchen gehockt hat und dabei »Kleine weiße Friedenstaube« singen musste, würde jetzt der niederträchtige Professor … äh, niedersächsische Professor Pfeiffer sagen. Da ist man blind für die durchschlagenden Erfolge der NATO. Durch Reisebusse, beispielsweise. Nun wollen ja nicht alle Ossis in diesen Topf geschmissen werden, auf dem sie vierzig Jahre sitzen mussten. Der Bürgerrechtler a. D. Nooke hat gesagt, dass wir Ossis, außer ihm natürlich, nicht erkennen würden, dass es auf dem Balkan um die »Erhaltung westlicher Werte« ginge. Und wir schließlich zum Westen gehören … Was sagste, Muttilein? … Wenn der Frieden ein östlicher Wert ist, dann möchtest du lieber Ossi bleiben … Siehst du, Muttilein, das ist laut Nooke ein typisches Klischee von Anti-Amerikanismus und Anti-Kapitalismus. Und das müssen wir überwinden … Ja, Muttilein, das Denken! Nooke hat das schon. Deshalb steht ja bei ihm da auch Bürgerrechtler a. D. dahinter – a. D. – außer Denken. Das Denken sollen wir jetzt den Raketen überlassen. Die werden intelligenter, sagt die NATO. Manche sind schon so intelligent, die verweigern von ganz allein ihren Einsatz in Jugoslawien und bitten in Sofia um Asyl. Was der Welt noch fehlt, ist der intelligente Mensch. Aber leider ist es heute immer noch einfacher, Sprengköppe zu entschärfen als Knallköppe.

5. Juni 1999

Muttilein, lass uns noch mal kontrollieren, ob wir alles haben: Reizgasspray? … Haste! Wurfnetz? … Gut! Strick zum Fesseln? … Okay! Schreckschusspistole? … Haste auch! So, na da kann's ja losgehen. Halt, Muttilein, wo is'n deine kugelsichere Weste? … Maule nich rum, die ziehste jetzt an! … Was heißt hier, die macht so dick? … Na und? Wir gehen nicht zur Misswahl, sondern bloß in die Kaufhalle. Nicht dass Sie jetzt auf falsche Gedanken kommen, wir wollen die nicht überfallen. Muttilein will bloß noch was fürs Mittagessen einkaufen …Warum wir uns da so ausrüsten wie die NATO-Bodentruppen? … Na, haben Sie denn keine Zeitung gelesen? Magdeburg ist doch die Hauptstadt der Ladendiebe, sagt das Bundeskriminalamt. Die Umwelt verformt den Menschen, wie es so schön heißt … Nein, Muttilein, das war keine Anspielung auf deine kugelsichere Weste. Lass mich das mal bitte den Leuten zu Hause erklären! Die Statistik hat nämlich ermittelt, wenn, angenommen, in unserer Kaufhalle hunderttausend Menschen sind … Was sagste? … Da ist garantiert wieder bloß eine Kasse auf … Ja … äh Muttilein, das meinte ich jetzt aber gar nicht … Also noch mal: Wenn in unserer Kaufhalle hunderttausend Menschen wären, da würden davon 2242 klauen. Da kann man doch nicht tatenlos zusehen. Deshalb haben Muttilein und ich uns folgende Strategie ausgedacht: Wenn wir einen sehen, der seine Finger verdächtig in die Regale steckt, dann feuert Muttilein die Schreckschusspistole ab. Ich schmeiße dem das Wurfnetz über den Kopp und sprühe ihm Reizgas in die Augen, damit er mich hinterher nicht wiedererkennt. Inzwischen hat Muttilein ihn gefesselt, und die Polente kann ihn abholen. Sie, das funktioniert! Also, vom Prinzip her, will ich mal sagen. Als wir das gestern ausprobiert haben, haben wir leider versehentlich den Verkaufsstellenleiter erwischt. Na, ich dachte, da klaut einer, dabei hat er bloß die belgischen Hühner mit dem Dioxin aus dem Regal geräumt. Man kann sich schließlich mal irren. So wie es ja auch ein Irrtum ist, dass man geglaubt hat, weil so viele Fremde in die Stadt einwandern, wird so viel geklaut. Nee, im Gegenteil, sagt die Polizeipräsidentin von Magdeburg. Weil so viele Magdeburger auswandern, das ist das Problem! In der Stadt bleibt dadurch nur noch die … Muttilein, wie hat se gesagt? … Problemklientel, ja genau, die bleibt zurück … Die Guten machen sich auf die Socken, das Kroppzeug bleibt hier hocken … Aber Moment mal, Muttilein, damit sind wir doch gemeint. Bloß weil wir noch hier wohnen. Da sind wir ja schon verdächtig, bevor wir überhaupt in einem Laden drinne sind … Nee, also mit mir nicht! Muttilein, zieh die Weste wieder aus! Wir gehn nicht mehr einkaufen. Wir rufen den Pizza-Dienst!

19. Juni 1999

Muttilein, das ist aber wieder der Gipfel! Nicht dein Frühstück. Nein, da hätte ich gesagt: Das ist Spitze. Ich meine, was hier in der Zeitung über die Politiker steht … Nein, Muttilein, das ist nicht die Höhe. Politiker sind nie auf der Höhe. Die nennen das Gipfel. Die glauben nämlich, wenn sie sich auf so einem Gipfel treffen, dass es dann weiter aufwärts geht. Dabei weiß jedes Schulkind: Wenn man auf einem Gipfel ist, kann es nur noch abwärts gehen. Dieses Wissen unterscheidet eben Schulkinder von Politikern. Deshalb haben sie sich jetzt in Köln getroffen zum Weltwirtschaftsgipfel ... Nicht Kipfel, Muttilein ... Obwohl Kipfel so falsch nun auch wieder nicht wäre, denn mit Essen hatte das schon was zu tun. Jeder der Delegierten hat nämlich aus seinem Land etwas mitgebracht. Die einen großen Hunger und die anderen große Worte. Und auf dem Gipfel tauschen sie sich aus. Die den großen Hunger mitgebracht haben, kriegen dafür die großen Worte. Dafür wollen dann die anderen ihren großen Hunger loswerden, aber diejenigen, die die großen Worte mitgebracht haben, zeigen sich meistens so großzügig, dass diejenigen, die den großen Hunger mitgebracht haben, diesen sogar behalten dürfen. Das ist stets eine ganz lustige Veranstaltung. Deshalb hat man die auch nach Köln gelegt. Durch den Karneval ist man dort an Ulk gewöhnt. Da kann man, ohne dass es auffällt, den Ländern, die leider hungern, dann auch die Bezeichnung Hungerleider ... also denen kann man den Narrhalla-Marsch blasen, und die halten ihn für die Europa-Hymne und nehmen solche wertvollen Hinweise mit nach Hause, dass sie beispielsweise die Kinderarbeit abschaffen müssen, sonst nix Geld, sonst nur du-du! Na, Muttilein in Deutschland hat man das mit der Kinderarbeit auch hingekriegt, also besser gesagt weggekriegt. Wir sind schon einen Schritt weiter. Bei uns wird schon die Jugendarbeit geächtet. Das erkennt man am drastischen Abbau der Lehrstellen. Und mit dieser Vorbildwirkung fahren die wieder heim und arbeiten an ihren Fehlern ... Natürlich bringt so ein Gipfel Erfolge. In Auswertung des letzten Gipfels hat man gleich in Costa Rica 10 000 Arbeiter der Bananenplantagen entlassen, weil die Europäische Union ihre Importbestimmungen für Bananen verschärft hat ... Jetzt bleiben die darauf sitzen ... Wo da der Erfolg ist? ... Muttilein, dadurch geht es doch den Costaricanern auf einen Schlag so gut wie uns Deutschen im Osten: Wir haben zwar keine Arbeit, aber dafür Bananen.

31. Juli 1999

Bei uns ist heute bissel dicke Luft. Wir sind im Moment zerstritten wie die SPD. Muttilein hat in der Zeitung gelesen, dass jede deutsche Familie 153 000 Mark an Barem besitzen soll. Und nun hat sie gleich das Sparbuch vorgekramt; da waren die aber nicht drauf. Und nun denktse, ich habe das Geld verjubelt. Muttilein, ich sage es dir noch mal: Das, was in der Zeitung steht, ist doch nur ein Durchschnittswert. Wie sagt schon das alte Sprichwort: Im Durchschnitt war der Teich einen Meter tief, und trotzdem ist die Kuh ersoffen ... Nee, Muttilein, mit der Kuh, das war jetzt nicht persönlich gemeint. Ich wollte damit nur sagen, wenn du das Geld, das beispielsweise die Familie Schröder pro Köpf, äh, Kopf zur Verfügung hat, und unseres zusammenzählst und durch zwei teilst, dann kommen eben diese 153 000 Mark raus. Und wenn du siehst, was wir von dieser Summe haben, da kannst du dir ausrechnen, was die anderen haben müssen. Da vermögen wir eben nicht mitzuhalten. Nun tauchte ja in der SPD plötzlich die Idee auf, die Vermögen etwas zu steuern. Daher auch der Begriff Vermögenssteuer. Komischerweise fällt so ein Funke Hoffnung immer kurz vor Wahlen auf das politische Stroh. Und nun hat die SPD Angst, dass es zum Flächenbrand kommen könnte. Denn wir haben ja gelernt: Aus dem Funken wird die Flamme schlagen ... oh, das war jetzt Lenin. Von dem hat die SPD nichts gelernt. Nicht mal von ihrem ollen Bebel, der wollte von den Reichen nehmen und den Armen geben ... Was sagste, Muttilein? ... Das war Robin Hood, und der war nicht in der SPD ... Na und? Andere Engländer sind auch nicht in der SPD, und da wird trotzdem gemacht, was der sagt. »Es geht nicht mehr mit den alten Rezepten der Sozialdemokratie!« ... Nee, das war jetzt nicht von Blair. Das hat der Struck gesagt. Vielleicht verwechselt er das auch nur mit dem Gesundheitswesen. Da sollen künftig auch statt der alten Rezepte nur noch welche in der Not verordnet werden. Notverordnungen, sozusagen. Hatten wir schon mal in der Weimarer Republik! Da konnte die Regierung ihre Entscheidungen ohne Parlament treffen. Aber warum eigentlich dann nicht gleich wieder einen Kaiser? Der vermeinte ja auch, keine Parteien zu kennen. Und ich sage dir, Muttilein, mir geht das langsam wie dem ollen Wilhelm. Um in der SPD das sozialdemokratische Element zu erkennen, fehlt mir das Vermögen. Ich erkenne nur noch Unvermögen ... Und deshalb schlage ich vor, eine Unvermögenssteuer zu erheben. Muttilein, von dem Geld, das die Parteien da zu berappen hätten, könnte man aber alle Haushaltslöcher auf einmal stopfen. Und dann bliebe für uns immer noch was übrig.

21. *August* 1999

(per Telefon) Hallo, Muttilein, du glaubst nicht, was mir gestern passiert ist! ... Deshalb will ich's dir ja erzählen. Wie ich gestern so Mittagessen war, da setze ich mich einfach an einen Tisch mit ran, an dem schon eine Frau sitzt ... Nee, das ist hier in Bayern nicht direkt verboten, dass man sich als Ossi mit Wessis an einen Tisch setzen darf. Also, wenn's der Stoiber nicht gerade sieht. Jedenfalls sage ich höflich: »Grüß Gott!«, aber irgendwie muss die an meinem Tonfall gemerkt haben, dass ich kein Eingeborener

bin, und kriegt offenbar nun doch bissel Angst. Was ich verstehen könnte, wenn der Stoiber vielleicht doch irgendwo Kameras und so ... Na ja, jedenfalls geht sie in die Offensive und sagt: Das will sie denen aus den neuen Bundesländern mal ganz deutlich sagen, wenn die Ostläden weiter am Wochenende verkaufen, machen sie den Westlern den schönen Sonntag kaputt. Der würde nämlich dem Erlöser gehören. Ich sage: »Gute Frau, was heißt denn hier Ostläden? HO und Konsum haben wir doch schon lange nicht mehr. Das sind doch alles Westketten. Und die scheren sich nicht um Ihren Erlöser. Nur um ihre Erlöse! Und weil Sie gerade von Jesus sprechen: Der hat damals auch aus Wasser Wein gemacht. Gut, ich weiß jetzt nicht so genau, ob das an einem Sonntag war. Na und heute, da halten sich eben Kaufhof, Karstadt und Hertie für Jesus und machen aus jeder Scheiße Gold ... Geld.« Da war sie dann irgendwie beleidigt, so wie der Schröder jetzt. Davon haste doch gehört, Muttilein? ... Der Schröder ist sauer, weil das Fernsehen Witze über ihn und die Mutter der Nation machen will. Also, ich sage jetzt mal ihren Namen bewusst nicht, weil Schröder hat gesagt, Doris Köpf darf nicht in die Öffentlichkeit. Und deshalb verweigert er jetzt RTL ein Interview. Er will sozusagen nicht mit dem Volk sprechen. Ach du gute Mutter! Da dürfte auch das ganze Volk nicht mehr mit ihm sprechen, weil er schon die ganze Zeit Witze mit uns macht. Nimm doch bloß mal die Rentenpolitik! Ab nächstes Jahr soll eine neue Rentenversicherung eingeführt werden. Dadurch erhöht sich dann die Rente von, na sagen wir mal 1000 Mark auf 1300 Mark. Allerdings bei 300 Mark Selbstbeteiligung ... Der war gut, was? ... Was sagste? ... Ich soll so was nicht am Telefon sagen, wo alle mithören können, sonst erzählt der Schily das dem Riester und der macht das dann … Was heißt dann? … Muttilein, bei der Gesundheitspolitik sind wir ja schon fast so weit. Das wichtigste medizinische Instrument des Arztes ist nicht mehr das Stethoskop zum Abhören, sondern der Taschenrechner. Zum Abkassieren. Die Gesundheitsministerin sagt zwar, sie habe eine Lösung gefunden, aber die Ärzte sagen, das wäre nur eine Scheinlösung. Ja, für immer mehr Medikamente muss man jetzt einen Schein hinlegen. Und wenn bei der nächsten Grippe die Kasse beispielsweise keinen Hustensaft mehr zahlt, dann darf sich die Regierung nicht wundern, wenn ihr immer mehr eins husten.

4. September 1999

Oh, das tut mir aber leid! Jetzt, wo es schon wieder kälter wird, steigt auch noch die Zahl der Obdachlosen in Deutschland. Um einen. Den kennste auch, Muttilein, Thierse heißt der. Ja, der Wolle, der fliegt aus seiner Wohnung. Sage mal, Muttilein, könnten wir den eventuell bei uns aufnehmen? … Was sagste? … Wir haben schon einen Langhaarkater? … Na eben! Ob du nun abends einen kämmen musst oder zweie … ach, das willste ihm nicht zumuten. Unserem Kater. Na, du kannst ja für ihn einen frischen Kamm nehmen. Für den Kater … Na, soll der denn in Zukunft unter einer Brücke leben? … Nicht der Kater, der Thierse! Stell dir mal vor, wenn dann früh sein Dienstwagen unter der Brücke vorfährt, da weiß doch der Fahrer überhaupt nicht, wer wer ist. Die sehen doch alle gleich aus. Das ist aber auch bitter! Nach 27 Jahren kündigt seine Vermieterin dem armen Mann jetzt die Wohnung … Was sagste? … Vielleicht hatte er zu viel Damenbesuch nach 22 Uhr? … Nee, hier steht als Grund: Er hat ungenehmigt untervermietet. Siehste, ich habe schon immer gesagt, der Thierse ist nicht alleine in seinem Oberstübchen. Aber dass man als Bundestagspräsident so wenig verdient, dass er untervermieten muss, das hätte ich nun auch wieder nicht gedacht. Aber so ist es eben. In der DDR hatte man Angst davor, dass seine Wohnung nicht saniert wurde. Und heute hat man Angst davor, dass sie saniert wird, weil man sie hinterher nicht mehr bezahlen kann. Jetzt verstehe ich auch, warum der Thierse immer als Erster nach einer Diätenerhöhung gerufen hat: Damit er seine Miete zusammenkriegt. Und nun kürzt der Eichel mit seinem Sparpaket auch noch das Wohngeld, und da fehlen dem Thierse schon wieder 99 Pfennige an der Mark. Da wusste er sich eben nicht anders zu helfen als mit der Untervermietung an seine Schwägerin ... Was sagste, Muttilein? Soviel wie du weißt, lebt seine Schwägerin im Ausland? ... So ... aha ... na aber ich lese hier, dass an der Türe von dem Thierse noch ein Frauenname dran steht ... O Gott! Der wird doch nicht ... Ob das vielleicht so ein Name ist, wie wo dann in den Annoncen immer druntersteht: »schlank, rassig, rasiert« ... Aber das hätte er doch eigentlich wissen müssen, dass das auch der letzten Vermieterin verdächtig vorkommen muss, wenn ausgerechnet bei Thierse »rasiert« dransteht. Da hätte er auch gleich eine rote Lampe ins Fenster stellen können ... Was sagste, Muttilein? Für Geld ist bei Politikern alles möglich. Lafontaine war auch schon mal in eine Rotlicht-Affäre verwickelt? ... Muttilein, das kannste doch nicht vergleichen! Dem Thierse kann man ja vieles nachsagen, aber eins ist er mit Sicherheit nicht: Eine rote Leuchte.

6. November 1999

Na, Muttilein, da ist mir aber ein Stein vom Herzen gefallen. Deutschland hat sich entschlossen, kein britisches Rindfleisch einzuführen. Wahnsinn haben wir auch so schon genug in unserm Land. Ich sage nur Bad Reichenhall. Ein Sechzehnjähriger läuft da Amok. Oder besser gesagt schießt den selbigen. Oder hier, der ganze Wahnsinn um den 9. November. Nee, Muttilein, da ist damals nicht geschossen worden. Aber dafür schießen sie jetzt einen Bock nach dem anderen. Tagelang streiten die schon rum, wer denn nun die Mauer umgeschubbt hat … Was sagste, Muttilein? … Schabowski? … Ach, der konnte doch nicht mal einen Zettel richtig ablesen. Den kannste doch nicht in den Reichstag stellen und reden lassen. Das Einzige, was der konnte, war doch, den Wucherpreis für den neuen »Wartburg« parteilich zu begründen. Und für Autos, da haben wir heute schon den Schröder als Fachmann. Der hat das mit dem Jubiläum nun selber in die Hand genommen. Der hat kurz überlegt, wie das vor zehn Jahren war; und ist drauf gekommen, dass da der Krenz in China war. Na ja, hat sich Schröder gesagt, da mache ich auch erst mal da runter. »Aber nicht auf den Platz des ›Himmlischen Friedens‹ stellen!«, hat ihm der Fischer noch hinterhergerufen. Hat er dann auch nicht gemacht. Er hat sich ein anderes Plätzchen ausgesucht. Den Platz des »Himmlischen Profits«. Also, ein VW-Werk in Shanghai. Da hat er sich gefreut, wie die kleinen Chinesen da so die Schlitzschrauben reindrehen können. Und der Piech hat sich gefreut, wie er da so die Lohnschrauben runterdrehen kann. Und die Chinesen haben sich gefreut, dass der Schröder ihnen keine Fragen zu den Menschenrechten aufdrehen wollte.

Nee, hat Gerhard gesagt, die sollen erst mal in Ruhe die VW's zusammenschrauben. Da will ich die nicht stören. Außerdem, so viele Menschen haben ihn schon seit einem Jahr nicht mehr angelächelt! Und wie er dann so mit dem Yang-Ze-Minh, der da den Präsidenten macht, zusammensitzt und eine Cohiba raucht und gerade so schön im Tee ist … äh beim Tee ist! Da kam dann bei Schröder das Ying durch, und er sagte zum Yang: »Deine Chinesen, die sind immer so freundlich und lachen den ganzen Tag. Bei mir in Deutschland laufen die alle mit so einer Fresse rum, woran liegt denn das bloß?« Worauf der Chinese antwortet: »Ganz einfach: Wir haben unsere Mauer noch.« … Das war jetzt ein Witz, Muttilein. Aber bei der momentanen Politik bin ich mir da nicht mehr lange so sicher.

20. November 1999

Och nee, Muttilein, das ist alles so traurig. Kaum haben wir den Volkstrauertag hinter uns, ist nun morgen schon wieder Totensonntag … Was sagste? … Wo da eigentlich der Unterschied ist? … Ja, wie soll ich dir das jetzt erklären? Ich will mal so sagen. Am Totensonntag, da denken wir an die, die eines natürlichen Todes gestorben sind, und am Volkstrauertag, denken wir an die, die unnatürlich ins Gras beißen mussten … Was heißt, der Ausdruck ist pietätlos gegenüber den Toten? … Gegenüber den Lebenden ist das pietätlos, wenn man sie gegen ihren Willen ins Jenseits befördert hat. Beispielsweise durch zwei Weltkriege. Und nun soll man eben an sie denken. Wenigstens hinterher, wenn man es schon nicht geschafft hat, an sie zu denken, als sie noch lebten. Damit diese Toten in Zukunft nicht nur am Volkstrauertag Gesellschaft bekommen, hat das Europäische Parlament in dieser Woche beschlossen, den Krieg als Mittel zur Lösung von Konflikten zu legitimieren. Deshalb soll bis 2003 eine schnelle Eingreiftruppe nach EU-Norm geschaffen werden … Ja, Muttilein, du hast richtig gehört. Nach EU-Norm! In der EU ist doch alles geregelt. Da muss eine Banane eben eine bestimmte Länge haben oder eine Spreewälder Gurke einen bestimmten Krümmungswinkel. Da muss eine Henne das Ei mit der Spitze nach vorne legen und so. Und so werden die das auch alles bei den EU-Soldaten regeln. Man kümmert sich um die zukünftigen Toten schon vorher. Wenn ein EU-Soldat vom Gegner getroffen wird, darf das Einschussloch nach EU-Norm wahrscheinlich nur soundsoviel Zentimeter betragen. Und wenn er umfällt, darf er nach EU-Norm nur in einem bestimmten Winkel zur Frontlinie liegen. Und er darf dabei den EU-Krümmungswinkel nicht überschreiten, weil er sonst nicht in den EU-Sarg passt. Da kannste nicht mehr behaupten, dass der Politik das Schicksal der Menschen egal ist. Für alle Europäer soll das gleiche Recht gelten. Deswegen sollen jetzt auch Frauen den Dienst an der Waffe ausüben können. Wegen der Gleichberechtigung. Die Politiker haben sich gefragt: Warum haben denn die Frauen immer geweint, wenn ihre Männer und Söhne in den Krieg zogen? Weil sie nicht mit durften. Und mit dieser Diskriminierung soll jetzt Schluss sein. Endlich dürfen dann auch mal die Söhne ihre Mütter beweinen … Was sagste, Muttilein? … Da müsste gleich noch ein neuer Trauertag eingeführt werden. Einer für den Verstand. Keine schlechte Idee, Muttilein. Aber nach EU-Norm legen sie den garantiert auf den 31. Februar.

Das Jahr 2000

Es ist mittlerweile üblich geworden, dass bei uns jedes Jahr einen Namen bekommt: »Jahr des Kindes«, »Jahr der Senioren«, »Jahr des Regenpfeifers«, »Jahr der Sumpfdotterblume«, »Goethe-Jahr« und so weiter. Das Jahr 2000 wird einmal in die Geschichtsbücher eingehen als das »Jahr des Irrtums«. Es begann gleich mit einem solchen. Von wegen Millennium! Schon in der Grundschule haben wir beim Rechnen gelernt, dass eine Dekade immer erst mit der Null endet. Aber das ist eben der Unterschied zwischen der Mathematik und der Politik: In der Mathematik schließen die Nullen etwas ab, in der Politik dagegen führen sie etwas ein. Die nächste Stufe der Ökosteuer, zum Beispiel. Und so stand in diesem Jahr die Zwei nicht nur vor der Jahreszahl, sondern auch vor dem Benzinpreis. Und das war dann schon der nächste Irrtum. Wer bisher gedacht hat, die Ökosteuer käme der Umwelt zugute, wurde eines Besseren belehrt. Die Ökosteuer dient nämlich der Finanzierung der Rente. Damit ist Deutschland das einzige Land, in dem man die Rentenversicherung an der Tankstelle einzahlt. Wobei es sich für viele auch noch als Irrtum herausstellen könnte, überhaupt noch eine Rente zu bekommen. Ein weitverbreiteter Irrtum ist es auch, wenn gesagt wird, es sei nicht genügend Geld da. Es ist schon da, aber nicht da, wo es hingehört, sondern beispielsweise in den Koffern der CDU. Und zwar so viel, dass gar keiner mehr richtig wusste, wann er was und wo von wem erhalten hat. Aber damit haben wir noch lange nicht alle Irrtümer aufgelistet.

Eigentlich hatte man ja gedacht, das Jahr 2000 wird besser als das Jahr 1999. Aber das war auch ein Irrtum im Jahr mit den drei Nullen. Im nächsten Jahr werden wir eine weniger haben. Wer wird zurücktreten? Also, weiterlesen.

22. Januar 2000

Ja, Muttilein, ich will bloß noch schnell meinen Tee austrinken, dann fasse ich gleich mit an ... Nee, die Waschmaschine kannste stehen lassen, die ist doch noch aus Schwarzenberg, aber der Geschirrspüler, der muss raus. Und das Telefon müssen wir auch noch abmachen ... Ach, haste schon. Dann gehen wir noch mal alles durch: Satelliten-Schüssel? – ist, CD-Player? – ist. Mikrowelle? Gut ... Reisepässe? Wo hast'n die? ... Muttilein, die müssen wir auch mit abgeben. Nun hole die doch mal! ... Jetzt wundern Sie sich zu Hause vielleicht, was wir hier machen. Na, haben Sie denn keine Zeitung gelesen? Alle Sachen, die nach dem 3. Oktober 1990 gekauft worden sind, müssen wieder abgegeben werden. Ja, die deutsche Einheit wird rückgängig gemacht. Wegen der kriminellen Machenschaften in der CDU. Der ganze Einigungsvertrag ist von zwei Kriminellen unterzeichnet worden. Von Putzfrauen-Krause und Koffer-Schäuble. Die beiden haben alles angenommen, nur eins nicht: Dass das mal rauskommt. Der Kohl hat versucht, bis zuletzt dichtzuhalten. Aber nachdem sie ihm nun mit Folter gedroht haben, also Saumagenentzug, hat er jetzt ausgeplaudert, von wem er die Spenden gekriegt hat: von Honecker und Mielke. Bei seinem Staatsbesuch 1987 hätte ihn der Honni angefleht, er solle die DDR übernehmen, weil er, also Honni, unbedingt nach Chile ausreisen wollte, aber solange er die DDR am Hals habe, ginge das nicht. Und Mielke wollte auch nicht mehr den Hut für die Sicherheit aufhaben, sein Lederhütchen würde ihm reichen. Und da hat Helmut zu den beiden gesagt: »Jungs, her mit dem ›Bimbes‹«! Und so wurden wir dann eben BRD: Bimbes Republik Deutschland. Nun hat der Untersuchungsausschuss festgelegt, dass das alles gegen die Gesetze verstoßen hat, und deshalb werden am Montag im Osten alle Sachen aus dem Westen wieder abgeholt; und wir müssen alles so machen, wie es vor 1990 war. Der Computer wird ersetzt durch die Erika-Schreibmaschine, das Fax-Gerät durch Brieftauben, das Auto durch den Trabi ... Glauben Sie es nur! In der »Volksstimme« stand gestern sogar als große Überschrift: »28 Kabelkanäle sollen gekappt werden.« Mit unseren alten Fernsehern könnten wir dann nur noch DDR 1 und DDR 2 empfangen. Als der Mühlfenzl gehört hat, dass er jetzt Adlershof wiederaufbauen soll, hat den gleich der Schlag getroffen. Der Einzige, der sich darüber freut, ist der Innenminister von Sachsen-Anhalt. Der muss sich keine Gedanken um die Gebietsreform mehr machen. Wir werden einfach wieder zwei Bezirke: Halle und Magdeburg. Aber dass wir jetzt auch noch den ganzen SED-Parteibeitrag seit 1989 nachzahlen müssen, das verzeihe ich der CDU nie.

18. März 2000

Muttilein, haste das mitgekriegt? ... Seit gestern sitzt Helmut Kohl. Wieder im Bundestag oder wie die Selbsthilfegruppe heißt. Gestern hatten die Therapiestunde. Therapie, Muttilein, so nennt man das Verfahren, wenn der Doktor Mittel verschreibt, damit die Erreger einer Krankheit endgültig vernichtet werden. Gugge mal, vor zehn Jahren, da waren wir im Osten doch alle noch befallen vom SED-Virus ... Was sagste? ... Ob das so was ist wie BSE? ... Na ja, mit ä bissel guten Willen kann man das so sehen. Was die BSE-Viren aus einem Rind so machen, das ist Wahnsinn. Und was die SED-Viren aus dem Sozialismus gemacht haben, das war auch welcher. Und da hatte uns dann der Arzt, Doktor Kohl, mittels Ferndiagnose das Mittel verschrieben, wie wir den Virus loswerden können: Freie Arztwahl. Und damit wir heute vor zehn Jahren ja nicht den falschen nehmen, hat er uns dann auch gleich einen Arzt seines Vertrauens vorgeschlagen: Wir sollten den Dr. de Maizière nehmen, hat Helmut gesagt. Haben wir auch brav gemacht. Bloß, bevor der dann ein Rezept ausstellen durfte, der de Maizière, musste der immer erst ins Ärztehaus nach Bonn zum Gegenzeichnen ... Ja, Muttilein, so wie vorher Honecker nach Moskau? ... Obwohl nee, Muttilein, das kann man so nicht vergleichen. Honecker war kein Doktor. Jedenfalls hat der Dr. de Maizière dann die erste frei gewählte Poliklinik-Ost gegründet. Poliklinik, Muttilein, da steckt ja das Wort Polis drin und das heißt: Volk. Und Klinik heißt Krankenhaus. Volkskrankenhaus also. Da kam dann das Ostvolk rein, weil es auf dem letzten Loch pfiff. Besonders der linke Lungenflügel. Deshalb wurde auch eine Lungenärztin Leiterin: Dr. Bergmann-Pohl. Und die versuchte mit Erste-Hilfe-Maßnahmen das Volk wieder aufzupäppeln, aber das Volk wurde immer kraftloser. Dr. Kohl kam dann immer öfter zur Visite. Und eines Tages hat er gesagt, jetzt übernähme er die Behandlung selbst. Und zwar nach seiner Methode. Vom Fach her war er ein begnadeter Anästhesist, also Narkosearzt. Und dessen Aufgabe ist es, das Bewusstsein vor der jeweiligen Operation auszuschalten. Das ist ihm gelungen, und so konnte schmerzlos das Rückenmark ersetzt werden durch D-Mark. Und als wir aus der Narkose wieder aufwachten, hatte er bereits die Poliklinik-Ost als Chefarzt übernommen und die OP-Schwester Merkel zur Assistenzärztin gemacht. Und dieses Vorgangs haben sie gestern gedacht. Weißte Muttilein, was ich mir gedacht habe, als ich die Merkel so da sitzen sah, als Generalsekretärin der CDU? Die Jahre in der FDJ waren keine verlorene Zeit. Nach Honecker und Krenz ist die Merkel nun schon das dritte Beispiel, dass aus einem FDJ-Sekretär ein Generalsekretär geworden ist. Die FDJ war eben wirklich die Kampfreserve der Partei.

25. März 2000

Muttilein, jetzt störe mich mal bitte nicht. Ich mache mir gerade Gedanken um deine Zukunft. In der Zeitung stand nämlich, dass es ab 2015 keine gesetzliche Krankenversicherung mehr geben soll. Hier horche zu: »Wie bei der Autoversicherung könne man dann auch bei der Krankenkasse wählen, ob man sich Voll- oder Teilkasko versichern will.« Jetzt bin ich gerade dabei, unsere Kasko-Unterlagen durchzugucken, wie ich dich dann versichern muss. Das haben wir nun davon, dass wir den Schröder gewählt haben. Als Automann organisiert der die ganze Gesellschaft jetzt so lange um, bis die funktioniert wie die Autoindustrie ... Hier habe ich's doch schon: Tarifbestimmungen für die Kraftfahrversicherung. So, Muttilein, jetzt probieren wir mal, was da rauskommt. Als Erstes müssen wir gucken, was du für eine Fahrzeugart bist. Ich hätte da anzubieten: Nummer eins: Leichtkrafträder ... Na, das trifft vielleicht nicht so zu. Leasingwagen? ... Nee, biste auch nicht, da könnte ich dich nämlich von der Steuer absetzen als außergewöhnliche Belastung. Hier vielleicht Nummer drei: Mietwagen … Nee, geht auch nicht. Damit müsste »Gelegenheitsverkehr gewerbsmäßig getrieben« werden … Was heißt stimmt? … Aber doch nicht gewerbsmäßig, Muttilein. Jetzt hab ich's! Frauen werden eingestuft unter Nummer zwölf: »Melkwagen und Milchsammel-Tankwagen mit Vorrichtungen zur mechanischen Milchentnahme.« Das passt. Also, merke dir mal die Zwölf. Jetzt müssen wir noch die Schadensfreiheitsklasse feststellen. Das heißt, wie viel Jahre du unfallfrei am Verkehr teilgenommen hast, also verheiratet bist: Sechzehn. Oha! Da kriege ich sogar noch Rabatt für dich. Und jetzt gucken wir rüber in die Tabelle … Muttilein, willste Teilkasko oder Vollkasko? … Vollkasko ist mit allem drumrum. Da sind auch die Radzierkappen und Zierringe mit drin … also dein ganzer Schmuck sozusagen … Nehmen wir Vollkasko, gut! So, jetzt brauchen wir nur noch das Fahrzeugalter, und schon haben wir den Betrag … Ach du lieber Himmel! Da müsste ich ja über fünfzehntausend Mark für dich bezahlen. Wer kann sich denn so einen Luxusschlitten leisten? Da kann man dich doch gar nicht mehr auf die Straße lassen … Wieso, wieso? … Muttilein, du weißt doch, was mit den Nobelkarossen passiert … Aber Moment mal! Das ist doch überhaupt die Lösung! Ich stelle dich einfach auf die Straße und schwupps, hat dich die Automafia nach Polen gerollt. Und mit dem Geld, das ich dann von der Versicherung kriege, kann ich mich wenigstens ordentlich krankenversichern. Muttilein, nu ziehe nicht so eine Flebbe, das war doch bloß Spaß. Das mit Polen. Das mit der Krankenversicherung leider nicht.

20. Mai 2000

Muttilein, in allen Zeitungen schreiben sie, die Steuerreform ist durch. Da kann ich aber was anfangen. Ist durch! Ja, wie jetzt durch? Ist sie jetzt durch*dacht*, oder durch*wachsen*, oder durch*trieben*? Auf alle Fälle bringt sie wieder alles durch*einander*. Unser Ministerpräsident hat ja schon gesagt, wenn die Steuerreform so durchkommt, wie se kommt, dann fehlen ihm 600 Millionen Mark in der Landeskasse, die ihm sein Parteifreund Eichel sozusagen geklaut hat; und da weiß er nicht mehr, wie er das Land regieren soll. Da siehste mal, Muttilein, wer uns regiert. Nicht irgendein Politiker, sondern die Millionen. Deshalb heißt das Sprichwort auch: Das Geld regiert die Welt! Und nicht: Der Ministerpräsident regiert die Welt ... Was sagste, Muttilein? ... Wozu sie dann die ganze Steuerreform machen? ... Na, aber das sagt doch schon der Name: Reform! Re ist lateinisch und heißt »zurück«, und was eine Form ist weißte doch ... Hm? Für'n Kuchen ... Ja, so ungefähr musste dir das vorstellen. Und der Kuchen, von dem wir alle essen, ist eben der Kapitalismus. Also, heißt Reform nichts anderes, als zurück in die Form mit dem Kuchen ... äh, mit dem Kapitalismus, weil, der war in der letzten Zeit bissel unförmig geworden. Die Unternehmen mussten zu viel Steuer zahlen und die Arbeitnehmer zu wenig. Und weil uns ja nun die Sozialdemokraten regieren, haben die gesagt, das ist unsozial. Gegenüber den Kapitalgesellschaften. Und deshalb kriegen die für ihre Gewinne jetzt einfach mal Steuerfreiheit. Für das Geld, was im Staatssäckel dann fehlt können, bloß mal angenommen, die Lehrer ihr Arbeitszimmer nicht mehr von der Steuer absetzen. Die können sich aus dem Kuchen nicht mehr die Rosinen herauspicken. Das nennt man Schließen von Steuerschlupflöchern, verstehste! Weil aber jetzt für die Besserverdienenden der Spitzensteuersatz gesenkt wird und für die Schlechterverdienenden der Eingangssteuersatz, muss das wieder ausgeglichen werden, weil ja viel weniger Besserverdienende weniger Spitzensteuersatz bezahlen, aber dafür viel mehr Schlechterverdienende weniger Eingangssteuersatz. Das könnte man regeln, indem der Spitzensteuersatz noch mehr gesenkt wird, aber dafür die Einkommensgrenze, ab der dieser Spitzensteuersatz greift, weiter erhöht wird. Im Gegenzug könnte man aber auch, indem man den Einganssteuersatz noch weiter senkt, die Einkommensgrenzen erhöhen, ab denen der Eingangssteuersatz greift, oder aber man erhöht den Einganssteuersatz und senkt die Einkommensgrenzen, verstehste? ... Was heißt, das versteht kein Schwein? ... Muttilein, deshalb heißt das ja auch Steuer-Reform. Wenn es jeder verstehen würde, dann wäre es ja eine Steuer-Revolution.

7. Oktober 2000

Ich sag's ja, Muttilein unsere Zeit wird immer schnelllebiger. Na, gucke doch mal, abends wird es jetzt viel früher dunkel, und früh wird es jetzt viel später hell. Dadurch werden die Tage immer kürzer. Und dann verschiebt sich eben alles. Natürlich ist das so, Muttilein! Noch vor elf Jahren beispielsweise, da hätten wir heute den Republikgeburtstag gefeiert, also am 7. Oktober, und nu ist der mittlerweile schon vorgerutscht auf den 3. Oktober ... Was sagste? Das kann man nicht so sehen ... Da haste schon recht. Am 7. Oktober, da hatten früher immer 17 Millionen arbeitsfrei. Und seitdem mir nun schon am 3. Oktober feiern, da werden 3,5 Millionen um einen freien Tag betrogen, weil die haben schon das ganze Jahr immer keine Arbeit. Deshalb haben die auch nicht die richtige Lust, noch extra zu feiern. Also, Muttilein und ich, wir haben auch lange überlegt, wo wir an dem Tag hingehen sollten. Aber Muttilein hat die passende Veranstaltung gefunden. Ein Blockflötenkonzert. Ich sage: »Muttilein, das Gebranze von denen muss ich mir schon egal im Fernsehen angucken.« Sie hat's mir dann erklärt, dass es sich bei den Blockflöten nicht um Politiker handelt, sondern um Musiker. Und als die alle so auf der Bühne standen, dachte ich, oh, das wird wohl mehr eine Trauerfeier. Die standen nämlich alle schwarz angezogen rum. Aber da fiel mir ein, dass die uns ja die Einheit vorspielen sollten. Symbolisch gesehen. Und das »Schwarz« sollte wahrscheinlich die CDU symbolisieren ... Was sagste, Muttilein? ... Die eine hatte einen Schal mit roten Tupfen um? ... Ja, aber die hat auch nicht den Ton angegeben, sondern spielte nur die zweite Geige. In der Mitte saß einer an einer großen Schreibmaschine ... Ja, das weiß ich auch, dass das ein Cembalo war, aber klingen tat das wie eine alte »Erika«-Reiseschreibmaschine. Das sollte wahrscheinlich den Ananas-Krause symbolisieren, der den Einigungsvertrag gerade diktiert kriegt, denn ausgerechnet hinter dem stand der große Dicke ..., also der Kontrabass. Das waren schon Bilder mit Symbolkraft. Die Einheit als Streichorchester: Recht auf Arbeit gestrichen, kostenlose medizinische Betreuung gestrichen, Zusatzrente gestrichen. Und vorne düdelten lustig die Blockflöten, bis sich dann eine Querpfeife einmischte. Das sollte wahrscheinlich der Gysi sein. Gysi hat ja gesagt, zehn Jahre Einheit reichen ihm, und deshalb tritt er mit Bisky jetzt zurück. Für die PDS wäre allerdings ein anderes Symbol treffender gewesen als das Flötenspiel. Das Skatspiel! Na ja, Muttilein, wenn man schon keine guten Karten hat und dann auch noch seine beiden höchsten Buben in den Skat drückt, wird man wohl kaum einen Stich sehen. Symbolisch gesehen.

14. Oktober 2000

Muttilein, was habe ich immer gesagt? In der Politik haben wir es nur mit Schauspielern zu tun. Im Wirtschaftsministerium in Sachsen-Anhalt haben sie wieder ein starkes Stück aufgeführt ... Wie das heißt? »Draußen vor der Tür« ... Nee, Muttilein, nicht von Borchert. Von Scheich Quassimi aus Dubai. Von dem stand ein Investor davor, also vor der Tür des Wirtschaftsministeriums, und keiner hat ihm aufgemacht. Das Stück wurde zwar schon im Sommer aufgeführt, aber die Kritik stand jetzt erst in der Zeitung. Der Inhalt von dem Stück ist schnell erzählt: Also, da kommt ein reitender Bote und sagt zum Wirtschaftsminister:

Bote: »Herr Gabriel, Herr Gabriel
aus einem Lande mit viel Oel
kommt am Freitag gegen Drei
ein Investor bei uns vorbei.«
Minister: »Investor? Das ist gut und schön,
nur ich muss jetzt in Urlaub gehn.«
Bote: »Wohin soll ich den Investor schicken,
wenn Herr Ministier in der Sonne sich erquicken?«
Minister: *(bereits im Abgehen)* »Ein Investor ist ein außerirdisches Wesen wie von Melmac der Alf.
Das ist ein Fall für Nagel, Ralf.«
Der Bote reitet zu Staatssekretär Nagel. Dieser hebt abwehrend die Hände und spricht:

Staatssekretär: »Ich kann den Typen nicht besehen.
Ich muss zum Landesvater gehen.
Dort reden wir über ABM.
Da wird mich kein Investor hemm'.«
Der Bote wird aufmüpfig und haut den Nagel auf den Kopf … äh, an den Kopf:
Bote: »Die ABM könn' wir beenden,
wenn Investoren Arbeitsplätze spenden.«
Staatssekretär: »Ich diskutier mit dir nicht weiter.
Schick doch den Kerl zum Referatsleiter!«
Bote: *(nervös)* »Herr Referatsleiter ich eile schnell herbei.
Ein Investor kommt zu Euch aus Dubai heut' um drei.«
Referatsleiter: *(läuft vor Zorn rot an)* »Heute um drei?
Da ist meine Arbeitszeit längst schon vorbei.«
Bote: *(flehend)* »Empfangt ihn, vielleicht kommt er auch schon um zwei.«
Referatsleiter: *(springt auf)* »Das ist doch Schikane des Investors vom Scheich.
Erst kommt er gar nicht, und nun kommt er gleich.«
Darauf zieht er blank. Und zwar seinen Tarifvertrag aus der Schublade:
»Hier steht es und ich kann nicht anders.« *(deklamiert er wie Kainz)*
»Am Freitag ab eins macht jeder seins.«
Dann erschlägt er den Boten. Den toten Boten am Boden stolz betrachtend, hebt der Referatsleiter zum Schlussmonolog an:
»Soeben wurde ein Arbeitsplatz frei.
Auch ohne Investor aus Dubai.
Trotzdem sind uns Investoren willkommen,
aber nur wenn sie Dienstag bis Donnerstag kommen.«
Vorhang, aber kein Applaus.

16. Dezember 2000

Muttilein, ich hab's geahnt. Die Vereinigten Staaten von Amerika werden jetzt wieder geteilt. In Nord- und Südstaaten. In den Norden kommen die, die nicht lesen können, und in den Süden die, die nicht zählen können. Müssen sie auch in Zukunft nicht mehr, denn ab jetzt wird der amerikanische Präsident einfach vom Gericht zu seinem Amt abgeurteilt ... Was sagste, Muttilein? ... Da gilt der dann als vorbestraft? ... Na ja, bei der Vergangenheit von Bush wäre das kein Wunder, der hat doch in seiner Amtszeit als Gouverneur 135 Todesurteile vollstrecken lassen ... Was die verbrochen hatten? Wahrscheinlich wollten die Al Gore wählen ... Das war doch ein Witz, Muttilein. Nee, nicht das mit den Todesurteilen. Das mit den Wahlen in Amerika! Das sieht man ja schon daran, dass die Amis auf ihren Wahlzetteln keine Kreuze machen, sondern Löcher. Und dabei entsteht ein Haufen Konfetti, also ein Scherzartikel. Und den nennen die Amis eben Präsident. Man ist ja jetzt überall auf der Suche nach neuen Wahlmethoden. In Magdeburg wollen wir zur Wahl des Oberbürgermeisters 2001 auch mal was Neues ausprobieren. Erst war im Gespräch, dass wir mit Computer wählen sollen. Also, wenn ich das richtig verstanden habe, da wäre dann wohl eine Seite eingerichtet worden www. ob.de – und da sollte dann der Wähler reinschreiben, was er vom OB erwartet. Da haben dann beim Test vor allem die Wählerinnen immer nur geschrieben ... Reiten, Schwimmen und Tennis spielen. Das ging also in die Hose ... also daneben. Dann hat man gesagt, da richten wir eben für jeden OB Kandidaten eine Homepage ein. Und bei wem die meisten Surfer drauf sind, der ist dann gewählt. Bei diesem Test haben dann vor allem die männlichen Wähler versagt. Die sind auf ihrer gewohnten Seite hängengeblieben. Da hätten wir wahrscheinlich Beate Uhse als Oberbürgermeisterin gehabt. Aber jetzt ist uns das Max-Planck-Institut zu Hilfe gekommen. Forscher haben nämlich herausgefunden, dass Hunde den Blick der Menschen deuten können. Deshalb will man Folgendes versuchen. Man stellt die Kandidaten alle in einen Raum. Neben jeden Kandidaten kommt ein passender Hund. Also sagen wir mal, wenn du einen eher kleinen Kandidaten hast, sitzt dann ein Mops daneben, bei einem Kandidaten aus dem Westen ein Windhund oder bei einem Kandidaten von der PDS ein Rottweiler, und falls die NPD kandidiert, ein Bullterrier. Und wenn dann die Wähler den Kandidaten angucken und denken: »Och, der gefällt mir«, macht der entsprechende Hund eben »Wau«. Und das wird dann gezählt. Sollte der Kandidat danach im Amt doch versagen, war's eben einfach ein blöder Hund. Der Hund.

Das Jahr 2001

... bewies uns, dass auch Hellseher im Dunkeln tappen können. Ein amerikanischer Wahrsager hatte beispielsweise vorausgesagt, dass am siebenten September in Rumänien die Erde beben würde. Die Erde hat zwar im September gebebt, aber erst am elften. Und auch nicht in Rumänien, sondern beim Wahrsager sozusagen vor der Haustür. Aber das kannte man bereits von den Amerikanern, dass die in ihren Karten gern mal etwas verwechseln. Mal eine Botschaft mit einem Rüstungsbetrieb, mal einen Flüchtlingstreck mit einem Militärkonvoi ... Aber auch die anderen Astrologen hatten keine besseren Karten.

In München hat der Sternengucker Winfried Noe für 2001 sinkende Arbeitslosenzahlen vorausgesagt. Wahrscheinlich war dieser Mann der Astrologe von Gerhard Schröder. Der Kanzler hatte uns 1998 versprochen, in vier Jahren weniger als 3,5 Millionen Arbeitslose haben zu wollen. Staatsmänner umgeben sich gern mit Astrologen. Der von Wallenstein z. B. war Seni. Der von Schröder senil. Das hat der Gerhard nur zu spät bemerkt. Aber Gerhard war clever und hat sein Versprechen dementsprechend umformuliert. Jetzt will er nicht mehr weniger als 3,5 Millionen Arbeitslose in vier Jahren, sondern vier Arbeitslose weniger in 3,5 Millionen Jahren. Der Renner des Jahres auf dem Spielsektor war in diesem Jahr ein neuen Video-Spiel. »Chicken-poppen« wurde abgelöst von »Laden raten«. Die Spielanleitung sah Folgendes vor: Immer wieder huscht ein bärtiges Männel, mit einem Handtuch um den Kopf gewickelt, über einen ganz unscharfen Bildschirm und ist gleich wieder weg. Und jetzt müssen die Mitspieler raten, wo er hin ist. Das geht dann wie bei »Schraps hat den Hut verloren«. Afghanistan sagt: Pakistan hat'n. Jetzt muss Pakistan sagen: Pakistan hat'n nicht, Belutschistan hat'n! Belutschistan sagt: Belutschistan hat'n nicht, Afghanistan hat'n! Afghanistan hat'n nicht, Absurdistan hat'n! Absurdistan hat'n nicht, Somalia hat'n! Somalia hat'n nicht, Australia hat'n. Australia hat'n nicht, Italia hat'n! ... und so weiter. Und wem dann kein Land mehr einfällt, der nimmt den Joker und sagt: Allah hat'n! Und dann kann das Spiel wieder von vorne losgehen.

Und dabei hatte das Jahr so positiv angefangen:

BSE-Test bei Rindern – positiv! Dioxintest bei Hühnern – positiv! Kokaintest bei Daum – positiv. Nur der Intelligenztest beim Menschen war auch 2001 wieder einmal negativ.

24. Februar 2001

So, nu ist endlich mal Schluss mit dem ewigen Gejammer, dass wir Ossis egal alt aussehen. Gestern ist der Beweis erbracht worden. Hier bei uns gleich um die Ecke. Täve Schur ist siebzig geworden. Aber Muttilein, ich sage dir, aussehen tut der nicht mal wie ein Achtundsechziger. O nee, das war jetzt ein blöder Vergleich mit den Achtundsechzigern. Im Unterschied zu denen steht ja der Täve zu seiner Vergangenheit … Ja, der Täve streitet nämlich nicht ab, dass der auch mal gegen den Kapitalismus mit einem Stein gekämpft hat. Mit Eckstein. Na ja, den hat er doch 1960 bei der Weltmeisterschaft auf dem »Sachsenring« an sich vorbeirollern lassen. Dadurch war der Belgier Vandenbergh so verwirrt, dass er vergessen hat, zu gewinnen. Das muss dann einer dem Ulbricht erzählt haben, wie Täve mit dem Eckstein den Sieg des kapitalistischen Gegners verhindert hat. Aber Walter hatte wieder nicht richtig hingehört, weil er das eine Ohr immer in Moskau hatte. Dadurch hatte er bloß was von Stein und Sieg des Kapitalismus verhindern verstanden. Aber eben falsch. Und da hat er die Steine dann übereinander gebaut, und plötzlich stand die Mauer rum. Nee, Muttilein, deshalb ist Täve nicht schuld an der Mauer. Aber das scheinen einige zu glauben. Die Berliner Niederlassung der Deutschen Post wollte gestern einen Sonderstempel rausbringen. Täve zu Ehren. Aber die Zentrale in Bonn hat ihn wieder gestoppt. Täve zum Schur.

Nee, wurde gesagt, laut ihren Geschäftsbedingungen dürfen lebende Personen nicht so geehrt werden. Muttilein, die schwindeln uns die Hucke voll wie ein deutscher Verteidigungsminister. Na sicher, Muttilein: Fritze Walter, Maxe Schmeling oder Rudi Altig waren auch noch mopsfidel, als sie einen Sonderstempel gekriegt haben. Bloß bei Täve geht das eben nicht ... Warum? ... Habe ich doch gerade gesagt: Wegen der Geschäftsbedingungen. Und die Bedingungen für dieses Geschäft sind eben, dass die anderen nicht für die PDS im Bundestag sitzen ... Ja, Muttilein, nach Schumi ist sogar eine Straße benannt worden. Es ist eben immer noch ein Unterschied, ob jemand im roten Auto im Kreise fährt oder ob du im Kreise von Roten Autorität erfährst. Eine ganz andere Frage ist ja, ob das Täve überhaupt gefallen hätte. Nachdem er sich zwölf Jahre bei der Friedensfahrt abgestrampelt hat, jetzt von einem Land abgestempelt zu werden, in dem sich Politiker über jede abgeworfene Bombe freuen. Nee, da ist es schon besser, dass Täve der Welt seinen Stempel aufgedrückt hat. Nicht umsonst sagt man ja bis heute sogar in Frankreich: »Bon Schur!«

14. April 2001

Muttilein, nu höre doch mal auf mit dem Rumgewusele. Am Feiertag musste doch nun nicht unbedingt noch Staub saugen wollen. Heute machen wir mal bissel Ottonenehrung. Roff off de Ottomane und Beene hoch! ... Wieso hat das der Schröder verboten? ... Ach, weil der gesagt hat: »Es gibt kein Recht auf Faulheit.« Muttilein, lasse mich heute mal mit der Politik in Ruhe. Jetzt ist Ostern! Obwohl, Ostern ist ja eigentlich, wenn man sich das richtig überlegt, das Urbild für unsere heutige Politik. Ja, sicher, Muttilein, was wir heute Demokratie nennen, dass ist am Gründonnerstag erfunden worden ... Nee, nicht erst vorgestern, Muttilein, schon im Jahre 33 nach Christi Geburt. Wenn ich's dir sage! Da wurde das erfunden, was wir heute Wahl nennen. Damals hat der Landrat ... nee, Landpfleger hieß der damals noch ..., jedenfalls hat ein gewisser Pontius Pilatus zwei Kandidaten aufgestellt. Vor dem Volk. Der eine hieß Jesus und der andere Barrabas. Und dann hat der Pontius Pilatus zum Volk gesagt: »So, ihr könnt jetzt mal wählen, hinter wem von den beiden ein Kreuz gemacht werden soll. Hinter dem Jesus? Oder hinter dem Barrabas?« – »Boah!«, hat da das Volk gesagt, »woher sollen wir denn das wissen, wir kennen die beiden doch gar nicht«. Da hat der Landrat zu den beiden gesagt: »Los Jungs, macht mal ein bisschen Wahlkampf!« Und da mussten die Kandidaten so von sich erzählen. Da hat der Barrabas gesagt, er wäre von Beruf Räuber; und er könne den Leuten sehr gut das Geld aus der Tasche ziehen, ohne dass die es merken. Da war die Menge nicht so begeistert. Und dann hat der Jesus erzählt, er wäre von Beruf Christus. Da konnten sich die meisten auch nicht direkt was drunter vorstellen. Da haben sie zurückgefragt, was er denn so kann? Ja, sagte Jesus, er könne beispielsweise übers Wasser laufen, er mache, dass Blinde wieder sehen und Lahme wieder gehen; oder er könne auch aus Wasser Wein machen. Oh, haben sich da die Leute gesagt, das klang nicht schlecht! Wenn wieder Hochwasser kommt, könnte der loslaufen und das THW holen, die Gesundheitsreform klingt bei dem auch nicht verkehrt. Und wenn der jetzt schon aus Wasser Wein machen kann, schafft er mit ein bisschen Übung auch, dass später daraus Benzin wird. Und sie haben gesagt: »Christus, vielleicht christ du's hin, dass es uns mal besser geht.« Und dann erfolgte der einstimmige Ruf: »Kreuziget ihn!« Und schon wurde Jesus aufgrund seiner Versprechungen festgenagelt. Als sie nun aber hinter dem Jesus das Kreuz gemacht hatten, stellte sich heraus, dass der Mann dadurch bewegungsunfähig geworden war. Er konnte also das, was er vor der Wahl versprochen hatte, hinterher nicht mehr in die Tat umsetzen. Und ausgerechnet dieser Brauch hat sich bis heute erhalten. Nur sagen wir eben nicht mehr Kreuzigung dazu, sondern Wahl. Und wenn die Kandidaten nach der Wahl sich plötzlich als bewegungsunfähig erweisen, heißt das eben heute Sachzwang. Obwohl, einen Unterschied gibt's doch, Muttilein! Jesus hat sich, nachdem er sein Kreuz erhalten hatte, doch noch einmal bewegt. Er ist auferstanden, um sich zum lieben Gott zu begeben und zu fragen: »Eh, was'n hier eigentlich los?« Das unterscheidet ihn vom Politiker heute. Wenn man hinter dem ein Kreuz gemacht hat, da macht der keinen Aufstand mehr. Und weißt du auch warum, Muttilein? Der hält sich dann bereits für Gott.

5. Mai 2001

Nee, Muttilein, ich lass den Tee schon nicht kalt werden. Ich will bloß noch mal schnell unsere Kontoauszüge durchgucken. Na, man liest doch jetzt so viel von Fehlbuchungen. Nicht dass bei uns auch plötzlich eine Million drauf is. Schwarz. So was gibt's schon, Muttilein! Bei der Frau Merkel auf dem Betriebskonto ist das passiert. Glaubste, mit der CDU und ihrem Geld ist das wie in dem Witz, wo der Wilddieb von dem Förster erwischt wird … Den kennste nicht, Muttilein? Da erzähl ich den mal schnell: Der Förster merkt schon seit paar Wochen, dass in seinem Wald egal Rehe fehlen. Eines Tages sieht er, wie ein Wilddieb mit einem Reh auf dem Rücken durch den Wald schleicht: »Halt! Was machen Sie da?«, ruft der Förster. Sagt der Wilddieb: »Ich suche Pilze.« – »So, und was ist das da auf ihrem Rücken?« Guckt der Wilddieb ganz erschrocken und ruft: »Huch, ä Vieh!« So war das bei der Merkeln auch. Als die auf das CDU-Konto guckte, hat sie auch gerufen: »Huch, enne Million!« Die war so was von erschrocken! Wochenlang hat sie kein Wort rausgebracht. Erst nach den Wahlen in Baden-Württemberg und Rheinland-Pfalz will sie nun versuchen, die Eine-Million-Frage zu beantworten. Der Quizmaster im Untersuchungsausschuss hat ihr vier Antwortmöglichkeiten angeboten: A »Schwarzgeld«, B »Schmiergeld«, C »Fersengeld« oder D »Schweigegeld«. Da hat sie hin und her überlegt. Als Hilfe hat sie den Leisler-Kiep angerufen. Seine Antwort »Taschengeld« war aber voll daneben. Jetzt will sie noch den Joker probieren. Wenn das auch nicht klappt, bleibt bloß noch die Publikumsbefragung 2002. Und wenn die schief geht, dann verliert sie nach den Spielregeln alles. Jedenfalls wüsste sie dann endlich, was es wirklich für Geld war: Sterbegeld. Gott sei Dank, Muttilein, wir haben die Probleme nicht. Die Million auf unserem Konto ist immer noch rot ... na ja, obwohl, das ist ja heutzutage auch was Verbotenes. Das haste doch am 1. Mai gesehen, in Berlin. Die Roten wurden verboten, aber die Braunen durften marschieren. Das ist auch kein Wunder, wenn das neue Kanzleramt so aussieht, als hätte es noch Albert Speer gebaut. Der Bischof Noack, der hat gesagt, dass sich die Rechtsextremen so breit machen können, liegt nur daran, weil in gewissen Regionen das Bildungsbürgertum fehlt. Bloß, wie ist das jetzt mit Berlin? Da sitzen doch die ganzen Politiker? Hat sich jetzt der Bischof geirrt, oder fehlt diesen Bürgern bloß die Bildung?

28. Juli 2001

Sage mal, Muttilein, wenn ich erst mal so eins von den altbackenen Brötchen von gestern esse, kriege ich dann heute mal gute Butter drauf? ... Och, Mensch, egal muss ich die olle Margarine essen ... Ich esse auch zwei Brötchen, wenn du mir gute Butter draufmachst ... Dreie! Viere! ... Na, bitte, da bleibst du eben auf den Dingern sitzen. Da esse ich frischen Toast ... Nee, auf die Margarine will ich keine Marmelade. Da will ich Parmaschinken ... Was machste denn jetzt wieder? Hör auf! ... Ja, sicher habe ich Parmaschinken gesagt. Ich will doch aber nicht auf einen Toast paar ma Schinken drauf, sondern einmal Parmaschinken ... Oh, Muttilein, da müssen wir aber noch viel üben, bis du mit den neuen Verhältnissen klarkommst. Seit Mittwoch kannste doch alles aushandeln. Das Rabattgesetz ist gefallen. Und zwar in den Papierkorb ... Warum? ... Na, ich nehme an, damit es nicht wieder heißt, Deutschland ist so überheblich und will von anderen Ländern nichts übernehmen. Gugge mal, die Türken beispielsweise, die haben von Deutschland schon so viel übernommen. Waffen von der NVA oder den Sohn von Helmut Kohl. Und damit keiner sagen kann, wir haben was gegen die Türken, da hat der Schröder gesagt: »Gut, da übernehmen wir eben von denen jetzt mal den Basar.« Und nun können wir überall feilschen. Wenn du was genommen hast, kriegste noch ein Geschenk dazu, damit du wiederkommst, aber damit du überhaupt was nimmst, kriegste einen Rabatt. Der Seehofer von der CSU hat ja für den Arbeitsbasar, also wo wir früher Arbeitsmarkt dazu gesagt haben, also dort wo die Arbeitslosen verkauft werden, dafür hat der gestern vorgeschlagen: Wenn ein Arbeitsloser einen Arbeitsplatz nimmt, wo er weniger Geld kriegt, als was er an Arbeitslosengeld kriegen würde, dann soll ihm der Staat eine Prämie zahlen ... Was sagste? ... Woher der Staat plötzlich das Geld hat? ... Das hat der ja nicht, der Staat. Das soll er vorher dem Arbeitslosen wegnehmen, der einen zumutbaren Arbeitsplatz ablehnt ... Was ist daran interessant, Muttilein? ... Ob einem Arbeitgeber, der einen zumutbaren Arbeitslosen ablehnt, auch was weggenommen wird? ... Das geht aus dem Vorschlag leider nicht hervor.

8. September 2001

Muttilein, kann ich erst noch in Ruhe aufessen? ... Ja, ich mache das Bild schon noch an die Wand dran ... Ja! ... Wenn ich die Zeitung gelesen habe! ... Nee, Muttilein, Rasen mähen geht noch nicht, der ist doch noch zu nass ... Hä? ... Ob die Glühbirne im Bad auch nass ist? ... Wie kommste denn darauf? ... Weil ich noch keine neue reingeschraubt habe ... Weißte, Muttilein, du kannst einen aber auch alle machen, mit deiner Hektik. Das sagt die »Brigitte« auch ... Nee, Muttilein, ich habe nicht mit andern Weibern über dich geredet! Muttilein, Brigitte ist nicht die Rothaarige von Bauers, sondern die von Gruner und Jahr. Was heißt denn hier Flittchen? ... Die hat doch nicht zwei Kerle ... Muttilein, Gruner und Jahr, das ist der Verlag von der »Brigitte«. Von der Zeitschrift! Und in der steht eben, dass sich 70 Prozent der Männer völlig überfordert fühlen, weil sie am Wochenende zu Hause nicht mal abschalten können ... Was sagste?... Wer die Umfrage in Auftrag gegeben hat? ... Das steht hier nicht. Ich vermute mal, dass es der Scharping gewesen sein könnte. Na, der Mann arbeitet auch 80 bis 100 Stunden in der Woche. Sagt er jedenfalls. Aber das kann schon hinkommen, denn soviel Schaden wie er, hat vor ihm in drei Jahren noch kein Verteidigungsminister angerichtet. Der Mann lebt doch im Moment nur von Luft und Liebe. Oder anders gesagt: Er fliegt auf seine Gräfin Pilati nach Frankfurt. Gut, jetzt kann man ihm vorwerfen, wenn er so gerne fliegt, musste es dann unbedingt eine Gräfin Pilati sein als Lebensabschnittsgefährdung … äh, -gefährtin? Muttilein, wenn er eine Gräfin Zeppelin genommen hätte, dann könnte die ihn mit ihrem Familiengerät abholen, und er müsste nicht immer mit der Flugbereitschaft der Bundeswehr … Bloß, auf der anderen Seite, würde er nicht fliegen, sondern ständig mit einem Panzer nach Frankfurt rattern, würde uns das auch auf die Ketten gehen. Nun, mache mal was. Der Roman Herzog, der war da cleverer. Der hat gleich eine von Berlichingen genommen. Aber bei Rudi geht derselbige jetzt auf Grundeis, und deshalb hat er 50 Journalisten wieder ausgeladen, die mit ihm gestern nach Mazedonien fliegen sollten. Er hätte keine Transportkapazitäten, hat er ihnen ausrichten lassen … Warum? … Na, Muttilein, ich nehme an, auf dem Rückflug macht der wieder über Mallorca und bringt vom Swimmingpool gleich seine ganzen Quietscheentchen, Schwimmringe und die Badelatschen mit, für den Fall, dass er hier für immer baden geht.

15. September 2001

Jetzt wird der eine oder die andere sich vielleicht fragen: Kann man denn nach dem 11. September überhaupt Satire machen? Das habe ich mich auch gefragt. Und als Antwort gefunden: Ja! Wann denn sonst? Wenn Sie ins Lexikon schauen, da steht unter Satire, dass sie sich kritisch mit politischen Ereignissen auseinandersetzen soll. Und zwar durch negative Übertreibung. Wobei ich schon sagen muss, dass es ganz schön schwer fällt, das Negative der letzten Tage noch zu übertreiben. Noch am Montag hätte ich beispielsweise gefragt: »Muttilein, kennst du eigentlich den Unterschied zwischen Deutschland und Südkorea?« ... Südkorea hat einen neuen Verteidigungsminister. Gerade waren wir noch alle dabei zuzugucken, wie Rudolf Scharping seine Suppe auslöffelt, die er sich eingebrockt hatte, da mussten wir am Dienstag über unseren Tellerrand hinausblicken. Und dabei sahen wir, dass man Rudi eigentlich für den Friedensnobelpreis vorschlagen müsste, weil er sein Flugzeug nur an einen Swimmingpool gesteuert hat, während andere ihre Flugzeuge an die Symbole einer Weltmacht steuerten. Aber noch bevor die Türme des World-Trade-Center fielen, konnte man auf n-tv verfolgen, wie die Börsenkurse fielen. Wenn das keine Satire ist! Darüber kann man sicher nicht lachen, aber nachdenken schon. Die Politiker beten jetzt vor laufenden Fernsehkameras für die Unschuldigen. Das ist ehrenhaft. Aber hätten sie, statt im Nachhinein für sie zu beten, nicht von vornherein mehr für sie tun müssen? Nun sitzen sie da mit gefalteten Händen, um nicht zu sagen einfältig, und machen Osama bin Laden für alles verantwortlich. Aber keinen derjenigen, die ihn zu seinem Handeln befähigt haben. Selbstanklage ist auch nicht jedermanns Sache. Und wo waren denn CIA und FBI? Sind die schon zum Islam übergetreten? Den Eindruck haben sie jedenfalls hinterlassen: CIA is lahm, FBI is lahm ... Oder sollten sie das Geschehene gar nicht verhindern? Denn nur durch einen Krieg können die Spuren der amerikanischen Unterstützung bin Ladens noch verwischt werden. Vielleicht verbrennen dann mit seinem Hauptquartier auch die Aufschriften auf seinen Waffen: Made in USA, mit denen er versorgt wurde, als er in Afghanistan noch gegen die Sowjetunion zu Felde zog. Und nun ist er außer Kontrolle geraten, wie der Besen dem Zauberlehrling: »Laden, Laden sei's gewesen!« hört man auf allen Kanälen. Und die Friedenstauben ziehen sich erschrocken ins Niemandsland zurück. Denn nach dem Rachefeldzug der NATO werden die Politiker wieder beten. Für die Unschuldigen. Deshalb sollte man auch nicht von einer möglichen Begrenztheit von Vergeltungsaktionen sprechen. Weder zeitlich noch geografisch, sondern eher von der unmöglichen Begrenztheit des Menschen. Und zwar geistig und moralisch.

13. Oktober 2001

Oh, oh, Muttilein, da krümelt mir doch gleich wieder das Brötchen aus'm Mund, wenn ich so was lese: »Die Etappe der zurückhaltenden deutschen Nachkriegspolitik ist vorbei« … Wer so was sagt? … Der Etappenhengst Schröder war das. Statt bei Kriegen uns zurückzuhalten, werden wir künftig vorfallen. So wie eine Bandscheibe. Die fällt auch so lange vor, bis du nicht mehr aufstehen kannst. Bloß, da hilft eben meistens eine Operation, danach kommt man dann wieder auf die Beine. Im Krieg dagegen führt eine Operation meistens dazu, dass man eben hinterher nicht mehr aufstehen kann, wenn man einmal vorgefallen ist. Das nennt man dann Bündnisfall. Deshalb hat ja auch der Fischer gesagt, der »totalitäre Krieg« soll uns gefallen … Nein, Muttilein, das hat der nicht im Sportpalast gesagt, sondern im Bundestag. Im Sportpalast damals, das war der »totale Krieg«. Und der war menschenverachtend. Der totalitäre Krieg dagegen, der ist ja demokratisch, weil nämlich in Afghanistan wahlweise Bomben oder Lebensmittel abgeworfen werden. Die Afghanen können also ganz demokratisch wählen, wovon sie sich treffen lassen wollen. Wenn die merken, ui, das Flugzeug, das jetzt kommt, ist ein Bomber, können sie immer noch schnell wegrennen. Und die Afghanen sind ja von Haus aus schnell. Die sind nicht umsonst nach den Windhunden benannt worden. Außerdem hat der amerikanische Kriegsminister, was der Rumsfeld ist, gesagt, was da ins Feld rumst, von den Bomben, davon wären zehn bis zwanzig Prozent völlig ungefährlich, weil die gar nicht explodieren. Höchstens dann, wenn hinterher noch ein Fresspaket von McDonald's draufkracht. Aber das ist dann eben ein Kollateralschaden ... Was willste denn jetzt mit dem Fieberthermometer? ... Ich habe doch kein Fieber, Muttilein! Wie kommst du denn darauf? ... Weil ich so irres Zeug rede? ... Muttilein, das ist kein irres Zeug, das ist die Meinung, die wir jetzt alle haben sollen. Und wer nicht so denkt, der hat nämlich kein Recht mehr darauf, informiert zu werden. Das hat uns der Müntefering angedroht ... Was heißt denn hier SED-Methoden? ... Muttilein, da gibt's schon einen Unterschied. Wenn man früher eine andere Meinung hatte, da hat man dich selbst abgeholt. Heute, da holen sie dir wahrscheinlich bloß den Fernseher weg.

1. Dezember 2001

Muttilein, das ist aber wieder eine Schlagzeile! Hier horche mal: »Die Bahn will blauen Dunst von den Bahnsteigen verbannen« ... Nee, die wollen nicht die Fahrpläne abhängen ... Ja, das ist auch manchmal blauer Dunst, was da draufsteht. Hier ist aber gemeint, dass ich ab 2002 in Magdeburg und ab 2003 in Halle auf den Bahnhöfen nicht mehr rauchen darf. Bloß noch in extra ausgewiesenen Zonen. Schon das Wort »Zone«, das erinnert doch an finsterste Zeiten. Da gibt's wohl dann wahrscheinlich auf jedem Bahnhof eine Zonengrenze mit einem großen Schild: »Achtung, sie verlassen den nikotinischen Sektor.« Und an der Zonengrenze liegen dann die Opfer rum, die es vor lauter Entzugserscheinung nicht mehr über die Grenze geschafft haben, oder wie? ... Was ich mich da als Nichtraucher aufrege? ... Muttilein, man macht sich da schon so seine Gedanken über die Konsequenzen. Mit den Rauchern wird das doch dann wie mit den Indianern. Erst wurden die auch in Reservate getrieben, und dann sind die ganz ausgestorben. Ja, und wer sorgt denn dann für unsere Sicherheit, Muttilein? ... Der Bundesgrenzschutz? ... Na, du bist gut, wenn der auf dem Bahnhof auftaucht, da liegen dann nicht bloß Kippen zwischen den Gleisen, sondern ganze Menschen. Haste doch in Bad Kleinen gesehen. Nee, nee, durch die Raucher konnte man sich bis jetzt nämlich auf den Bahnhöfen sicher fühlen. Ich frage dich, wie wollen wir denn dann den Terrorismus bekämpfen, wenn keiner mehr Tabaksteuer bezahlt? Warum wurde die denn extra erhöht? Weil das Geld für den Kampf gegen den Terrorismus verwendet werden soll. So war doch die Begründung. Man könnte ja fast annehmen, der Mehdorn arbeitet für den bin Laden ... Eigott, Muttilein, dass da noch keiner drauf gekommen ist! Der Mehdorn ist ein Schläfer! Das gibt doch alles ein Bild: Als Erstes wollte er die Obdachlosen aus den Bahnhofshallen raus haben, weil das alles Ungläubige sind ... Na, sicher, Muttilein, von denen hat keiner mehr was, woran er glauben könnte. Jetzt sperrt er die Raucher ins Bahnhofsklo, bleiben also nur die Nichtraucher. Die leisten zwar vereinzelt noch Widerstand, aber die kriegt er auch noch aus den Bahnhöfen raus, indem er immer mehr Bahnlinien einstellt. Mensch, Muttilein, begreif doch, der will die Bahnhöfe leer haben … Wozu? … Muttilein, überlege doch mal! Die meisten Bahnhöfe haben doch schöne Kuppeln obendrauf. Daraus macht der Mullah Mehdorn dann Gebetsmoscheen. Na, ich will mal sagen, wenn immer behauptet wird, dass wir hier in Osten hinterm Mond leben, da wäre sogar ein Fortschritt, wenn es bald nur noch ein Halbmond wäre.

Das Jahr 2002

… wurde von Nostradamus beschrieben als Jahr, in dem die Gefahr für die Welt noch nicht gebannt ist. Wollte er damit andeuten, dass die Legislaturperiode von Rot-Grün zu Ende geht? Oder meinte er, dass sie verlängert wird? Anfang 2002 steht bei Nostradamus, dass einer aus dem nahen Osten kommen wird, den plötzlich alle wollen, weil er verspricht, unsere Wünsche und Träume zu erfüllen. Wenn er aber dann auf dem Gipfel der Macht ist, werden alle Hoffnungen zersteuben. Sagt hier Nostradamus etwa Edmund Stoiber voraus? Im Januar wollte doch die CDU/CSU in Magdeburg, also im nahen Osten, ihren Kanzlerkandidaten bekanntgeben. Angela Merkel wäre nach dieser Prophezeiung bereits aus dem Rennen. Denn dann hätte Nostradamus nicht von »zerStoiben« geschrieben, sondern von »ausMerkeln« … Alle diesbezüglichen Spekulationen wurden jedoch im August von Elbe und Mulde weggespült. Alles sprach nur noch

über die Auswirkungen des »Jahrhunderthochwassers«. Über die Ursache weniger. Die lag nämlich im Wahlkampf. Als Müntefering im August die Umfrageergebnisse gelesen hat und die SPD dabei nicht so doll aussah, hat er wörtlich gesagt: »Bis zum 22. September wird noch viel Wasser die Elbe hinunterfließen.« Es spricht ja nichts dagegen, wenn Politiker auch mal die Wahrheit sagen. Aber mussten denn die Sozis ausgerechnet dieses Versprechen in die Tat umsetzen? Jedenfalls trugen die Wellen von Elbe, Mulde und Sympathie Gerhard Schröder wieder ins Kanzleramt, aus welchem er vollmundig versprach, dass es nach der Flutkatastrophe keinem materiell schlechter gehen soll als vorher. An diesem Satz hat er dann hart gearbeitet. Weniger um ihn in die Tat umzusetzen, sondern um ihn zu interpretieren. Die ultimative Lesart lautete schließlich: Er gilt nur für die Ostbetriebe. Mit anderen Worten: Den Betrieben im Osten, denen es vor der Flut schon Scheiße ging, soll es hinterher genau so Scheiße gehen.

19. Januar 2002

Muttilein, was soll'n das? Was macht'n die Brezel hier auf meinem Teller? … Weil's Toastbrot alle ist. So, ich dachte schon, das ist ein Attentat. Seit einer Woche müsstest du ja wissen, wie gefährlich Brezeln sind. Das haste doch bei Bush gesehen. Der beißt beim Fernsehn gemütlich in eine rein, verschluckt sich und rutscht bewusstlos vom Sofa. Die Ärzte haben ihn gleich im Kopp untersucht, haben aber da drin nichts gefunden. Also, was auf Schädigungen seines Hirns hindeuten würde. Über das bereits bekannte Maß hinaus, meine ich. Er hält jetzt bloß auch noch alle Bäcker für Terroristen, weil seine Frau gesagt hat, sie hätte die Brezel vom Bäcker-Laden. Das war Spaß, Muttilein! Aber mal ehrlich, beim Essen sind schon viele Politiker umgebracht worden. Denke mal ans Schneewittchen mit seinem Apfel. Gut, Schneewittchen war nicht unbedingt eine Politikerin, aber vom Prinzip her, meinte ich. Die Brezel war ja früher auch mal als Opfergebäck gedacht. Und an den Brauch hatte sich nun auch der Stoiber wieder erinnert und die Merkel kurzerhand zum Frühstück zu sich eingeladen. In Bayern ist es so, da liegen bei jedem Essen Brezeln auf dem Tisch. Deshalb hat die Merkeln sich auch nichts dabei gedacht und einfach reingebissen in so eine Brezel, und, pardautz, lag sie als Kanzlerkandidatin tot vor Stoiber. Wie eben Schneewittchen vor der Königin. Und als der Schröder am Montag danach wie immer in den »Spiegel« guckt und fragt: »Spieglein, Spieglein in meiner ruhigen Hand, wer ist der Mächtigste im Land?«, steht da plötzlich geschrieben: »Herr Kanzler, Ihr seid der Mächtigste im Land, aber der Stoiber hinter den Bergen macht sich auf in Euer Kanzleramt.« Und wie im Märchen ließ der Schröder seinen Generaljäger … äh, Generalsekretär rufen und sagte: »Müntefering, jetzt hilft kein eiern, schaff mir vom Halse flugs den Bayern!« Und der geht auch vor die Presse, und wie Politiker so sind, wird nicht lange überlegt, da wird drauflosgeredet, sagt er wörtlich: »Es geht alles nur im Rahmen dessen, was Unternehmen bereit sind, mit der Politik zu besprechen oder zu tun.« Klar hat er recht, Muttilein, nur dann können wir ja auch auf Schröder verzichten, wenn sowieso nur Krupp, Thyssen und Siemens sagen, wo's langgeht … Wie Schröder darauf reagiert hat? Als Müntefering nach Hause kam, soll auf seinem Tisch eine Brezel gelegen haben.

2. März 2002

Muttilein, du kannst abräumen ... Nee, ich habe heute keinen Appetit. Ich weiß auch nicht, mir ist es irgendwie komisch im Bauche. Das geht schon ein paar Tage so ... Ach, deswegen gehe ich doch nicht zum Doktor. Muttilein, soll ich denn den Mann ins Unglück stürzen? ... Na, wenn der bei mir was findet, dann muss er mir doch was verschreiben, und wenn er mir was verschreibt, kriegt er wieder Ärger mit der Krankenkasse, weil ich in diesem Monat schon der Zweite bin, dem er was verschrieben hat. Und der Monat geht erst los, und er hat sein Budget schon wieder ausgeschöpft. Da kürzen sie ihm doch dann gleich seine Honorare. Dann kann er seine Raten für die Praxis nicht mehr bezahlen. Unser Gesundheitssystem funktioniert mittlerweile bloß noch, wenn der Kranke der Gesunde ist, verstehste? Weil die eigentlichen Kranken sind ja die Kassen. Deshalb heißen die auch Krankenkassen und nicht Gesundheitskassen. Wir zahlen in die kranken Kassen ein, damit die gesund werden. Und damit wir auch sehen, dass sich das, was man einzahlt, auch auszahlt, bauen sich die Kassen extra so schöne Paläste, wo sie dann in großen hellen Büros unsere Anträge auf Zuzahlung bei Medikamenten ablehnen können, weil Leistungen, die über das medizinisch Notwendigste hinausgehen, selber bezahlt werden müssen. Und das medizinisch Notwendigste zum Leben ist nun mal die Luft. Und die ist für jeden unabhängig vom Geldbeutel zu haben. Jedenfalls noch. Sagt die Ministerin. Und Gerhard Schröder hat gestern in der Zeitung zur Gesundheitsreform gesagt, wer in der Medizin etwas anderes will als Durchschnitt, also sagen wir mal einen Kaiserschnitt, der muss zuzahlen. In Polen haben sie das mit den

Finanzen anders gelöst. Da lassen sich manche Ärzte ihre Dienste nicht mehr von den Kassen bezahlen, sondern von den Bestattungsunternehmen. So unter dem Motto: »Der Zloty hell im Beutel klingt, wenn der Patient in die Kiste springt.« Wenn am Monatsende dann im Budget immer noch was fehlt, sollen Anästhesisten bei Operationen auch schon mal bissel nachgeholfen haben. Und weil allein in Sachsen-Anhalt zur Zeit 450 Hausarztstellen fehlen, will die kassenärztliche Vereinigung jetzt Ärzte aus Polen holen. Und da soll ich zum Arzt gehen ?

13. April 2002

Langsam kann ich es nicht mehr hören, was sie alles machen würden tun, wenn man sie nur machen lassen täte … Wer? … Na, die Parteien, Muttilein! Jeden Tag veranstalten die ein Wuhling, und ich sage dir, nach dem Wahlding, da sind die dann so fertig, da müssen sie sich erst mal wieder vier Jahre lang erholen, um Kraft zu schöpfen für den nächsten Wahlkampf. Wenn die die Zeit zwischen den Wahlkämpfen mal bissel nutzen würden, um durch Leistung zu glänzen, dann brauchten sie nicht fünf Minuten vor der Angst immer den Aufwand zu betreiben, um uns einzureden, wie gut sie sind. Und ich will mal sagen, Muttilein, wir als Wähler machen auch einen entscheidenden Fehler. Wenn eine Partei nicht gemacht hat, was sie uns versprochen hat, da wollen wir die gleich wieder abwählen. Im Gegenteil, die müssten wir trietzen, bis sie alle Versprechungen abgearbeitet hat … Wieso ist das Quatsch? … Muttilein, in der Schule, wenn wir da unsere Hausaufgaben nicht gemacht hatten, da mussten mir auch nachsitzen, bis sie erledigt waren. Warum gilt denn so was nicht für eine Partei? Wir sind doch schön blöde, wenn wir die vorher abwählen. Da stellt sich der Nachfolger hin und sagt: »Oh, Leute, das tut uns aber leid. Wir können nichts verändern, weil wir von unseren Vorgängern ein ganz schlimmes Erbe übernommen haben.« Schon wählen wir die wieder ab. Dann kommt der Nachfolger und sagt auch wieder: »Oh, Leute, das tut uns aber leid, aber wir können unsere Vorhaben nicht umsetzen, weil wir von den Vorgängern ein ganz schlimmes Erbe übernommen haben.« So haben wir zwar jedes Mal eine andere Regierung, aber immer dieselben Probleme. Deshalb sage ich, die sollen nachsitzen, bis sie schwarz werden. Die SPD scheint das aber irgendwie falsch verstanden zu haben mit dem Schwarzwerden und schmust sich immer näher an die CDU ran. Sagt doch der Höppner zu dem Böhmer: »Ich registriere Zeichen für eine ziemlich große Nähe.« Na ja, wenn er die Schmiergeld-Affäre in Köln meint, hat er ja recht. Da eiert der Müntefering jetzt genauso rum wie damals der Schäuble. Ich sage dir, Muttilein, wenn die SPD mit der CDU ins Bette huppt, dann kannste auch gleich die Spaßpartei wählen. Dann bliebe uns SPD wenigstens noch als Abkürzung erhalten: Spaß Partei Deutschlands. Und die will ja jede Landtagssitzung mit einem Witz eröffnen. Vielleicht so: Ein Besoffener steht vor einem Wahlplakat von Schill und lallt: »Warte, dich koof ick mir ooch noch!« Sofort wird er verhaftet. Ein Polizist benachrichtigt die Ehefrau. »Dieser verdammte Kerl«, ruft die Frau. »Wenn er besoffen ist, kooft der aber auch jeden Mist!«

20. April 2002

So, Muttilein, hier haste dein Teechen. Warte, das Löffelchen zum Umrühren bringe ich sofort. Eier sind auch gleich fertig ... Wieso Frauentag? ... Ach, weil ich das Frühstück heute mache? ... Nee, nee ich will bloß mal was ausprobieren. In Sachsen-Anhalt läuft doch so ein Projekt. Da tut man sich in die Lage des anderen hineinversetzen, damit man weiß, was man hinterher besser machen kann. Beispielsweise gehen jetzt in Magdeburg Richter und Staatsanwälte für zwei Wochen in den Knast ... Nee, Muttilein, nicht weil sie bestechlich waren, weil sie mal gucken sollen, wie ihre Arbeit so wirkt ... Was? ... Ob im Gegenzug dann die Knackis so lange die Urteile sprechen? ... Also, davon stand in der Zeitung nichts. Wobei, manchmal könnte man das schon denken, wenn die Gerichte egal die NPD-Aufmärsche genehmigen. So was hat ja schon zu ungeheueren Erfolgen geführt ... Nee, nicht die Aufmärsche. Die Vertauschung der Rollen. Gugge mal, schon Zar Peter I. ist nach Holland auf eine Schiffswerft gegangen und hat sich dort in die Lage eines Zimmermanns versetzt. Und was ist dabei rausgekommen? ... »Zar und Zimmermann«? ... Muttilein, quatsch doch keine Opern. Dabei ist herausgekommen, dass Russland hinterher spitzenmäßige Schiffe hatte: Atomeisbrecher »Lenin« und so ... Und wenn jetzt ein Richter in den Knast geht, dann kann der doch hinterher auch spitzenmäßige Urteile fällen. Jedes Reisebüro guckt sich doch auch erst mal das Hotel an, in das seine Gäste geschickt werden. Und da sollte eben auch der Richter mal so eine Zelle von innen gesehen haben. Du, die sieht gar nicht schlecht aus, auf dem Bild hier in der Zeitung: Fernseher, Liege mit Blümchenmuster, Couchtisch mit Spitzendeckchen, Schuhschränkchen ... Na, so wohnt manch einer zu Hause nicht. Und wenn da eben so ein armer Schlucker dann vor dem Richter steht, keine Arbeit kein richtiges Zuhause, da kann der Richter mit gutem Gewissen sagen: »Ihnen werde ich schon helfen!« Und schon hat der für ein paar Jahre wenigstens einen Fernseher und ein Spitzendeckchen. Ich sage dir, Muttilein, der Knast, das ist überhaupt die Zukunft. Wirtschaftsminister Müller hat auch gesagt: »Unsere Arbeitslosenquote wäre um 1,5 Prozentpunkte niedriger, wenn so viele Menschen bei uns in Gefängnissen säßen wie in den USA.« Aber bei uns sitzen eben die kriminellen Geldschmierer nicht in den Landesvollzugsanstalten, sondern in den Landesparteianstalten. Bloß, da fällt mir gerade ein, eine Parteigruppe hieß ja früher auch Zelle. Schade, dass das nicht mehr so ist. Dann könnte man auf die Frage: Wo sind denn eigentlich heute Kanther und Müntefering? sagen: Die sind in ihren Zellen.

14. September 2002

(Telefongespräch) Muttilein ... Hallo? ... Bist du's jetzt? ... Ja? ... Na, Gott sei Dank! Was denkst denn du, was mir passiert ist? Ich habe mich verwählt ... Nee, ich habe noch keine Briefwahl gemacht ... mit dem Telefon da habe ich mich verwählt ... Weißte, wen ich dran hatte? ... Da kommst du nie drauf! Den Bush! ... Ja, George Daddeldu! Ich weiß auch nicht, ob ich da einen Zahlendreher hatte, oder ich habe eine Null zuviel gewählt ... Na ja, hier in Deutschland haben wir ja zwei Nullen zu wählen ... Nee, jetzt nicht Stoiber und Schröder. Muttilein, eine Null müssen wir doch für das Amt wählen ... Nicht das des Kanz-

lers … Das der Telekom. Und die zweite Null gehört dann zum Ort. München oder Berlin … Kommt noch eine dazu, landest du wahrscheinlich überm Teich, oder der BND hat einen falschen Knopp gedrückt … Ich weiß es doch auch nicht, Muttilein, jedenfalls sagt es am anderen Ende plötzlich: »Hallo, I'm George. How are you, Gerhard?« Ei, denke ich, jetzt hat der auch noch an der Vorwahl erkannt, von wo das Gespräch kommt. Ich sage: »Ich nix Gerhard! Ich mich verwählt« Da hat er mir gratuliert, weil er wahrscheinlich verstanden hat, ich sei schon gewählt, also der Schröder, jetzt … »Nee«, sage ich, »die Wahl ist erst am 22. September. Deshalb ruft dich der Gerhard auch frühestens am dreiundzwanzigsten an. Erst will er noch die Wahl gewinnen im Frieden, und danach kriegt er dann … also das Gespräch mit dir bestimmt hin.« Das täte ihm alles zu lange dauern, pflaumt er mich an, was er denn bis dahin machen soll … Ich sage: »Schorsch, da nimmst du eben mal ein schönes Buch. Zum Beispiel eins über eure Geschichte.« Ob in so was auch Bilder drin wären, fragt er. »Klar!«, sage ich, »sogar von Eurem ehemaligen Außenminister, der hat 1929 einen Vertrag initiiert, dass Angriffskriege völkerrechtlich zu ächten sind. Der Mann hieß Kellogg. Was erinnert bei euch denn heute noch an Kellogg?« – »Cornflakes!«, sagt er und hielt das auch noch für einen guten Witz. »And now you, boy!« Jetzt wollte der von mir auch einen Witz hören … Klar, habe ich das gemacht, Muttilein! Ich sage: »Schorsch, kennst du den Unterschied zwischen John F. Kennedy und Saddam Hussein?« »No!«, kam es von der andern Seite der Leitung. »Ist ganz einfach«, sage ich: »Wer den Kennedy hat umbringen lassen, das weiß man bis heute noch nicht …« Was und? … Na, er hat gelacht, aber ob er es auch verstanden hat, dafür kann ich nicht garantieren.

2. November 2002

Glaubste denn so was, Muttilein? Kaum haben wir den Kanzler neu gewählt, schon müssen wir uns von ihm verabschieden. Vom Wohlfahrtsstaat ... Muttilein, das waren Schröders eigene Worte im Bundestag. Der Wohlfahrtsstaat ist da angekommen, wo Bayern München in der Champions-Liga schon ist. Am Ende. Dabei haben es die Bayern noch gut. Die könnten wenigstens den Trainer wechseln, wenn sie wollten. Aber wir müssen mit dem Kanzler noch vier Jahre weitermachen. Obwohl wir jetzt schon wissen, dass wir mit ihm nicht mehr wohl fahren können im Staat. Dabei gab es den Wohlfahrtsstaat schon seit dem 17. Jahrhundert. Könige hat der überlebt und Kaiser, Kohlrübenwinter und Kohlregierung. Bloß »Rot-Grün« übersteht er nicht. Jetzt weiß man erst mal, wie das immer gemeint war, als die SPD in ihr Wahlprogramm geschrieben hatte: »Wir wollen den Wohlfahrtsstaat schaffen.« Nun haben sie ihn geschafft. Muttilein, es ist nicht bloß, dass der Staat nicht mehr weiß, wie er die Renten bezahlen soll oder das Sterbegeld. Jetzt musst du als Bürger schon selber bezahlen, wenn dich der Staat abhört. Das ist so! Den Benutzern des Mobilfunkunternehmens O2 wurden die Abhörkosten von Polizei und Geheimdienst als »abgehende Mailbox-Verbindungen« in Rechnung gestellt. Da frage ich mich doch, was machen denn eigentlich unsere ehemaligen Bürgerrechtler? ... Was sagste? ... Die haben protestiert ... Ja, aber nicht etwa für die Sicherheit des Wohlfahrtsstaates, sondern gegen Stolpe. Dabei kann doch gerade er Erfahrungen mit der Staatssicherheit ... äh, zur Sicherheit des Staates einbringen. In der DDR war wenigstens das Abhören kostenlos. Und die beiden von der PDS können im Bundestag auch nicht auf den Tisch hauen, weil sie gar keinen haben. Was sie haben, ist das Recht, im Monat vier schriftliche Anfragen an die Regierung zu stellen. Frage eins: Wann kriegen wir endlich einen Tisch? Frage zwei: Wo sollen wir solange unsere Bleistifte hinlegen? Frage drei: Welches Telefon dürfen wir benutzen, um zu fragen, ob wir überhaupt noch eine Parteiführung haben. Frage vier: In welchem Ausschuss dürfen wir mitmachen? Wobei ich zumindest die letzte Frage nicht verstehe. Sie sind doch im Bundestag. Und das ist doch wohl der größte Ausschuss.

9. November 2002

Vierzehn ... fünfzehn ... sechzehn ... sieb... nicht schummeln, Muttilein! Achtzehn ... So ist schön! Komm, die zweie schaffste noch! Neunzehn ... zwanzig! So, nu gehe erst mal unter die Dusche, damit mir dann losmachen können. Muttilein, macht jetzt nämlich jeden Tag ihre zwanzig Liegestütze. Sie sagt, so wäre sie besser für das Einkaufen in Form. Muttilein kauft doch immer so gerne Ostprodukte. Und die sind in den Regalen immer ganz unten und hinten. Das ist sogar von der Agrarmarketinggesellschaft im Rahmen einer Diplomarbeit wissenschaftlich belegt worden, dass man sich da fast hinlegen muss, um die aus dem Regal zu griffeln. Also, bis auf den Harzer Käse. Gut, bei dem Käse nützt das ja auch nichts, wenn man den verstecken würde. Da braucht man ja bloß der Nase nach ... Aber »Burger Knäcke«, »Halberstädter Würstchen«, »Zörbiger Marmelade« und so: Alles unten hinten. Ich meine, für die Bodeta-Bonbons ist das gut, wenn sie unten liegen, fallen die zuerst den Kindern in die Augen und diese dann den Eltern auf den Wecker, bis die welche kaufen. Aber welches Kind interessiert sich schon für »Florena« oder »Fit«? Ich hatte Muttilein den Vorschlag gemacht, wir bauen uns so einen kleinen Bollerwagen, wie die in den Autowerkstätten haben, wo die sich dann mit dem Rücken so drauflegen, wenn sie unter die Autos krauchen, und dann ziehe ich Muttilein einfach durch die Gänge in der Kaufhalle an den Regalen entlang, und sie kann alles einsacken … Nee, wollte se nicht. Das sähe so aus, als würde sie sich von den Machenschaften der Handelsketten aufs Kreuz legen lassen. Ich sage: »Muttilein, du kannst dich auch mit dem Bauch da drauflegen.« Das käme schon gar nicht in Frage, sagte sie, die Freude wolle sie nun wieder dem Honecker nicht noch nachträglich machen, dass sie vor den Sachen aus dem Osten eines Tages auch noch auf dem Bauch rutschen würde. Na ja, und deshalb trainiert sie eben Liegestütze. Sozusagen als Kampfsport, nach dem Motto: Ihr Westprodukte stehet still, wenn mein starker Arm euch nicht will. Und wenn man mit so einer Kondi ganz real rangeht, dann können ALDI Märkte bald ein LIDL davon singen: Selbst wenn sie unsere heimischen Produkte in den Fußboden eingraben: Der gelernte Ossi weiß immer, wie er an die Bückware rankommt.

14. Dezember 2002

Das war ja wieder eine unfallreiche Woche, Muttilein. Auf der A14 sind andauernd Brummis beim Überholen umgekippt. Dadurch sind Giftstoffe ausgelaufen und mussten mühevoll entsorgt werden. Jetzt denkt man an ein Überholverbot für alle Brummer. In Hessen gab es auch einen großen Crash. Da ist der rasende Roland entgleist. Roland Koch! Auch beim Überholen. Der hat sich wieder mal selbst überholt und zwar rechts. Dabei ist viel Gift in die Atmosphäre geraten. Jetzt fragt sich alles, ob der nun auch entsorgt werden müsste. Im hessischen Landtag wurde mal wieder eine Diskussion über die Vermögenssteuer eingerührt. Und der Koch hat den ganzen Brei verdorben, indem er gesagt hat, wenn man jetzt anfange, die Milliardäre in Deutschland beim Namen zu nennen, wäre das »eine neue Form von Stern an der Brust«. Der Vergleich konnte nicht jut jehen. Er hat auch sofort zu Protesten geführt. Zum einen bei den Milliardären. Die haben sich aufgeregt: Ein Stern, das sei eine Beleidigung für sie. Recht haben sie! Bei einem Milliardär sind doch fünf Sterne Minimum. Und die Juden waren auch sauer, weil erst der Roland kommen musste, um sie aufzuklären, warum der Adolf damals so hinter ihnen her war. Der wollte nur ihr Geld. Nur dafür hat er Lager angelegt. Um es zu konzentrieren. Und weil der Roland ihnen das so schön erklärt hat, hat dann auch die Juden, die ihr Geld aus purer Raffgier an den Lagern vorbeigeschmuggelt hatten, das schlechte Gewissen solange gequält, bis sie es irgendwann nicht mehr ausgehalten haben und das Deutschland vorenthaltene Geld auf Konten bei der CDU in Hessen einzahlten, wodurch dann dort schwarze Zahlen entstanden. Und wenn sie nicht gestorben sind, spenden die noch heute. Muttilein, das sind die Gehirnwinde von Roland Koch. Für ihn sind immer noch die Juden an allem schuld. Dabei sind es aber eher die, die ihn wieder wählen. Aber damit das Thema Vermögen nicht noch mehr Schaden anrichten kann, hat der Bundeskanzler ein Machtwort gesprochen: »Das Thema Vermögenssteuer«, hat er gesagt, »wird den Bundestag gar nicht erst erreichen.« Na, nu wissen wir wenigstens, wie es weitergeht: Die Politik steuert immer mehr auf das Unvermögen zu.

21. Dezember 2002

Also, ich weiß auch nicht, Muttilein, irgendwas läuft hier schief. Früher war Weihnachten immer die Zeit der Heimlichkeiten. Heute ist es die Zeit der Offenbarungen. Für nichts ist mehr Geld da. Deutschland geht's ja so schlecht. In der ganzen Welt müssen sie bald für uns sammeln. Unter der Losung »Buna si!« spenden die Kubaner Milch für Deutschland. Unter dem Motto »Brot für die Welt – Schinken für Berlin« sammelt Unicef für den Regierungskindergarten in Berlin. Und in der Sahel-Zone ist ein Hilfskonvoi gestartet mit Streusand für den deutschen Winterdienst. Das Beste wird sein, Muttilein, wir schenken uns in diesem Jahr auch nichts, hä? Die Bescherung haben wir doch sowieso schon gehabt ... Na sicher, Muttilein! Am 22. September. Da haben alle ihren Wunschzettel ausgefüllt. Und was haben sie sich gewünscht? Eine Regierung, die man sich schenken kann. Und nu benimmt die sich auch schon seit drei Monaten wie die Weihnachtsmänner. Die einen hängen sich ein rotes Mäntelchen um, die anderen drohen ab und zu mal mit einem grünen Zweig. Und was sie dann beschließen, hat soooo einen Bart. Sie haben eben nichts mehr im Sack ... im Sackel ... Staatssackel, meine ich. Jetzt wissen sie nicht, wie sie mit uns über den Winter kommen sollen. Früher war das einfacher. Da haben wir noch im Herbst Eicheln und Kastanien für die Tiere gesammelt. Heute ist das umgekehrt. Da muss jedes Rindvieh seine Kastanien hergeben für Eicheln. Und deshalb sagt der Müntefering, wir sollen lieber das Geld gleich an den Staat zahlen und dafür auf unseren Konsum verzichten. Ich frage mich, Muttilein, wann war denn der Mann zum letzten Mal im Osten? Hier gibt's doch schon lange keinen »Konsum« mehr ... Stimmt, Muttilein, HO auch nicht. Die Politiker unterscheiden sich von den Bettlern heutzutage bloß noch darin, wo es ihnen fehlt. Den einen fehlt es im Hut, den anderen im Kopp. Die Politiker betteln doch förmlich nach Hirn. Alleine kriegen die gar nichts mehr auf die Reihe. Für jeden Kack brauchen die eine Kommission. Da frage ich mich doch, warum haben wir denn dann nicht gleich die Kommissionen gewählt? Nach der Süßmuth-Kommission für die Ausländer und der Hartz-Kommission für die Arbeit kommt jetzt die Sirup-Kommission für das Soziale ... Was sagste? ... Rürup-Kommission heißt die. Wie komme ich denn jetzt auf Sirup? Wahrscheinlich, weil sich das Ganze so zähflüssig hinzieht bis 2006. Und am Ende bleibt sowieso wieder alles an uns kleben.

Das Jahr 2003

... machte die deutschen Supermärkte zu einem Ableger von Günther Jauchs Ratesendung. Jeder Besuch begann mit der 25-Cent-Frage: Kriege ich nun auf diese Büchse Pfand, weil da Kohlensäure drin war? Oder kriege ich auf diese Büchse kein Pfand, weil da keine Kohlensäure drin war? Oder war es überhaupt umgekehrt? Vor allem musste man sich merken, wo man die Büchse gekauft hatte, weil man sie auch nur dort wieder abgeben konnte. Hatte man also in Kaiserslautern an einer Tankstelle eine Büchse koffeinhaltige Limonade gekauft, musste man die nächste Fahrt, auch wenn man eigentlich nach Rostock musste, so planen, dass man über Kaiserslautern fährt, um die Büchse wieder abgeben zu können. Am einfachsten hatten es die Penner, die ihre

Büchse Schluck gleich vor dem Supermarkt austranken. Die gingen einfach wieder rein, bekamen ihre 25 Cent und fertig. So gesehen war das Dosenpfand das erste Gesetz, das die sozial Schwachen nicht benachteiligte. Ansonsten kam das Gesetz über das Dosenpfand der »Büchse der Pandora« gleich. Wenn man die aufmachte, hatte man alle Übel der Welt am Hacken. Ausgenommen die deutschen Soldaten in Kuwait. Wenn die ihre Büchsen aus dem Schrank geholt hatten, um sie in Anschlag zu bringen, hatten sie nichts mehr am Hacken. Sie standen plötzlich in Socken in der Wüste herum, weil sich die Sohlen von ihren Stiefeln lösten. Das kam davon, weil man sie geleimt hatte. Und der Leim, auf den sie gegangen waren, löste sich in der Hitze auf. Deutsche Soldaten haben aber auch immer Pech. Vor 60 Jahren haben sie sich ihre Füße erfroren, und jetzt verbrennen sie sich dieselben wieder. Das lag allerdings nicht an der Klimaerwärmung, sondern daran, dass es mit Büchsen kein gutes Ende nehmen kann. Weder in der Kaufhalle noch in der Politik. Solange die Regeln von Flaschen gemacht werden.

25. Januar 2003

Also, Muttilein, ich schätze mal, das dauert noch eine Woche, und dann zählt uns der Bush auch noch zur »Achse des Bösen«. Bloß, weil der Schröder und der Chirac jetzt die Achse »Berlin–Paris« frisch geschmiert haben. Und nun quietscht die nicht mehr so laut: Krieg-Krieg-Krieg. Rumms, fällt Bushs Verteidigungsminister nichts anderes ein, als Deutschland und Frankreich als »altes Europa« zu beschimpfen. Ich weiß bloß gar nicht, ob das eigentlich so ein Schimpfwort ist ... Na, Muttilein, wenn ich mir das alte Europa so angucke? Da könnte das neue Amerika aber noch was lernen. Was hatte denn das alte Europa beispielsweise für Denker? Sokrates, Platon, Voltaire, Rousseau, Hegel und lauter solche Hirnriesen. Bei Bush reichte es heute nur zu Hirnrissen wie: »80 Prozent unserer Importe kommen aus dem Ausland.« Aber was willste denn auch von einem verlangen, der schon Schwierigkeiten mit dem richtigen Einführen einer Brezel hat. Als die Vorfahren von dem Bush noch mit Federn auf dem Kopp rumgehuppt sind, da hat man im alten Europa schon den Buchdruck erfunden. Gut, ich meine, das war eine Leistung, die der Bush nicht so einschätzen kann. Nach seiner eigenen Aussage hat er in seinem ganzen Leben bisher nur ein Buch gelesen. Und das auch nur bis zur Hälfte. Wahrscheinlich waren da die Bilder alle, und es kamen nur noch die schwarzen Krickel, die der Gutenberg 1452 erfunden hat. Ich sage dir, Muttilein, ohne diese Erfindung aus dem alten Europa hätte das neue Amerika seine Unabhängigkeitserklärung 300 Jahre später höchstens in den Sand pinkeln können, in den sie der Bush jetzt sowieso setzt ... Na ja, Muttilein, da er sie offenbar nie gelesen hat, hält er die Unabhängigkeitserklärung vermutlich für einen Freibrief und erklärt andauernd, dass er sich unabhängig von jeder Vernunft benehmen kann, weil sich die ganze Welt sowieso um ihn dreht. Dabei haben aber im alten Europa schon Leute wie Kopernikus oder Galilei nachgewiesen, dass die Erde sich nicht um einen Busch dreht, sondern um die Sonne. Aber Schorsch Dabbeljuh hat eben als Weltbild eine Scheibe. Und von der will er sich andauernd ein Stück abschneiden. Bis der Salat fertig ist. Und was braucht man denn für einen richtigen

Salat? … Muttilein, das weißt du doch am besten! … Richtig, Essig und Öl. Und die, die Bush nicht ans Öl ranlassen wollen, sind für ihn eben Essig.

1. Februar 2003

Ei, Muttilein, manchmal gibt's Dinge, da denkste, die gibt's gar nicht. In Sachsen-Anhalt war plötzlich ein Elefant verschwunden, samt Zirkusdirektor. Gut, bei Direktoren ist es nichts Besonderes, dass einer spurlos verschwindet. Aber ein Elefant! Die haben alles abgesucht, wo man hätte einen vermuten können. Also sämtliche Porzellanläden und so. War aber ohne Erfolg. Die Alpen wurden durchgekämmt, weil da ist ja auch schon mal einer mit Elefanten drüber … Keine Spur. Manche haben gedacht, dass der Copperfield vielleicht in irgendeinem Kulturhaus getingelt und dabei aus einem Elefanten eine Mücke gemacht hat. Auch Fehlanzeige! Gestern hat man die beiden nun endlich gefunden. Bei Berlin … Was die da wollten, Muttilein? … Na, morgen sind doch Wahlen in Hessen und Niedersachsen. Da wollten die ins Fernsehen zur Elefantenrunde … Das war jetzt ein Witz! … Ja, Muttilein, die Wahlen auch. Aber jetzt kann man erst mal richtig einschätzen, was so die UNO-Kommissare im Irak leisten müssen. Ich meine, wenn man hier schon eine Woche braucht, um einen einzigen Elefanten zu finden … und die da unten sollen 25 000 Liter Anthrax, 500 Tonnen Sarin, Senfgas und solches Zeug finden. Das geht ganz schön auf die Nerven … Ja, das Gas auch, Muttilein. Ich meine jetzt das Suchen, das geht auf die Nerven. Vor allem dem Bush, weil die finden einfach nichts. Aber der Bush behauptet steif und fest, das Zeug muss da sein … Woher der das so genau wissen will? … Na, Muttilein, die

Amerikaner haben einfach ihre Exportliste verglichen mit dem Bericht von dem UNO-Kommissar Blix. Worauf Bush sagte: »Ich blick's nicht! Wo ist denn das ganze Zeug? Ich habe doch die Quittungen gesehen! Was hat denn der Hussein mit unseren schönen Sachen gemacht?« … Muttilein, ich sage bloß Irma! … Welche Irma? … Deine Tante, Muttilein. Erinnere dich bitte, was hat die für einen Aufstand gemacht, als die den Rauchverzehrer, den sie uns zur Hochzeit geschenkt hatte, nicht mehr in der Vitrine gesehen hat? Und als du ihr dann noch gesagt hast, dass wir den an die Kinder verschenkt haben, na, da hat sie aber das Kriegsbeil ausgegraben! … Siehste, und so musste dir das da unten auch vorstellen: Der Onkel Sam will wissen, was sein Ziehkind Saddam mit den Sachen gemacht hat, die er ihm einst geschenkt hatte, dass er es mit seinem Nachbarn, dem Ayatollah, imma tolla treiben konnte. Und wenn der Saddam davon auch nur ein Gramm verschenkt hat, sagen wir mal an die Kinder von Allah, dann ist der Onkel Sam genauso nachtragend wie deine Tante Irma. Bloß im Gegensatz zu ihr gräbt er dann nicht nur ein Beil aus, sondern eine Grube für Tausende.

22. März 2003

Muttilein, nun höre doch mal auf damit! Das nützt doch jetzt alles nichts mehr! … Oh, nee, wenn die Frau sich mal was in den Kopp gesetzt hat … Sie können das ja jetzt nicht sehen, Muttilein, zieht gerade die Betten ab und will die Laken aus dem Fenster hängen. Wegen des Krieges. Muttilein, da können wir protestieren, wie wir wollen, der Bush macht doch, was er will. Deine Laken kannste höchstens als Kapitulation raushängen, wenn der Bush hier einmarschiert ... Na, weiß man es denn? Wenn der im Irak fertig ist, geht's weiter in einen anderen Schurkenstaat ... Na klar sind wir ein Schurkenstaat, Muttilein, das steht jeden Tag in der Zeitung, dass wir von Schurken regiert werden. Sie haben sich die Regierung erschlichen durch Lügen, sagt die CDU. Sie haben sich die Mandate gekauft durch schwarze Kassen, sagt die SPD. Sie machen den alten Menschen ihre Rente streitig, sagt die FDP. Sie lehnen jede Rücktrittsforderung ab, sagt die CSU. Sie haben nicht mal Tische im Bundestag, sagt die PDS. Wer so regiert, ist ein Schurke. Na, da gnade uns Bush! Du wirst schon sehen, Muttilein, eines Tages werden amerikanische Flugzeugträger vor der Insel Rügen ankern. Ihre Düsenbomber starten Richtung Berlin. Zur gleichen Zeit beginnen im Raum Hannover britische Panzerdivisionen ihre Offensive. Tschechische NATO-Einheiten liefern sich Gemetzel mit bayerischen Gebirgsjägern, polnische Luftlandetruppen besetzen in Berlin den Potsdamer Platz und kämpfen sich durch in Richtung Kanzleramt. Dann ruft Gerhard Schröder uns alle auf, wir sollen uns vor die »Waschmaschine« setzen ... Nee, Muttilein, nicht im Keller. In Berlin! Als menschliche Schutzschilde vors Kanzleramt. Ich würde sogar hingehen ... Was heißt, wo ich immer an der Politik von dem Schröder rummeckere? ... Was er innen macht, ja. Aber nach außen: Alle Achtung! Bis jetzt. Wie sagt schon das deutsche Sprichwort: Außen hui, innen pfui. Bei den Amerikanern ist das ja nu genau andersrum. Das Land der unbeschränkten Möglichkeiten hat den beschränktesten Präsidenten. Muttilein, ich sage dir, der Bush ist der erste Alkoholiker, bei dem ich bedauere, dass die Therapie erfolgreich war. Dann würde er heute wenigstens bloß nach der Flasche greifen, aber nicht nach der Welt.

29. März 2003

Muttilein, dass wir's nicht vergessen: Wir müssen die Uhren zurückstellen. Wegen der Sommerzeit ... Ja, sicher, erst heute Nacht. Aber man muss immer schon bissel vorausdenken. Bush und Blair machen das doch vor. Die denken jetzt schon darüber nach, was sie machen, wenn sie den Krieg gewonnen haben – sollten. Da wollen sie eine Aktion starten: »Öl für Nahrungsmittel.« Also, die Iraker geben dem Bush ihr Öl, und dafür kriegen die dann von Bush Cheeseburger ... Wieso sind die schon da? ... Nee, Muttilein, was du meinst, sind Schieß-Bürger. Mit Cheeseburger meine ich keine Soldaten, sondern Käsebrötchen. Bloß im Moment sind die Iraker so stur und wehren sich gegen alles, was die aus Amerika kriegen sollen. Bush will ja da unten die Demokratie einführen, wie er sie zu Hause auch hat. Also, Präsident wird der, der die wenigsten Stimmen hat. Und als solcher kann er sich dann über den Willen von Millionen Menschen auf der Welt hinwegsetzen. Beispielsweise, was die Abschaffung der Todesstrafe betrifft ... Was sagste, Muttilein? ... Das sind doch alles Sachen, die der Saddam Hussein schon kann ... Ja, schon, aber es gibt nichts, was man nicht noch verbessern könnte. Waffensysteme beispielsweise. Und die müssen auch mal ausprobiert werden. Die Amerikaner haben beispielsweise ein völlig neues Feinderkennungssystem. Amerikanische Hubschrauber erkennen sich gegenseitig als Feinde über dem Irak. Und schon ist ihr Verfallsdatum erreicht. Und während die vom Himmel fallen, kraxeln die Börsenkurse für die Flugzeughersteller in den Himmel, weil es müssen ja neue Hubschrauber hergestellt werden. Und dann haben die Amerikaner diesmal auch noch ganz intelligente

Raketen mit, sagen se. Die treffen nur militärische Ziele. So intelligent sind die. Gut, in dieser Woche waren zwei Raketen ohne Abitur unterwegs. Die haben sich dann auch prompt verflogen und sind in Bagdad auf einem Markt explodiert. Vor Wut, wahrscheinlich. Die Iraker hat es förmlich zerfetzt. Aber nicht vor Lachen, sondern vor Krachen. Bush hat gesagt, das könne er sich gar nicht vorstellen, weil seine Soldaten hätten den strikten Befehl, nur Militärobjekte zu zerstören. Ein amerikanischer Soldat hat das aber offensichtlich auch wieder falsch verstanden und eine Handgranate ins eigene Lager geschmissen. Tja, Muttilein, Waffen können eben doch nicht intelligenter sein als die, die sie benutzen.

12. April 2003

Also, Muttilein, da könnte man direkt denken, im Irak ist der Kommunismus ausgebrochen. Alles gehört jetzt allen, sagen se. Das haben wir doch mal gelernt: Jeder nimmt sich nach seinen Bedürfnissen. Die Amerikaner nehmen sich das Öl, und die Iraker nehmen sich, was übriggeblieben ist. Also, aus den Gebäuden, die noch stehen. Ganz egal, ob das ein Geschäft ist oder die deutsche Botschaft. Als sie davor standen, haben sich die Iraker gesagt: »Die Botschaft seh' ich wohl, allein mir fehlt ein Sessel!« Oder ein Kühlschrank, oder was weiß ich, und schon hatten sie das Zeug rausgeholt. Das wurde sogar im Fernsehen gezeigt. Bloß das Bild von Johannes Rau haben sie in der Ecke stehen lassen. Das ist der aber gewohnt von zu Hause. Da weiß auch keiner, wozu der eigentlich gut sein soll. Und Bilder hatten die Iraker auch lange genug. Deshalb haben sie gleich die ganzen Denkmale von dem Saddam nach Gomorrha geschickt.

Wie bei uns damals ... Nee, Muttilein, nicht nach'm Krieg, nach der Wende meine ich jetzt! Da wurden auch gleich alle Lenine abgeschraubt und Thälmänner vom Sockel geholt. Deshalb hat der Rumsfeld auch gesagt, dass ihn Bagdad an Berlin und Mauerfall erinnern würde. Und die Erfahrungen von damals will er offenbar bei der Bildung der neuen Regierung im Irak nutzen. Damit will er wahrscheinlich dem Schröder eins auswischen, wenn die Welt sieht, dass der deutsche Beitrag die Iraker noch schlimmer trifft als jede amerikanische Bombe ... Erinnere dich doch mal, Muttilein, wie war es denn damals beim Mauerfall? Wer hatte da beim Abbau Ost ... äh, Aufbau Ost sofort das Sagen? Ein gewisser Kohl. Und was macht der Rumsfeld? Er will als Boss einen ehemaligen amerikanischen Kohlonel einsetzen. Muttilein, deutlicher geht's doch wohl nicht. Die Medien in den USA haben schon verbreitet, dass 23 irakische Ministerien an ehemalige US-Militärs vergeben sind. Die Iraker haben bei Ihrer Zukunft also ungefähr das gleiche Mitspracherecht wie damals Claudia Nolte im Bundestag. Sie werden völlig übergangen. Deshalb spricht der Rumsfeld ganz offen von einer Übergangsregierung. Muttilein, ich sage dir, die Demokratie mit solchen Maßnahmen auf den Schild heben zu wollen, ist einfach nur ein Schildbürgerstreich. Die haben bekanntlich auch versucht, das Licht mit Säcken in ein fensterloses Rathaus zu tragen.

5. Juli 2003

Na, Muttilein, jetzt wird's aber langsam eng für Schröder. Da ist der »Lügenausschuss« noch dabei, den letzten Wahlkampf zu untersuchen, da tut der Kanzler schon wieder vor dem nächsten Wahlkampf lügen ... äh, liegen. Na ja, bis zur nächsten Wahl muss er was auf die Beine gestellt haben, sonst wird er nicht wiedergewählt. Deshalb will er jetzt die Steuersenkung vorziehen … Wem? … Na, der nächsten Steuererhöhung. Der Trick, dass er sagt, er macht bei einem Krieg nicht mit, geht ja 2006 dann auch nicht mehr … Nee, weil Bush hat gesagt: So ein Theater mache er nicht wieder mit. Beim nächsten Krieg will er auf alle Verbündeten verzichten. Mit denen gäbe es nur Ärger. Zum Beispiel jetzt mit den Polen. Glaubstes denn, Muttilein, jetzt wollen die Polen doch sogar an das Öl im Irak. Dabei sollten die eigentlich bloß auf die Kurden aufpassen, hatte sich Bush gedacht. Wobei ich mir immer denke, so wie sich der Bush in Erdkunde auskennt, hat er da sowieso was verwechselt. Die Polen sollten gar nicht ins Kurdenland, sondern ins Kurland, was heute Lettland ist. Das wollte Bush seinen polnischen Freunden zurückgeben, als kleines Dankeschön für ihr Katzbuckeln. Und plötzlich riskieren die Polen im Irak nicht nur ihr Leben, sondern auch noch eine Lippe und sagen: »Nichts wirkt sich so positiv auf das Selbstwertgefühl aus wie ein anständiger Krieg und eine ordentliche Okkupation.« Das sagte jedenfalls der polnische Schriftsteller Stasiuk. Gut, Muttilein, für seinen Namen kann er nicht, aber für seine Äußerung schon. Es sei denn, er hat bloß Hindenburg ins Polnische übersetzt. Der hat ja schon im ersten Weltkrieg gesagt: »Der Krieg bekommt mir wie eine Badekur.« Das hat nun wieder unseren Kriegsminister … äh, Verteidigungsminister Struck offenbar stutzig gemacht hat. Wenn die Polen jetzt eine Zone im Irak haben, hat er leise überlegt, brauchen die denn dann eigentlich Ostpreußen noch? Und dann hat er laut gesagt: »Für Deutschland gibt es keine geografischen Grenzen mehr.« Für Italien dagegen keine moralischen. Nach eigener Aussage traut Berlusconi einem deutschen Politiker höchstens den Posten eines Aufsehers in einem Konzentrationslager zu. Schröder war darüber sehr enttäuscht, aber Berlusconi hat ihn inzwischen schon angerufen und Kapotuliert … kapituliert, wollte ich sagen. Es wäre nur eine »unkonzentrierte Bemerkung« gewesen. Muttilein, die Welt ist ein einziges Irrenhaus. Bloß, leider sitzen eben die Normalen in den Zellen, und die Schlüssel haben die Irren.

9. *August* 2003

Na, Muttilein, jetzt wissen wir endlich, wo in Sachsen-Anhalt unsere Zukunft liegt. In der Vergangenheit. Was wir da alles aus dem Boden stampfen … Gerade hat die Welt über uns gesagt: Mensch, die in Sachsen-Anhalt haben eine Scheibe! Da ist die älteste Darstellung des Himmels drauf. Jetzt haben die auch gleich noch ein ganzes Observatorium dazu gefunden. Auf dem Felde der Ähre … also, auf einem Stoppelacker bei Goseck. Jetzt stinken die Engländer aber ab, mit ihrem »Stonehenge«. Unser »Holzhenge« ist 2000 Jahre älter. Das heißt, dass wir in Sachsen-Anhalt schon vor 7000 Jahren in den Mond geguckt haben. Und so ist das bis heute auch geblieben. Die Politik wird nach wie vor durch unseren Mond bestimmt … Nee, Muttilein, nicht von Schröder … Der ist doch ein viel zu kleines Licht. Im Verhältnis zum Mond. Der Mond, der hat ja so eine Kraft, dass der beispielsweise in der Nordsee andauernd das Wasser wegzieht. Dann ist Ebbe. Bei Schröder ist es gerade umgekehrt. Den zieht's nur dort hin, wo Flut ist. Aber der Mond kann sogar Berge verändern. Wenn ich dir's sage, Muttilein! Wenn der Vollmond genau über den Alpen steht, dann werden die Berge immer fünf Zentimeter höher.

Da weißte ja, was passiert, wenn der Vollmond über unserem Schuldenberg steht. Und deshalb kann sich die Politik auch nicht nach den Bedürfnissen der Menschen richten, sondern nur nach den Phasen des Mondes. Gugge ma, im April hatten wir zunehmenden Mond. Da stieg die Grenze für sozialabgabefreie Jobs auf 400 Euro. Seit 1. August haben wir abnehmenden Mond und schon fällt sie wieder auf 325 Euro. Deshalb stand ja auch schon in der Zeitung, dass die Regierung den Rat von Experten nicht mehr braucht ... Warum? ... Na, Muttilein, weil die Regierung jetzt eine Scheibe hat und ihre Politik nach dem Mond macht: Steht der Mond im Sternbild Schütze – streicht der Eichel uns die Stütze. Oder: Steht der Mond im Wassermann – steigt das Rentenalter an. Steht der Mond im Sternbild Fische – ist der Zahnersatz vom Tische. Steht der Mond im Sternbild Schlange – wird uns um den Sozialstaat bange. Steht der Mond im Mars – sagt Schröder uns: »Das war's!«
Ich sage dir, Muttilein, wenn die in 7000 Jahren mal dort buddeln, wo heute der Bundestag steht, da werden die Archäologen den gleichen Grundriss finden wie den aus der Urgemeinschaft bei Goseck. Und da sollen wir auch alle hin ... Nee, Muttilein, nicht nach Goseck. In die Urgemeinschaft! Den Vorschlag hat der Vorsitzende der Jungen Union gemacht. Philipp Mißfelder. Also, mir missfällt er, der Vorschlag. Bloß weil die in dem Observatorium auch noch Menschenopfer gefunden haben, sagt doch dieser junge Schnösel, wir sollten das auch machen wie in der Urgemeinschaft: Alte und Schwache einfach vor der Höhle aussetzen und warten, bis der nächste Bär vorbeikommt. Nun ist es aber heute nicht mehr so einfach mit den Bären, das dauert, bis sich da mal einer blicken lässt. Deshalb will der Mißfelder den alten Leutchen die künstli-

chen Hüftgelenke wegnehmen, weil die »Alten würden nur auf Kosten der Jungen konsumieren«. Vielleicht kann dem mal einer sagen, dass Politiker grundsätzlich nur auf Kosten anderer konsumieren. Wer ist denn für die Gesellschaft belastender, Muttilein? Der, der mit fünfundachtzig eine neue Hüfte braucht, oder der, der mit 23 Jahren schon ein künstliches Gehirn nötig hätte. Muttilein, so schön wie's ist, wenn Weisheit und Intelligenz schon vor 7000 Jahren von Deutschlands Boden aus in die Welt hinausgegangen sind, noch schöner wär's, wenn sie endlich mal zurückkommen würden.

6. September 2003

Hallo, Muttilein! Einen wunderschönen Guten Morgen! Hast du gut geschlafen? Wie geht es dir? ... Was? ... Ob ich noch einen in der Tüte habe von gestern Abend? ... Wieso denn? ... Weil ich so geschwollen rede? ... Muttilein, wir Erwachsenen sollen doch durch gutes Benehmen Vorbild sein für die Erziehung der jungen Menschen. Dazu hat man im Saarland und in Bremen extra ein neues Schulfach eingeführt. Das heißt UBV ... Nee, Muttilein, wir hatten so was früher nicht. Was du meinst, hieß UTP: Unterrichtstag in der Produktion. Bloß, das geht ja heute eben nicht mehr, weil die Betriebe alle zu sind. Und wenn wir den Schülern schon keinen Beruf beibringen können durch UTP, dann wenigstens gutes Benehmen mit UBV, was so viel heißt wie: Umgang-Benehmen-Verhalten. In Bremen haben sich auch schon erste Erfolge gezeigt. 1500 Messer, Pistolen Wurfsterne, Elektroschocker und Schlagringe sind vor der Schultüre abgegeben worden, weil die Schüler sich jetzt nicht mehr mit Tiefschlag begrüßen, sondern mit Handschlag. Zu den Türken in der Klasse sagen sie auch nicht mehr »Kanacke«, sondern »ungeliebter EU-Beitrittskandidat«. Und dann kommt der Kanzler und versaut die ganzen Erfolge wieder, indem er öffentlich »Kotzen« sagt … Was heißt, so was sagt man nicht zum Frühstück … Muttilein, der hat das auch nicht zum Frühstück gesagt, sondern zu den »Grünen«. Die fände er zum … na ja, du weißt schon. Er hätte das durchaus auch höflicher ausdrücken können. Er findet die »Grünen« zum Übergeben oder so. Das wäre sogar sachlich richtig gewesen, dann die »Grünen« übergeben doch ihre sämtlichen Ideale – dem Papierkorb: Atomausstieg, Ablehnung von Militäreinsätzen … Und das wäre gemein, sagt Schröder, dass die »Grünen« ihm den ganzen Papierkorb zumüllen. Schließlich müssten da auch noch die Grundsätze der Sozialdemokratie rein. Jetzt kommt bei Schröder nämlich schon die Angst durch, dass er 2006 nicht wieder gewählt werden könnte mit seinem Polittheater. Da hat dann die Doris den Gerhard an die alte Theaterregel erinnert, was beim Zuschauer am besten ankommt: nämlich Kinder und Tiere. Gut, Kinder schieden schon mal aus, und deshalb sind die Schröders jetzt auf den Hund gekommen. Erst wollte Gerhard den beißwütigen Wolfshund von Dieter Thomas Heck abkaufen und dann alle »Grünen« einzeln zu sich einladen. »Nee«, hat da die Doris gesagt, »nimm lieber einen ganz kleinen, der zu unserer Katze passt. Und dann übst du so lange mit den beiden, bis die aus einem Napf fressen. Und wenn das mit Hund und Katze klappt, wird das auch bei SPD und ›Grünen‹ hinzukriegen sein.« Und da hat die Doris recht, Muttilein. Was für Tiere gilt, gilt auch für Politiker. Erst kommt das Fressen und dann die Moral.

20. Dezember 2003

Ho-ho-ho-hoooo! Findste nicht auch, dass das eine blöde Mode ist, Muttilein? Früher hat jeder Weihnachtsmann noch ordentlich gegrüßt mit »Fröhliche Weihnachten« oder, wenn er bissel maulfaul war, sich wenigstens noch ein »Frohes Fest« aus dem Bart gequetscht. Jetzt machen in Deutschland die Weihnachtsmänner »Ho-ho-ho-hooh!«. Warum? ... Tja, das soll wahrscheinlich die Beziehungen zu Amerika verbessern. Da machen die Weihnachtsmänner auch nur: Ho-ho-ho-hooh! Das hängt wohl damit zusammen, dass die da einen Legastheniker als Präsidenten haben. Mich erinnert das immer an Loriot und seine Szene: Unser Hund lernt sprechen. Ho-ho-hooh! Nee, aber wir sollen uns darüber nicht lustig machen. Unser Kanzler ist der Meinung, wenn wir die Amerikaner schon beim »Heiligen Krieg« vor den Kopf gestoßen haben, dann nicht auch noch beim »Heiligen Abend«. Sonst dürfen wir dem Irak nämlich nichts schenken. Rumsfeld hat gesagt: Nur wer im Krieg seinen Kopf hingehalten hat, darf auch jetzt seinen Sack aufmachen. Na ja, da haben wir in Deutschland eben etwas anderes aufgemacht. Die Gefängnistür von Egon Krenz ... Warum? Ja, Muttilein, die Strafvollzugsanstalten sind auch dem Markt unterworfen, genauso wie die Kaufhäuser. Das sind auch straffe Vollzugsanstalten der Wirtschaft. Und da gilt eben zu Weihnachten: Alles muss raus. Also hat das Gericht gesagt: Krenz kammer rauslassen. Deshalb heißt das Gericht auch Kammergericht. Es kann ja auch sein, dass die Zelle jetzt für jemand anderen gebraucht wird. Vielleicht für den Bush? Na gugge ma, Muttilein, den Krenz haben sie verantwortlich gemacht für 4 Tote an der Mauer. Der Bush hat doch viel mehr auf dem

Kerbholz, und jetzt redet er schon wieder davon, dass der den Saddam über den Jordan schicken will ... Ja, Muttilein, sicherlich hat der auch Leute umgebracht. Aber wer hat ihn denn dafür erst bezahlt? Beihilfe zum Mord ist genau so strafbar. Und dass der Bush seine Wahl gefälscht hat, das weiß mittlerweile die ganze Welt ... Wieso kann Bush nicht in der BRD eingesperrt werden? ... Weil er aus einem anderen Staat ist? ... Muttilein, Krenz war auch aus einem anderen Staat und hat in der BRD gesessen. Übrigens, als er aus dem Gefängnis kam, weißte, was der Egon da als Erstes gesagt hat? ... Ich habe einen Plan ... Nee, Muttilein, das war der andere Egon. Der Olsen. Krenz hat gesagt, er wäre immer noch Sozialist. Aber wir müssten keine Angst haben, haben die Richter gesagt, »es bestehe keine Wiederholungsgefahr«. Siehste, und das unterscheidet ihn eben von Bush. Ho-ho-ho-hooo!

Das Jahr 2004

Noch in den letzten Tagen des alten Jahres hatte Gerhard Schröder angekündigt, alle ächten zu wollen, die vor den Steuern aus Deutschland flüchten. Gespannt richteten sich die Augen der Zuschauer auf die Formel-1-Rennstrecke in Monte Carlo. Wird Gerhard Schröder sich in die Pole-Position schmuggeln, um Michael Schumacher ins Gesicht zu schreien: »Ich verachte Sie!« Bei unseren Einkäufen achteten wir darauf, ob in den Supermärkten der Kanzler an den Joghurt-Regalen rüttelt, wie einst an den Stäben des Kanzleramts, und hineinbrüllt: »Löffeln Sie doch Ihr Zeug alleine aus, Herr Müller!« Oder was sollte sonst sein ganzes Gerede? Gerade wurde im ZDF

Karl Marx auf Platz drei der wichtigsten Deutschen gewählt. Gerhard Schröder dagegen kam nur auf Platz 82. Weit abgeschlagen hinter Daniel Küblböck, der 16. wurde. Hätte Gerhard Schröder etwas mehr von Karl Marx gelesen, dann hätte er gewusst, »Plusmacherei ist das ökonomische Grundgesetz des Kapitalismus«. Und dabei hat der Marx auch nur umformuliert, was der Goethe (Platz sieben) so formuliert hatte: »Erwirb es, um es zu besitzen.« Und nicht, um es sich von Hans Eichel wieder wegnehmen zu lassen. Sogar im Grundgesetz steht: »Eigentum verpflichtet.« Und zwar es zu schützen. Beispielsweise vor den Grapschefingern des Finanzministers. »Die Liebe zum Geld zerstört die Liebe zum Vaterland«, sagte Helvetius. Und so fliehen die Millionäre folgerichtig nach Helvetia – also in die Schweiz. Damit nun nicht auch noch Fritze Pflaumenkuchen auf die Idee kommt, seine Sozialhilfe in der Schweiz zu verprassen, will Gerhard Schröder dafür sorgen, dass er es in Zukunft nicht mal mehr bis in die Sächsische Schweiz schafft. Diese Maßnahmen nennt er zwar Reformen, aber im Prinzip sind sie nichts anderes als legalisierter Raub. Damit wir gar nicht erst Millionär werden, werden wir 2004 schamlos abgezockt mit Eintrittsgebühr beim Arzt, Senkung des Sparerfreibetrages, Senkung der Pendlerpauschale und Einführung von Mindestlöhnen, gegen die Mali ein Hochlohnland ist. So bekam das Jahr einen heißen Herbst. Im Osten brannte nicht nur die Luft, sondern eine ganze Bibliothek. Die von Anna Amalia in Weimar. Fünftausend Bücher waren futsch. Oskar Lafontaine sorgte jedoch für Ersatz. Er warf ein Buch auf den Markt. Nein, noch nicht sein Parteibuch. Vorerst nur seine Biografie. Da Biografien gewöhnlich erst dann erscheinen, wenn die betreffende Person nicht mehr am Leben ist, wurde Lafontaine von der SPD umgehend für tot erklärt. Zumindest politisch. Man sprach nur noch von der »Personalie aus dem Saarland«. Doris Schröder-Köpf soll sogar in Hollywood angerufen haben, um den größten Wunsch ihres Mannes zu erfüllen. Sie teilte dem Preiskomitee mit, der Gerd würde sehr gern einmal den Oskar verleihen. Auf die Frage: »An wen?« lautete die Antwort. »Am liebsten an eine andere Partei.« Ihr Wunsch wurde erfüllt, allerdings noch nicht in diesem Jahr.

Lediglich eine Berufsgruppe hatte im Jahr 2004 Grund zur Freude. Die Lkw-Fahrer. Die Einführung der Maut wird auch 2004 scheitern. Eine Lösung bahnt sich dennoch an. Die Birthler-Behörde wurde mit hochleistungsfähigen Computern ausgerüstet, die die Schnipsel der zerrissenen Stasi-Akten schneller zusammensetzen können. So könnte man die enttarnten IM ... Nein, nicht aburteilen, aber abkommandieren an die Autobahnen. An jede Auffahrt einen. Der muss dann die Kennzeichen der Lkw aufschreiben und dem Finanzminister melden. Na dann, Gute Fahrt durch das Jahr.

17. Januar 2004

Na, Muttilein, willst du denn nicht mal den Tisch decken? ... Was, du willst noch schnell die Fenster fertig putzen? ... Ich denke, wir wollen jetzt frühstücken? ... Nee, ich kann den Tisch nicht decken. Da mache ich mich strafbar ... Muttilein, wenn ich den Tisch decke, wäre das jetzt Schwarzarbeit im Haushalt. Glaub's nur! Wenn in deinem Haushalt jemand anderes was macht, soll das nur noch auf Lohnsteuerkarte gehen … Ich habe mir das doch nicht ausgedacht, Muttilein. Die SPD war das. Da können sie dich ganz schön am Arsch kriegen, wenn du da mitmachst … Nee, nicht bei der SPD, bei der Schwarzarbeit … Lache du nur! Unsern Nachbarn haben sie vorhin schon abgeholt … Na, warum denn wohl? Weil der vor unserer Türe den Schnee weggeschippt hat, als wir nicht da waren … Ja, sicher kann der das machen. Aber dass du ihm dafür auch noch zehn Euro in die Hand gedrückt hast, damit haste ihn ans Messer geliefert … Was? … Wenn ich den Tisch decke, gibt's kein Geld dafür? … Aber wenn ich dann was esse, was du gekauft hast, dann könnte man das als geldwerten Vorteil auslegen. Die Haushalte werden doch jetzt verstärkt überwacht. Tausende ehemalige Zollbeamte zollen jetzt ihre Aufmerksamkeit dir und dem, was du in deinem Haushalt so machst. Das ist wie früher. Je am Ender das System ist, umso mehr schnüffeln sie dir im Privaten rum. Ich würde mich nicht wundern, wenn sie auch bald den Hausvertrauensmann wieder einsetzen. Der muss dann verdächtige Geräusche in den Wohnungen ins Hausbuch eintragen und beim Blockwart Meldung machen … Na, Muttilein, nun nimm doch bloß mal an, du tust gerade Fenster putzen und der geht dann durchs Haus und hört bei uns, wie das Geschirr klappert. Da weiß er doch genau: Halt, hier ist was faul! Die Frau kann es nicht sein, die da klappert, denn die habe ich gerade am Fenster gesehen, also serviert hier wahrscheinlich ein Schwarzarbeiter und zwar den Staat eiskalt ab. Dann wandere ich ins Gefängnis und du musst 1500 Euro Strafe zahlen. Es sei denn, ich melde mich zum Decken als Ich-AG an, dann kannste die 1500 Euro an mich zahlen. Dann müsstet du aber noch mal so viel Lohnnebenkosten zahlen ... Was sagste? ... 3000 für das bissel Tischdecken ist dir zu viel ... Tja, Muttilein, da musst du's eben selber machen ... Ob bei mir noch alle Tassen im Schrank sind? ... Nee, die sind noch in der Spülmaschine. Aber da kann ich ja nicht ran. Deshalb, Muttilein, sage ich doch: Lass das Fensterputzen sein! ... Was heißt hier: Man kann nicht mehr durchsehen? ... Muttilein, wenn keiner mehr durchsieht, muss das in diesem Staat nicht unbedingt an den Fenstern liegen.

24. Januar 2004

Muttilein, das glaubst du nicht! Nach elf Jahren ist jetzt doch Land in Sicht. Jedenfalls für 70 000 Erben von Bodenreformland aus der DDR. Das hatte denen der Modrow im März 1990 noch gegeben: »Passt mal auf!«, hatte er damals gesagt, »wir sind jetzt die neue Volkskammer und da kammer dem Volk auch das Land geben, was mal den alten Herren gehört hat.« Damals ging so was noch, weil von November 89 bis September 90 waren wir im Osten ja noch eine Deutsche Demokratische Republik. Seit Oktober 1990 sind wir bloß noch eine Deutsche Bundesrepublik. Das heißt, ab da konnte man es mit dem Ossi bunt treiben: »Passt mal auf!«, hat nun der Bund gesagt, »wir sind jetzt die neuen Herren! Das ist der Grund, aus dem der Boden jetzt wieder uns.« Tja, Muttilein, da mussten dann die Erben ihr Land an die Bundesländer abgeben. Ohne einen Pfennig dafür zu kriegen. Und wer sein Land schon verkauft und sich von dem Geld vielleicht ein Häuschen gebaut hatte, musste entweder das Geld zurückzahlen oder sein Haus wurde verscherbelt … nee verschäubelt … Das ist schon ein Unterschied, Muttilein. Beim Verscherbeln hätte der ja noch was gekriegt. Beim »Verschäubeln« wurde ihm bloß genommen. Weil der Schäuble war ja der Urheber von dieser »Rückgabe vor Entschädigung«. Aber damit hat er eben die Menschenrechte verletzt, hat der Europäische Gerichtshof festgestellt. Und deshalb sitzt der Schäuble jetzt auch. Also, in seinem Stuhl und wartet, ob er Bundespräsident werden soll oder nicht. Ich fände, das wäre eine gerechte Strafe. Ja, Muttilein, weil als Bundespräsident hätte er dann nichts mehr zu sagen, sondern nur zu reden. Da kann er sich wenigstens nicht mehr am Eigentum vergreifen, sondern höchstens im Ton. Aber weißte, Muttilein, was wir aus dem Urteil lernen können? … Man sollte nicht immer nur über Brüssel klagen. Man sollte auch mal in Brüssel klagen. Na, wer weiß denn, was sich da noch so alles ergeben könnte? Überlege doch mal! Die ganzen Betriebe in der DDR waren doch Volkseigentum. Also, die haben dir genauso gehört wie mir. Wo ist da eigentlich unser Anteil geblieben, als sich VW den VEB Sachsenring gekrallt hat? »Karstadt« das Centrum-Warenhaus? Oder die »Allianz« unsere Staatliche Versicherung und-und-und … So viele Gewinne. So viele Fragen. Aber so wenig Antworten. Das Bodenreformurteil ist eben nur ein Anfang der Entschädigung. Aber ein Ende der Schädigung noch lange nicht.

31. Januar 2004

Muttilein, ich sage dir, es ist einfach unbeschreiblich. Mit dem Schreiben. Hier schrei'm sie, sie wollen die neue Rechtschreibung schon wieder überholen. Dabei haben wir die noch nicht mal eingeholt. »Überholen ohne einzuholen«.

Das kann doch nichts werden. Das haben wir doch schon mal erlebt. Die Rummfummelei an der Rechtschreibung wird denen schon noch mal leid tun. Wobei das »Leid« eben dann nicht mehr groß geschrieben werden muss. Nee, du kannst das jetzt auch klein schreiben und mit tun zusammentun. Schreibste aber wie früher das »Leid« klein und tun auseinander ist es falsch ... Warum? ... Geteiltes Leid ist eben falsches leid ... Nee, das kann ja dann auch nicht stimmen, denn hier schreiben sie, wenn du das »Leid« groß schreiben tust, dann kannst du es wieder trennen tun vom tun ... O nee! Wer soll denn das kapieren? Kein Wunder, dass sie dazu extra Elite-Universitäten einrichten müssen. Wie Havard oder Yale. Fünfe soll Deutschland kriegen ... Nee, die werden nicht extra gebaut, Muttilein, die werden einfach ausgewählt ... Wie? ... Na, Muttilein, wie wird denn in Deutschland gewählt? Über RTL. Deutschland sucht die Super-Uni! Da müssen dann wahrscheinlich die ganzen Rektoren in den Dschungel. Und wer die meisten Kakerlaken schlucken kann, an der Uni werden dann biologische Eliten ausgebildet; wer die meisten Spinnen übers Gesicht krabbeln lässt, die Hochschule wird dann Eliten für Spinnereitechnik ausbilden ... Das ist ekelhaft? ... Das mit den Kakerlaken auch, Muttilein, aber ich meine, dass sich bloß wieder ein paar Auserwählte das Wissen aneignen können sollen. Das ist ja wie im alten China das Mandarinentum ... Was sagste? ... In der DDR hatten wir das ja überwunden ... Ja, Muttilein, Mandarinen gab es da ganz wenig. Aber dafür gab es Bildung für alle. Kunststück, da hatten wir ja auch noch überall Schulen. Heute sitzen die Schüler länger im Schulbus als auf der Schulbank. Ist doch so, Muttilein! Von zehn Schuljahren sind in Zukunft mindestens acht Jahre Fahrzeit dabei, ehe die zur nächsten noch vorhandenen Schule kommen. Prima, soll der Stolpe schon gesagt haben, da könnten die Schüler unterwegs auf der Autobahn für ihn gleich Lkw zählen, weil ja die Eliten in Deutschland dazu nicht in der Lage sind. Wie denn auch? Die sind ja damit beschäftigt, ihre Abfindungen zu zählen. Und nun beraten die Kultusminister auch noch, ob die Änderung der Groß- und Kleinschreibung von Substantiven den Politikern überlassen werden sollte. Ich ahne auch schon, was in Deutschland künftig klein geschrieben werden muss: verstand. Da helfen dann auch die Elite-Universitäten nichts. Die kosten zwar viel, bringen aber nicht unbedingt viel. Gugge doch mal, Muttilein, George Bush war auch in Yale, und sein Wissen gipfelt in dem Satz: »Ich glaube, darin sind wir uns einig: Die Vergangenheit ist vorbei.« Und wenn das so weitergeht, unsere Zukunft gleich mit.

28. Februar 2004

So, Muttilein, die Maut kommt nicht, der Aufschwung kommt nicht, dafür sollen jetzt die Türken kommen. Und zwar nach Europa. Zweimal haben sie es ja schon versucht: 1529 und 1683. Da sind sie aber immer bloß bis Wien gekommen. Und jetzt stehen sie kurz vor Brüssel. Und nun is wie'n … Nee, Muttilein, nun is Wien noch nicht türkisch! Ich meinte: Nun is wie'n geölter Blitz die Merkel nach Ankara gesaust und hat dort unter dem Bild von Atatürk rumgetattert: »Ihr nix Europa!« … Warum? … Muttilein, wahrscheinlich hat die Merkel Angst, wenn die Türken kommen, dass sie sich dann verschleiern muss. Der Gedanke muss dem Schröder aber wiederum sehr gefallen haben. Jedenfalls ist er gleich hinterher, um zu gucken, ob die Türken ihre Auflagen, die sie seit 1683 gekriegt haben, also keine Gefangenen mehr in heißem Öl rösten oder ihre Köpfe vor Stadttoren auf Stangen aufpflanzen … also, ob sie die erfüllt haben. Die Auflagen. Als er dann vor Ort war, sah er, dass das einzige, was sie in Ankara aufgepflanzt hatten, die Bajonette der Ehrenkompanie waren. Und als der Ministerpräsident Erdogan Schröder dann fragte: »Was guckst du?«, hat Schröder zu Erdogan gesagt: »Jungs, ich sach ma, von mir aus könnt ihr kommen!« Und nun fühlt sich Deutschland hinsichtlich der Türken bereits als eingenommen. Als voreingenommen. Edmund Stoiber tobt: »Gerade haben wir den Klassenkampf in den deutschen Zimmern gewonnen!« … Muttilein, damit meint er den Kampf in den deutschen Klassenzimmern. Da darf kein Kopftuch mehr getragen werden. Wenn jetzt aber noch mehr Türken kommen, wo sollen die denn die ganzen Kopftücher hinhängen? In Bayern haben die Klassenzimmer nämlich nur einen Haken. Und da hängt schon einer dran. »Ein Kreuz ist das, mit dem Schröder!«, sagt Stoiber. Und da ist ja auch was dran, Muttilein. Allen geht es nur um das Kreuz. Auf den Wahlzetteln. Schröder sagt sich: »Ich weiß ja nicht, wie viele noch aus der SPD austreten, aber wenn ich den Türken Europa verspreche, habe ich schon mal drei Millionen Türken, die in Deutschland leben, als potenzielle SPD-Wähler.« Merkel und Stoiber sagen sich dagegen: »Wenn wir gegen die Aufnahme der Türken Stimmung machen, wählen uns zwar die drei Millionen Türken in Deutschland nicht, aber dafür Millionen andere.« … Was Roland Koch sagt? … Noch nichts. Der wird keine Zeit haben, weil er wahrscheinlich schon wieder an den Flugblättern bastelt, wo man gegen Ausländer unterschreiben kann. Was meinst'n, Muttilein, ob ich mal an die UNO schreibe, damit die ein paar UN-Beobachter schicken? ... Warum? ... Die nächsten Wahlen in Deutschland sind auf jeden Fall getürkt.

20. März 2004

Muttilein, jetzt höre doch mal auf, hier rumzumuffeln. Du versaust einem noch das ganze Frühstück. Ich kann doch auch nicht dafür, dass se gestern das Konzert mit der Montserrat Caballé in der Stadthalle abgesagt haben ... Was heißt denn, ohne Gründe? ... Irgendeinen Grund wird's schon gegeben haben. Wahrscheinlich war das wieder der Egon Krenz. Der wird die Caballé irgendwo getroffen haben, und da hat se gesagt: »Ich singe am 18. März in Magdeburg.« – »Och«, hat da der Krenz gesagt, »da komme ich mal horchen.« – »Nu klar«, hat da Montserrat gesagt, »warum nicht?« Und dann hat sie an der Kasse gesagt, sie sollen eine Karte für den Krenz hinterlegen. Um Gottes willen, wird da die Stadthalle gesagt haben, der Krenz will kommen? Nee, der ist nicht willkommen, da lassen wir lieber das ganze Konzert ausfallen ... Wieso Blödsinn, Muttilein? ... In Ribnitz-Damgarten war es doch genauso. Da wurde auch urplötzlich eine Veranstaltung abgesagt ... Nee, nicht mit der Caballé, mit Hermann Kant. Der Kant hatte den Krenz in Berlin getroffen, mit Blumen bei Rosa Luxemburg, und da hat der Krenz den Kant gefragt: »Na, Hermann, was machste denn so?« – »Och«, hat der Kant gesagt, »ich lese dann und dann in der Sparkasse in Ribnitz.« – »Mensch, Hermann«, hat da der Krenz gesagt, »ich wohne doch gleich um die Ecke. Kann ich da nicht mal horchen kommen?« – »Ist gut, Egon«, hat da der Hermann gesagt, »ich sage Bescheid.« Und schwupp, hatte der Filialleiter der Sparkasse die Veranstaltung abgesagt. Überall, wo Krenz drinsitzt, wird was abgesagt. Erst hat er im Politbüro gesessen, und was ist abgesagt worden? Der Sozialismus. Er will sich in die Sparkasse setzen, was wird abgesagt? Die Lesung. Er war bei einer Rostocker Autohausparty – was wurde abgesagt? Der Arbeitsvertrag des Autohändlers. Die Anwesenheit von Herrn Krenz wäre unmöglich, hieß es in der Begründung. Gut, da war Egon selber dran schuld. Was geht er auch zu »Honda«. Wäre er lieber zu »Toyota« gegangen. Da ist nichts unmöglich. Bloß, Muttilein, wie soll das nu noch weitergehen? Wenn der Krenz im Sommer mal in der Ostsee baden gehen will, muss da vielleicht der ganze Strand evakuiert werden? Der Peter-Michael Diestel hat jetzt schon Angst um Hansa Rostock. Vielleicht müssen die Spiele auch abgesagt werden, wenn Krenz auf der Tribüne steht? Mit Vorbestraften will eben keiner gerne was zu tun haben? … Muttilein, was soll denn das jetzt heißen, dir ist kein Fall bekannt, dass je eine Veranstaltung abgesagt wurde, bloß weil Graf Lambsdorff anwesend war … Muttilein, das liegt daran, weil in diesem Staat nämlich jetzt die Freiheit der Andersdenkenden verwirklicht ist. Wer anders denkt als Krenz, hat jede Freiheit.

10. April 2004

Ach, du dickes Ei! Muttilein, jetzt wollen sie aus uns wieder eine Zone machen. Naja, früher waren wir für den Westen schon mal die SBZ und jetzt sollen wir die SWZ werden. Die Sonderwirtschaftszone. Weil die Wessis immer mehr verarmen, sagen sie. Und daran sind wir Ossis schuld, weil wir ihr ganzes Geld verplempern … Was? … Woher die Wessis das wissen wollen, wo über 60 Prozent noch nie im Osten waren? … Muttilein, da müssen die nicht extra in den Osten kommen, die guggen einmal in der Woche in den »Spiegel« und fragen: »Spieglein, Spieglein in der Hand, wer ist der Beste in unserem Land?« Und da kriegten sie in dieser Woche eben die Antwort schwarz auf weiß: »Ihr Wessis, ihr seid die Besten im Land, aber die Ossis hinter den Bergen vom Harz bis Stralsund, verschlingen euer Geld mit gierigem Schlund.« Die Wessis glauben doch bis heute, dass sie den Solidaritätszuschlag alleine zahlen. Dass der uns genauso abgeknöppt wird, ist doch für die ein Märchen. Es war einmal der Traum von der Einheit. Jetzt entpuppt er sich immer mehr als Operation »Schneewittchen«: Ausschaltung der Konkurrenz! Erinnere dich mal, Muttilein! Schneewittchen hamse einen goldenen Kamm in Haar gesteckt – plumps, lag se da. Der Ostindustrie hamse die D-Mark in die Tasche gesteckt – plumps, war sie am Boden. Schneewittchen hamse den Gürtel immer enger geschnallt – plumps, lag sie auf der Diele. Die Ossis lagen nach den ganzen Dealen auf der Straße. Schneewittchen musste in einen sauren Apfel beißen. Gut, da hatte es der Ossi besser. Dem hat man Bananen gegeben. Das Ergebnis war aber dasselbe. Er hat das Bewusstsein genauso verloren. Und nun lassen sie die Katze aus dem Sarg … äh, Sack! Muttilein, Schneewittchen kam ja bekanntlich in einen gläsernen Sack … nee, Sarg. Und für uns heißt der Sarg eben Zone. Und zwar glasklar, haben die Experten das vorgeschlagen. Bloß irgendwie müssen die ihre alten Märchen nicht richtig verstanden haben. Na, gugge mal, Muttilein, Schneewittchen hat sich ja am Ende dann doch noch richtig ausgekotzt, und die böse Königin wurde vertrieben. Und warum? … Weil ein Zwerg den Sarg zerdeppert hat … Genau, Muttilein! Und hier wird's interessant! Gysi soll wohl schon überlegen, ob er 2006 wieder antritt. Lafontaine ist auch nicht gerade groß. Und wenn dann noch Norbert Blüm mitmachen würde, dann wäre das ... Ein neues Märchen? ... Ja, Muttilein, ich weiß, aber erzählen kann man's doch ruhig mal.

28. August 2004

Muttilein, von wegen Protest hilft nichts! Jetzt haben sie die Regierung soweit: Hartz IV soll es so nicht mehr geben. Als Name. Hat die Bundesregierung gesagt. Die Mitarbeiter des Nationalparks Harz haben gesagt: »Wir schmeißen den Brocken hin, wenn unsere Region weiter so verunglimpft wird. Der Harz wird ja als Urlaubsregion immer unbeliebter, wenn jeden Montag dagegen protestiert wird.« Und nun ist die Regierung ins Grübeln gekommen, was an Hartz IV anders gemacht werden könnte ... Nee, Muttilein, nicht am Inhalt, am Namen. Der erste Versuch, Hartz IV umzubenennen in »Erzgebirge I« ist am Protest von »De Randfichten« gescheitert. Die haben gedroht, sofort in allen Hitparaden ein Spottlied auf den Kanzler zu singen: »Lebt denn der alte Holznischl noch«. Damit war der Vorschlag vom Tisch. Die regierungsbeteiligte PDS in Berlin und Schwerin kam auf die Idee, das Projekt »Oybin II« zu nennen. Das scheiterte daran, dass keiner in der Bundesregierung wusste, wo der überhaupt liegt. Gut, sagte Müntefering, dann nehmen wir eben »Schwarzwald III«. Das stieß auf energische Proteste der Schwarzen ... Nee, Muttilein, nicht der Zulus, sondern der CDU/CSUlus. Weil, hamse gesagt, was Rot/Grün da als Reform verkaufen will, damit wollen wir nichts zu tun haben. Das ist uns viel zu lasch. Die Umbenennung in »Alpen V« war auch keine Lösung, weil dies zu diplomatischen Verwicklungen mit Österreich und der Schweiz geführt hätte. Beide Länder erklärten übereinstimmend, mit Versuchen an Menschen wollen sie nichts zu tun haben und drohten mit dem internationalen Gerichtshof. Ein Versuch, das Ganze »Westerwald VI« zu nennen, scheiterte erstens am Einspruch Cornelia Piepers. Man könne es zu leicht mit Westerwelle verwechseln. Und den wolle man nicht mit »Sechs« in Verbindung bringen. Zumal die FDP vielerorts schon an der Fünf-Prozent-Klausel scheitert. Außerdem könne der Begriff »Westerwald« den Eindruck erwecken, die Wessis müssten die Reform allein durchmachen. Claudia Roth von den »Grünen«, die gerade aus Bayreuth kam, schlug dann »Grüner Hügel VII« vor. Daraufhin erhob der Wagner-Clan Einspruch. Ihm reiche schon Schlingensief I. Sofort abgeschmettert wurde der Vorschlag der NPD mit »Obersalzberg 88«. Dann hatte der Kanzler das Ei des Kolumbus zum Greifen nah: Die nächsten Reformen wolle er nicht mehr von Peter Hartz machen lassen, sondern von Susanne Fröhlich oder Peter Lustig. Bloß, Muttilein, ob Hartz IV in Zukunft nun »Fröhlich I« oder »Lustig II« heißt. Es bleibt Mist hoch drei.

13. November 2004

Muttilein, ich sage dir, die BRD entwickelt sich immer mehr dahin, wo die DDR schon 1989 angekommen war: Der Staat ist pleite, auf der Straße demonstrieren die Menschen, auf allen öffentlichen Plätzen wird man gefilmt, und nun wollen sie auch noch einen Feiertag streichen. Damit wir mehr arbeiten. Das hat die SED doch auch gemacht. Die hat sich am Pfingstmontag vergriffen mit der Begründung: »Wir können nur verbrauchen, was wir vorher produziert haben.« Das Geld in der Tasche, das hatten wir, aber dafür waren die Regale leer. Heute können wir gar nicht verbrauchen, was wir vorher produziert haben. Die Regale quellen über, aber dafür fehlt's uns wieder am Geld in der Tasche. Und nun sollen wir für noch weniger Geld noch mehr arbeiten. Weil, sagen die Politiker, wir würden über unsere Verhältnisse leben. Wer wüsste das nicht besser als sie, wie man über unsere Verhältnisse lebt. Und damit sie so weiterleben können, wollen sie sogar den Subbotnik wieder einführen. Gut, sie trauen sich nicht, das so zu nennen, weil das zu sehr nach Lenin klingt, deshalb sagen sie lieber 40-Stunde-Woche dazu. Und wenn noch ein Feiertag wegkommt, da würde die Wirtschaft um 0,1 Prozent wachsen. Also, fast um nullkommanix. Bloß, nun ist die Frage, welcher Feiertag soll dran glauben.? Da hat man überlegt, welcher am sinnlosesten ist. Und da ist Finanzminister Eichel sofort der Tag der Einheit eingefallen. Einheitliche Lebensverhältnisse wird es sowieso nie geben, hat der Bundespräsident gesagt, also warum dann groß feiern? Da reicht es, wenn wir den Tag einfach auf den ersten Sonntag im Oktober legen. Dann wären auch die Reden zu diesem Anlass das, was sie wirklich sind: Sonntagsreden. Sofort hat da der Stoiber … nein, Muttilein, kein »Glas Champagner geöffnet« … Diesmal hat er ein Fass aufgemacht. Wegen des Geldes dürfe man die Deutsche Einheit nicht opfern, hat er gesagt. Da hat aber Schröder bloß gefeixt, weil ja Stoiber 1994 selbst den Vorschlag gemacht hat, den Einheitstag auf den ersten Sonntag im Oktober zu legen, um die Pflegeversicherung zu finanzieren. Aber so funktioniert eben Opposition: Was ich selber denk und tu, rufe ich bei and'ren: Buh! Müntefering muss aber dann doch wohl gemerkt haben, dass der erste Sonntag im Oktober ja auch mal auf den 7. Oktober fällt. Dann würden wir sozusagen die DDR feiern ... Da sind sie dann wieder ins Grübeln gekommen. Und nun bleibt eben der 3. Oktober Feiertag. Dafür wird aber vielleicht der erste Sonntag im Oktober gestrichen ...

20. November 2004

Muttilein, also manchmal glaube ich, der liebe Gott hätte der Welt einen größeren Gefallen getan, wenn er mit dem Lehm, den er nach ihrer Erschaffung noch übrig hatte, was anderes gebastelt hätte als ausgerechnet den Menschen ... Was er da hätte machen können? ... Ja, Muttilein, wenn's schon der liebe Gott nicht gewusst hat, wie soll ich das denn da wissen? Jedenfalls würde es ohne Menschen auch den Tieren besser gehen. Den kleinen im Walde und den großen in der Wirtschaft. Die hört man doch immer nur jammern. Im Fernsehen, in der Zeitung, im Radio ... Nee, Muttilein, jetzt nicht die kleinen Tiere im Walde. Die großen Tiere in der Wirtschaft. Der Hundt und sein ganzes Rudel, die stöhnen doch andauernd: Seit sie die Menschen kennen, lieben sie die Roboter. Die meckern nicht, arbeiten rund um die Uhr, und wenn sie mal streiken, fliegen sie auf den Müll. Der Mensch dagegen, wenn der fliegt, dann rennt er gleich zur Gewerkschaft. Unserer Wirtschaft könnte es so gut gehen, wenn wir alle funktionieren würden wie die Roboter. Aber was macht der Mensch? Kaum ist er im Betrieb, packt er die Bemmen aus und macht Frühstück. Dazu natürlich 'ne Tasse Kaffee. Davon muss er wieder pinkeln. Auf dem Weg dahin trifft er einen Kollegen. Rauchen sie erst mal 'ne Zigarette. Und schon ist Feierabend. Und in der Zeit, da tut der Roboter roboten, was das Zeug hält. Selbst das bissel Öl, das der mal säuft, wird ihm während der Arbeit intravenös verabreicht. Das Blöde am Roboter ist bloß, dass er hinterher nichts von dem kauft, was er vorher zusammengenietet hat. Das ist aber auch das Einzige, wo er den Menschen nicht ersetzen kann. Noch. An dem Fehler wird aber gearbeitet ... Wie? ... Na, Muttilein, entweder man entwickelt Roboter, die auch shoppen gehen, was eben nicht so einfach ist, weil die gar keine Zeit dafür haben, denn die kriegen ihre Finger ja rund um die Uhr nicht aus der Steckdose. Also muss man eben den Menschen dazu bringen, sich so zu verhalten wie Roboter ... Nee, Muttilein, nicht den Finger in die Steckdose zu tun. Rund um die Uhr zu arbeiten! Deshalb kam doch der Vorschlag, Rauchpausen vom Lohn abzuziehen. Zur Warnung kommen dann neue Aufkleber auf die Zigarettenschachteln: »Rauchen gefährdet ihren Lohn« ... Was sagste, Muttilein? ... Das geht nicht, wegen der Verfassung? ... Ach so, ja, weil es gegen das Prinzip der Gleichbehandlung verstößt. Na gut, dann werden sie wohl auch für Kaffeepausen und Pinkelpausen Geld abziehen. Steht eben dann am Kaffeeautomaten zu lesen: »Kaffee warm und kalt – verkürzt dir das Gehalt«. Und dann ist nicht mehr weit, dass sie an jede Klobrille schreiben: »Wer uriniert, ruiniert den Standort Deutschland.«

11. Dezember 2004

Muttilein, früher war das schöner mit den Parteitagen. Da war aller vier, fünf Jahre mal einer, und dann war wieder Ruhe. Heute haben die Parteien andauernd ihre Tage, aber was Fruchtbares kommt dabei auch nicht heraus. So ein

Parteitag ist immer bissel wie Weihnachten. Bloß, während Weihnachten eben mehr so die Kleinen ihren Wunschzettel vorlesen, da verliest der Parteitag mehr so die Wunschzettel für die Großen. Unternehmen. Noch mehr Niedriglöhne, noch weniger Kündigungsschutz, noch mehr Arbeitslose ... Nee, Muttilein, das ist nicht unchristlich. Damit geht die CDU wieder zu den Wurzeln des christlichen Glaubens zurück, sagt sie. Der kleine Jesus wäre ja auch nicht in einem Palast geboren worden, sondern in einem Stall. Sozialwohnung sozusagen. Und gelegen hat er in einer Holzkiste und nicht etwa in einem Federbett. Und dann guckten ihn auch noch der Ochse und die Kuh in die Kiste rein. Und heute gucken Stoiber und Merkel eben aus der Kiste raus ... aus der Flimmerkiste und sagen uns ins Gesicht, da wollen wir wieder hin. Das ist unsere Kultur. Und die können wir nicht unter den Teppich kehren ... Ja warum wohl, Muttilein? Weil Teppiche aus dem Orient kommen. Und deshalb ist jeder, der einen Teppich zu Hause hat, ein potenzieller Islamist. Was wir brauchen, sind aber Patrioten. Und ein Patriot hat eben keinen Teppich, sondern Laminat. Und laut CDU ist jeder, der entlassen wird, ein Patriot, weil er damit seinem deutschen Unternehmen hilft, zu überleben ... Was sagste, Muttilein, wie der Arbeitslose dann überleben soll? ... Na, so wie der Jesus. Sagt die CDU. Der hat auch kein teures Öl oder Gas verheizt, sondern mit Maria und Josef zusammengelebt. Und Angela Merkel hat dann ja auch den Delegierten mitgeteilt, »ohne ihre Eltern hätte sie den Sozialismus nicht überleben können«. Ohne Zentralheizung schon ... Oder war es das Zentralkomitee? Manchmal bringt sie was durcheinander. In ihrem Manuskript stand nämlich der Satz, dass die Leute »unter dem Unrechtssystem der DDR gelitten haben« und in »Bautzen oder Ravensbrück gesessen haben«. Jetzt wissen wir wenigstens, wer Deutschland bei der PISA-Studie im Fach Geschichte vertreten hat. Angela Merkel. Setzen, Sechs! Aber wer immer nur die deutsche Leitkultur im Kopf hat, kann sich schon mal zu einem KZ verleiten lassen. In der korrigierten Fassung der Rede im Internet ist jetzt Ravensbrück ersetzt durch MfS-Gefängnis Hohenschönhausen. Unter dem Motto: Leid bleibt Leid. Aber Redekultur ist eben immer noch eine Kunst.

25. Dezember 2004

Ach weißte, Muttilein, heute sollten wir auch mal an die denken, die jetzt ganz alleine unter ihrem Tannenbaum sitzen. Angela Merkel zum Beispiel. Die ist ja nun von allen verlassen. Außer ihrem Machtwillen. Früher hatte sie mal Freunde. Merz, Schäuble, Seehofer. Heute kann man die nur noch als entfernte Bekannte bezeichnen. Und nun ist auch noch der Laurenz Meyer dazugekommen. Oder besser gesagt weggekommen. Das Energiebündel der CDU stand zu lange unter Strom. Und obwohl es Billigstrom war, hat er zu gewaltigen Spannungen geführt. Zumal der Meyer die entsprechende Stromstärke nie richtig angeben konnte. Flossen da nun 40, 60 oder 125 000 durch die Leitung von RWE in seine Dose … Nein, Muttilein, nicht Ampere. Euro! Auf alle Fälle waren es zuviel, und nun hat es die Sicherung durchgehauen. Unsachgemäßer Umgang mit Energie, auch mit krimineller, führt eben zu Schädigungen an Menschen und Gebäuden. Im Konrad-Adenauer-Haus schmorte es. Angela Merkel versuchte zu löschen mit Hilfe des amerikanischen Präsidenten … Nein, Muttilein, nicht George Bush, sondern Abraham Lincoln, der hatte mal gesagt: »Es ist nicht gut, mitten im Strom die Pferde zu wechseln.« Deshalb teilte Angela uns mit, sie würde ihr bestes Pferd im Stall nicht wechseln, dafür dieses aber den Strom. Und Laurenz Meyer stieg dann auch gehorsam um. Vom Billigstrom auf Tränenstrom und klagte in die Kameras, dass die Öffentlichkeit seine richtigen Handlungen als Politiker nur falsch wahrnehmen würde. Mit Würde hatte diese Aussage nun gar nichts zu tun. Die Öffentlichkeit nimmt schon richtig wahr, dass seine Handlung als CDU-Generalsekretär eine wahre Nehmung war. Aber der Meyer hat nicht nur sich bereichert, sondern auch die deutsche Sprache. Zu bisher bekannten Wortpaaren wie: Verraten und verkauft oder ausgeMerzt und abgeschoben, kommt ja nun noch ausgeMerkelt und angeMeyert dazu. Ausgemerkelt trat Angela selbst vor die Presse und teilte uns mit, dass der Laurenz nicht länger gegen den Strom schwimmen wollte und deshalb abgetaucht ist. Mit seinem Amt übernimmt sich jetzt Volker Kauder. Von ihm ist noch nicht bekannt, woher er seine Energie bezieht, aber dafür die Aussage, dass er eigentlich einmal Zirkusdirektor werden wollte. Mit Zirkuskuppel und so. Na, nun ist er ja so was Ähnliches. Reichtagskuppel ist ja auch ganz schön … Was sagste Muttilein? … Ob sich dadurch auch an der Politik was ändert? Ja! Wir werden von der CDU nicht mehr angemeyert. In Zukunft spricht sie Kauderwelsch.

Das Jahr 2005

… begann mit einem sensationellen Erfolg. Mit zweijähriger Verspätung konnte am Neujahrstag die Lkw-Maut eingeführt werden. Im Bundestag setzte bereits in den nachfolgenden Tagen ein Umdenken

ein. Die Abgeordneten bewiesen, dass sie sich auch wehren können, wenn es um Sozialabbau geht. Man könne Menschen nicht unbegrenzt ausziehen bis aufs letzte Hemd, jeden Cent in Fragebogen einschreiben lassen, und so haben die Abgeordneten im Bundestag jetzt kategorisch »Nein« gesagt, als sie ihre Nebeneinkünfte offenlegen sollten. Denn Abgeordnete sind nur ihrem Gewissen verpflichtet. Also sich selbst. Da haben sich sogar die Sozis wieder an das alte Lied erinnert: »Um uns selber müssen wir uns selber kümmern. Und heraus gegen uns, wer sich traut.« Und da traut sich eben keiner. Nicht mal Wolfgang Thierse als ihr Chef. Obwohl er sehr traurig war, wie er sagte. Aber wahrscheinlich mehr darüber, dass aus seinem Nebenjob als Berater bei »Gillette« nichts geworden ist. Angenommen, alle Mitglieder des Bundestages müssten ihren Nebenjob auf eine Liste schreiben, da würde wahrscheinlich bei 80 Prozent Abgeordneter drauf stehen. Denn im Hauptberuf sind die doch alle Lobbyisten. Herr Meyer wird von RWE bezahlt, Frau Müller von der Dresdner Bank, Frau Scheel von »Schwäbisch Hall«. Was dem Herrn Uhl sein Gehalt von VW ist, ist der Nachtigall Frau Flach ihres von Siemens, als Übersetzerin für Italienisch. Also, wem das nicht spanisch vorkommt? »Wes Brot ich ess, des Lied ich sing« ... Da muss sich niemand wundern, warum dann aus dem Bundestag Gesetze rauskommen, die eher RWE, VW, Siemens und der Dresdner Bank zugute kommen als uns. Deshalb heißen die Abgeordneten ja auch Abgeordnete. Sie sind vom Volk ab geordnet, also diesem nicht mehr zugeordnet. Und so bleibt auch 2005 die Politik eben das, was sie schon immer war. Der Versuch der Politiker, mit den Problemen fertig zu werden, die das Volk ohne sie gar nicht haben würde.

22. Januar 2005

So, Muttilein, nun hat der Bush seine zweite Amtszeit angetreten … Das freut dich? … Also, sage mal! … Ach so, weil's seine letzte ist. Danach kann die Welt wieder aufatmen. Wenn sie es dann noch kann. Na, bei seiner Politik. Du siehst doch, was er in seiner ersten Amtszeit alles angerichtet hat. Und da war bloß der Powell Außenminister. Jetzt trägt Bushs Außenpolitik schon den entsprechenden Namen: Condoleezza! Muttilein, da ist doch nomen gleich omen. Den Ländern, wo die Rice hinreist, kannste schon mal kondolieren, weil sie die nicht bloß bereist, sondern gleich einreißt. Erst mal mit Worten: Iran, Syrien, Kuba, Nordkorea, Weißrussland, Birma und Simbabwe. Das wären alles »Vorposten der Tyrannei«. Und wenn Bush etwas nicht leiden kann, dann sind das Tyrannen. Neben ihm. Also, neben ihm stand bei der Amtseinführung, wie gesagt, eben die Condoleezza und grinste jedesmal, wenn bei Sabbeljuh das Wort »Freiheit« aus dem Mund kam. Vierzigmal musste sie da insgesamt grinsen. Die Condoleezza soll ja eine sehr gebildete Frau sein. Gegensätze ziehen sich eben an. Immer wenn der Bush wieder das Wort »Freiheit« verlor, hat sie wahrscheinlich an das Zitat von Lichtenberg gedacht: »Wovon das Herz nicht voll ist, davon geht der Mund über.« Und wie recht der Lichtenberg hatte, hat sich schon oft erwiesen. Gugge doch mal, Muttilein, je öfter der Honecker damals das Wort »Sozialismus« in den Mund genommen hat, um so weniger kam der. Je öfter der Clement heute den Mund voll nimmt mit »Schaffung von Arbeitsplätzen«, umso weniger kommen die. Und je öfter der Bush eben von der »Freiheit« spricht, umso weniger kann man dran glauben, aber umso mehr müssen dran glauben. Der Powell hat die UNO ja noch plump mit Kinderzeichnungen verarscht. Die Condoleezza wird das feingeistiger machen. Der Angriff auf den Iran wird dann vielleicht als Amerikas Beitrag zum Schillerjahr verkauft: »Zu Khatami dem Tyrannen schlich, George, den Dolch im Gewande.« Oder sie haut irgendwann mit dem »Faust« auf den Konferenztisch: »Der Worte sind genug gewechselt, lasst mich auch endlich Tote sehn.« Denke mal dran, Muttilein! Je lauter Kaiser Nero sang und auf seiner Harfe klimperte, desto heller brannte Rom … Nein, Muttilein, Bush spielt keine Harfe, aber die Condoleezza sehr gut Klavier … Was sagste, Muttilein? … Nero war verrückt? … Das will ich dir doch die ganze Zeit erzählen. Wer so laut wie Bush immer von »Freiheit und Demokratie« singt, aber dann wieder nur macht, dass irgendwo die Luft brennt, gehört nicht ins »Weiße Haus«, sondern in eine weiße Jacke.

5. Februar 2005

Muttilein, hier steht: Otto Schily ist überrascht worden … Nee, nicht von der Tätigkeit der NPD. Die NPD kann doch überhaupt bloß tätig sein, weil der Schily da seine Leute drin hat. NPD verbieten hieße nämlich, den Verfassungsschutz verbieten. Deshalb geht das ja angeblich auch nicht. Überrascht worden ist der Schily jetzt von Bush. Wie der Otto nämlich da so im Weißen Haus rumsitzt, geht plötzlich die Türe auf und der Bush kommt rein. Sage mir, wer dich überrascht, und ich sage dir, wer du bist. Der Bush überrascht ja nicht jeden. Der guckt sich die Leute vorher schon genau an. Und nur Leute mit besonderen Fähigkeiten werden überrascht. Roland Koch beispielsweise. An dem hat er geschätzt, dass der erzählen kann wie Münchhausen, ohne dass dabei die Nase wächst wie bei Pinocchio. Und aufgrund dieses Erfahrungsaustausches hat Bush dann überall rumerzählt, der Irak hätte Massenvernichtungswaffen. Nun ist die Lüge geplatzt, und da steht Bush selber wie bissel als Terrorist da. Und von Schily weiß er eben, dass der früher mal Terroristen verteidigt hat … Ja, Muttilein, anders kann ich mir das auch nicht erklären. Als der Joschka Fischer vor zwei Wochen im Weißen Haus war, da ist der Bush nicht reingekommen. Warum auch? Von dem konnte er nichts lernen. Joschka hat früher bloß mal paar Steine geschmissen. »Och«, hat da Bush gesagt, »irgendwo was zerdeppern kann ich schon lange.« Und da ist er an der Türe vorbei … Ja, Muttilein, so ist eben Politik. Und weil der Schily nun einmal da war, hat Bush ihn gleich gefragt, wo er bei seinem Besuch in Deutschland denn nun hin soll. Eigentlich wollte er in die Hauptstadt. Nach München. Da hat ihm dann der Schily diskret erklärt, das ginge nicht, weil München wäre höchstens die heimliche Hauptstadt, aber der Besuch des amerikanischen Präsidenten soll doch für Deutschland unheimlich werden. Außerdem könne man in München nicht für seine Sicherheit garantieren. Da lägen überall Brezeln rum. Das hat er dann irgendwie geschluckt und sich mit Mainz zufriedengegeben … Warum gerade Mainz? … Na, Muttilein, da sind doch in diesem Monat sowieso die Jecken los. Da fällt der Sabbeljuh nicht so auf. Dann haben die beiden noch ein bisschen geplaudert. Über die Lage. Von Mainz. Das läge im Südwesten von Deutschland, hat der Schily erklärt. Und da habe ich so meine Zweifel, ob das mit dem Besuch überhaupt was wird ... Na, der Bush fliegt doch mit der Air Force, und die haben doch bekanntlich immer ganz alte Karten. Und wenn der Einsatzbefehl lautet: Deutsch-Südwest, fliegen die den Bush womöglich nach Namibia.

23. April 2005

Ist das nicht ein Ding, Muttilein? Vorige Woche reden wir noch drüber, dass die Kirche einen neuen Papst braucht. Und in dieser Woche ist er schon da ... Nee, Muttilein, das ist nicht normal. Gugge mal, darüber, dass wir neue Arbeitsplätze brauchen, redet der Schröder schon seit 1998, und die sind immer noch nicht da. Manchmal passieren eben Dinge zwischen Himmel und Erde, die glaubt man nicht. Da bettelt Deutschland schon seit Jahren um einen Stuhl im Sicherheitsrat und stattdessen kriegt es den »Heiligen Stuhl«. Das ist ja so, wie damals bei dem Böttger: Gold hat er erfinden wollen, und Porzellan ist es geworden. Und beim neuen Papst hat es ja auch einer werden sollen, der die Kirche erneuert. Und Ratzinger ist es geworden. Also, anstatt einer, der die Fülle der Probleme durch Handeln angeht, einer, der diese Notwendigkeit übergeht und lieber die reine Lehre des Glaubens vertritt ... also, Leere mit »h«. Gestaunt hat man nur, dass es so ratzfatz ging. Frag mich nicht warum. Wahrscheinlich hat der Ratzinger als Wahlleiter zu seinen Kardinälen gesagt: »Jungs, trödelt nicht so rum, heute Abend ist Halbfinale im DFB-Pokal, da will ich wieder einen Fernseher in meiner Butze haben.« Da haben die andern gesagt: »Also weißte was, Ratzi, drängeln lassen wir uns nicht, dann mache doch den

Job gleich selber!« Dann haben sie ihre Stimmzettel verfeuert und fertig ... Was sagste? ... Warum es dann noch so lange gedauert hat, vom weißen Rauch bis zum »Habemus papam« ... Naja, die mussten noch den neuen Künstlernamen für ihn finden. Wie hätte denn das geklungen, wenn die auf dem Balkon verkündet hätten: »Jetzt kommt der Papa Ratzi!« ... Gut, sein Vorgänger war ja ein ausgefuchster Medienpapst, sagt man. Aber Paparazzi für seinen Nachfolger ist dann doch bissel daneben, schon deswegen, weil Paparazzi wollen nämlich alles sehen durch ihr Objektiv. Besonders bei Frauen. Und der Ratzinger will ja bei Frauen nun gar nichts sehen ... also Objektives. Da hat der sein eigenes Bild, was Schwangerschaft betrifft oder die Rolle der Frau in der Kirche oder die Lesbenehe. Da wird bei ihm das Been dick. Deshalb nennt er sich jetzt Benedikt XVI. Als erste Reaktion auf seine Wahl ist der Verkehr zusammengebrochen. In Rom ... Muttilein, das hat dpa so gemeldet. Und die Reporter stellten auch sofort die Frage: Welche Auswirkung hat Ratzingers Wahl auf die Börse? Antwort aus Frankfurt: Die Aktien der Kondomhersteller sind rapide gesunken. Was nichts anderes heißt, als: Das Elend auf der Erde kann sich ruhig fortpflanzen, und verhüten soll es dann der liebe Gott.

7. Mai 2005

Jetzt sind sie also auch dem Müntefering zugeflogen ... Nein, Muttilein, nicht die Herzen der Genossen, sondern ihre Eier. Nach Kohl, Stoiber und Schröder gehört nun seit dem 1. Mai auch Müntefering zu den Eiertollahs dieses Landes. Die »Grünen« zeigten sich von diesem Vorgang weniger getroffen als betroffen. Sie fühlten sich aber brüskiert, weil auch Eier aus Käfighaltung geworfen wurden. Deshalb stuften sie die Aktion als »verworfen« ein, da dadurch ihre jahrelange Aufklärungsarbeit ignoriert wurde. Wenn schon unglückliche Bürger Eier werfen, dann wenigstens von glücklichen Hühnern. Tja, so haben sich die Zeiten geändert, Muttilein! Früher, unter Bismarck, da wurden die Sozialdemokraten noch von der Polizei gejagt, weil sie für das Volk einen besseren Staat machen wollten. Heute, unter Schröder, ist mit ihnen kein Staat mehr zu machen. Jedenfalls kein besserer. Deshalb werden sie jetzt von der Polizei geschützt. Der 1. Mai ist eben auch nicht mehr das, was er früher mal war: Kampftag der Werktätigen. Heute ist er eher ein Kampftag der Polizei. Und am 8. Mai wird das nicht anders. Früher haben wir gelernt, dass wir da befreit worden sind. Heute hört man immer nur, dass Deutschland an diesem Tag kapituliert hat. Befreit werden wir erst jetzt und zwar von unserem bisherigen Geschichtsbild ... Na ja, wenn du die Filme im Fernsehen so siehst ... Angeblich sollen die dem Andenken der Opfer dienen. Ich habe das Gefühl, die tun mehr zum Andenken des Führers führen: »Adolf und die Autobahn«, »Adolf und die Eisenbahn«, »Adolf und die Reeperbahn«, »Adolf und Eva«, »Adolf und das Wetter« und jetzt auch noch »Speer und Er«. Aber wo bleibt die Lanze, die für die Opfer gebrochen wird? Die warten teilweise heute noch auf eine Entschädigung. Ist doch wahr, Muttilein! Erst wurde im ZDF schon andauernd der Mantel der Geschichte von diesem Guido völlig verknöppt, und als würde das noch nicht reichen, wird jetzt auf RTL die Geschichte neu verKlöppelt. Angeblich mit Aufnahmen, die noch nie zu sehen waren. Da hatte die Werbung Recht. So war der 2. Weltkrieg noch nie zu sehen. Die Amerikaner haben laufend lachend Kaugummi verteilt, und für die Rote Armee hat man zwei Sätze übriggehabt: »Sie marschierten in Berlin ein und nahmen Rache an der deutschen Bevölkerung. Zwei Millionen Frauen wurden vergewaltigt.« Ich sage dir, Muttilein, lass mal noch paar Jahre ins Land gehen, dann werden die Kinder in den Geschichtsbüchern lesen: Die Russen haben den 2. Weltkrieg angefangen.

21. Mai 2005

Ja, Muttilein, ich bringe die Zeitungen gleich ins Altpapier. Ich lese bloß noch schnell die Rubrik, wo immer steht, was an dem jeweiligen Tag früher mal so los war. Hier horche mal … Von wann ist die Zeitung? … Ah, 18. Mai. Vor 50 Jahren, weißte, was da war, am 18. Mai? … Da hat Täve Schur die Friedensfahrt gewonnen. Siehste, hättste nicht gewusst. Oder hier, am 18. Mai vor 100 Jahren, da wurde der Hottentotte Jakob Morenga über die Grenze nach Britisch-Betschuanaland abgeschoben. Wer hätte das gedacht? Und so geht das immer weiter. Am 18. Mai vor 50 000 Jahren, da lockte der Neandertaler Ricky Neandros ein Mammut in einen Hinterhalt und verlor dabei seinen Faustkeil. Oder am 18. Mai vor 15 Jahren lockte ein gewisser Theo Waigel … Wie ich jetzt von Neandertalern auf Waigel komme? … Na, um die Augen rum sah der doch auch so aus. Und in einen Hinterhalt hat er uns Ossis mit der D-Mark auch gelockt. Und wir verloren dabei unsere Faustkeile … also, unsere Produktionsmittel. Als die damals am 18. Mai vor 15 Jahren den Vertrag über die Währungsunion unterschrieben haben, der Waigel und der Romberg, da haben wir doch alles vergessen, was wir in 40 Jahren über den Kapitalismus gelernt hatten. Oh, haben alle gedacht, jetzt gibt's endlich für harte Arbeit auch hartes Geld. Und was gab es? Hartes Geld für keine Arbeit … Nee, Muttilein damit meine ich jetzt nicht die Abgeordnetendiäten, die nur auf wenige zukamen, sondern die Arbeitsdiät, die auf viele zukam … Ja, sicher hat die Einführung der D-Mark auch Arbeitsplätze gerettet. Besonders den von Helmut Kohl. Der war doch damals am Abkacken bei seinen eigenen Leuten. Deshalb musste doch auch die Einheit so schnell zusammengeschossen werden, weil er genau wusste, wenn er sich länger Zeit nimmt, da merken die Ossis, was sie sich mit der D-Mark alles noch eingekauft haben: Paragraf 218, höhere Mieten, teurere Brötchen, weniger Arbeitsplätze … und da wäre er auch bei unseren Leuten abgekackt. Normalerweise bestimmt doch die Ökonomie die Politik. Basis und Überbau, haben wir doch mal gelernt. Aber die Währungsunion war der Sieg der Politik über die Wirtschaft. Oder im Falle von Helmut Kohl kann man sagen: Das Gesäß siegte über das Gehirn. Und mittlerweile wissen wir eben, was der Unterschied ist, zwischen unseren Alu-Chips und der harten Währung. Früher da konnten wir nicht dürfen dürfen, was wir eigentlich wollen wollten. Und heute können wir oft nicht wollen wollen, was wir eigentlich dürfen dürften.

23. Juli 2005

Muttilein, ich habe eine gute und eine schlechte Nachricht. Die gute Nachricht ist, der Köhler hat den Bundestag aufgelöst. Die schlechte: Jetzt müssen mir den neu wählen … Nee, nicht den Köhler, den Bundestag! Das war ein Bild, hä, wie der Köhler am Donnerstag Abend aus dem Fernseher geguggt hat, mit einem Gesicht, gegen das war ja der Buster Keaton direkt ein Lachsack … Was heißt, die Lage ist ernst? … Muttilein, der hat doch bloß gesagt, was sie sowieso alle schon machen: Der Wahlkampf ist eröffnet. Für den Satz hat der nun 20 Tage gebraucht. Und dann die Begründung: »Wir werden immer älter«, hat er gesagt. Ja, Muttilein, das werden wir auch mit dem neuen Bundestag. Oder hier, »Wir haben zu wenig Kinder«, hat er gesagt. Na, da hätte es doch gereicht, wenn der Schröder noch ein paar adoptiert hätte. Deswegen müssen wir doch nicht gleich den Bundestag neu wählen. Was soll sich da ändern? Die Merkel ist nun auch nicht gerade eine Gebärmaschine … Was sagste, Muttilein? … Der neue Bundestag könnte beschließen, den Bundesadler zu ersetzen durch einen Klapperstorch? … Du nu wieder! Muttilein, die werden sich hüten, sich so ein Vieh reinzuhängen, das einen roten Schnabel hat. Die haben doch schon genug Angst, wenn Gysi und Lafontaine ihren aufmachen. So wie der Köhler geguckt hat, hat der selber nicht verstanden, was sie ihm da auf den Teleprompter geschrieben haben. »Der Demokratische Souverän«, also wir, Muttilein, wir sollen jetzt die Karre aus dem Dreck ziehen. Die haben doch die ganze Zeit nicht auf uns gehört. Als wir gerufen haben: »Hallo, fragt uns doch mal, ob wir Soldaten ins Ausland schicken wollen?« Keine Reaktion. »Hallo, fragt uns doch mal, ob wir die europäische Verfassung wollen?« Nee, wurde gesagt, auf diesem hohen politischen Niveau könnten wir nicht mitreden. Beim Bundestag ist das Niveau offenbar nun niedrig genug. Da dürfen wir. Bloß, wen sollste denn nu wählen? Wählste die einen, da bleibt alles wie es ist. Wählste die andern, da wird's wieder wie es war. Wenn ich schon wieder die Parolen höre! Die Merkel sagt, sie will Deutschland eine verpassen. Eine Chance. Ihre Wahl wäre dann also eine verpasste Chance. Der Fischer sagt, »Der

Sommer wird Grün« ... Nee, Muttilein, nicht der Michael Sommer, der bleibt beim DGB. Der Wahlkampfsommer soll grün werden. Bloß gewählt wird erst im September, und da sind die Blätter bunt. Und nach dem bunten September käme der »Rote Oktober«, sagt Bisky. Bloß, Muttilein, ob nun grüner Sommer, bunter September oder roter Oktober. Das Einzige, was wir garantiert nach der Wahl erleben werden, ist wieder unser blaues Wunder.

6. August 2005

Muttilein, die werden immer schneller bei der Verbrechensaufklärung. In Brandenburg macht das der Innenminister gleich selber. Der hat sofort ermittelt, wer die neun Babys im Blumenkasten umgebracht hat: die DDR. Soviel steht jetzt schon fest. Es ist nur noch nicht geklärt, ob die Kinder nun mit dem Hammer erschlagen, mit dem Zirkel erstochen oder mit dem Ährenkranz erwürgt worden sind. Das hat der Dings hier gesagt, der Schöndumm ... Was? ... Schönbohm? ... Muttilein, du sagst, wie er heißt, ich sage, was bei ihm rauskommt. Und das ist schön dumm, wenn er sagt, nur weil wir in der DDR so proletarisiert gewesen wären, hätten wir keine Werte. Kinder wurden da nur auf Befehl gemacht. Die Partei hat das angeordnet: Proletarier aller Länder, vereinigt Euch! Und dann mussten die losmachen. Die Proletarier. Wenn die Kinder dann da waren, ging die Schikane erst richtig los. Den Müttern wurde damit gedroht, dass ihr Arbeitsplatz so lange leer bleibt, bis sie wieder da sind. Und damit sie das nicht weitererzählen, wurde ihnen ein Stillgeld gezahlt. Eine ganz besondere Schikane hatte sich die Sparkasse ausgedacht. Den jungen Eltern wurde ein Kredit aufgezwungen. Und dann hat man sie darauf sitzen lassen. Auf dem Geld. Und dann erst die Kollektivierung der Landwirtschaft! Da durften die Mütter ihre Kinder während der Feldarbeit nicht etwa im Steckkissen an den Feldrain legen, wo sie ihre Verdauungsprodukte hätten gleich als Bio-Dünger in die Furche fließen lassen können; nein, stattdessen mussten die Kinder im LPG-eigenen Kindergarten abgegeben werden, wo sie kollektiv auf Plastetöpfen sitzen mussten, wie schon ein Geistesbruder Schönbohms ermittelt hatte. Und das hat bei Betroffenen zum sogenannten »Topfzwang« geführt. Der Trieb, Kinder unbedingt in Töpfen ablegen zu müssen. Manchmal eben auch in Blumentöpfen ... Muttilein, so ungefähr muss es bei Schönbohm im Koppe zugehen, wenn sich die beiden Gehirnzellen über die DDR unterhalten. Da kommt der Schily mit seiner Idee, in Deutschland die »Sicherungshaft für hochgefährliche Personen« einzuführen, gerade richtig. Wenn es nach Schönbohm ginge, müsste das Gesetz gleich auf alle Hochschwangeren ausgedehnt werden, sofern sie aus den neuen Bundesländern stammen ... Was sagste? ... Der Mann hat doch einen Schatten? ... Richtig, Muttilein, deshalb ist der ja auch bei der Merkel im Schattenkabinett.

20. August 2005

Och nee, Muttilein, als wäre es nicht schon schlimm genug, dass uns das Wahlfieber gepackt hat, da greift auch noch die Vogelgrippe nach uns. Horche mal! Hier steht: »Schaf fiel aus dem 5. Stock.« ... Was das jetzt mit der Vogelgrippe zu tun hat? ... Na ja, Muttilein, das Schaf könnte sich doch schon angesteckt haben und dachte, es wäre ein Vogel, wollte fliegen und bumms ... Die soll ja ganz gefährlich sein, die Grippe, schreimse hier. Bis zu 20 Prozent der

Bevölkerung könnte die wegraffen, sagt die Künast. Da hat Gerhard Schröder schon wieder Hoffnung geschöpft. Sollte sich doch noch eine Möglichkeit ergeben, die Zahl der Arbeitslosen zu halbieren? Aber dann hat ihm Müntefering nach der letzten Prognose gesagt: »20 Prozent, das sind ja ungefähr so viel, wie uns wählen wollen.« Deshalb sollen die jetzt alle vorsichtshalber weggesperrt werden … Nee, nicht alle SPD-Wähler, aber alle Hühner, Gänse und Enten. Die Grippe wird doch durch die Zugvögel übertragen, die aus dem Osten über Deutschland fliegen … Nee, Muttilein, die kannste nicht aufhalten. Otto Schily hat schon kapituliert. Er könne für Zugvögel keine Einreisebeschränkung verhängen, hat er gesagt. Und dann passiert es eben, dass sich so eine Wanderente mitten in einen Hühnerschwarm setzt. Da gackern die dann bissel zusammen rum, das dumme Huhn weiß von nüscht, und schon hat es sich angesteckt. Dann legt es ein Ei. Das Ei wird verkauft, und wenn es ganz dumm kommt, wird das vielleicht bei irgendeiner Wahlkampfveranstaltung auf Politiker geschmissen, und dann reden sie alle so wie Edmund Stoiber. Der Becksein, was der Merkeln ihr Kompetenzbolzen für die innere Sicherheit ist, der wittert dadurch Morgenluft, endlich die Bundeswehr im Inneren des Landes einsetzen zu können. Allerdings weiß man wohl noch nicht so richtig, wie und wo man die Flaks am besten aufbaut, wenn die feindlichen Entengeschwader aus dem Osten im Anflug sind. Und just in diesem Moment wurde am Donnerstag in Köln extra ein Sachverständiger in Sachen Luftabwehr eingeflogen: Benedikt den XVI … Glaub's nur, Muttilein. Ich habe es doch gesehen im Fernsehen! Als der Horst Köhler den begrüßt hat, hat er gesagt, dass er sich freut, dass jetzt ein Vertreter der Flakhelfer-Generation Papst ist. Da ging dann sogar dem Papst der Hut hoch. Also, seine Kappe flog ihm weg. Mit der Bemerkung hat der Köhler zwar einen Vogel abgeschossen. Aber es war leider keine Ente.

17. September 2005

Muttilein, gugge doch mal raus, was wir für Wetter haben? ... Warum, warum? ... Weil ich wissen will, wie die Wahl morgen ausgeht. Ich habe gelesen, dass das Wetter entscheidend sein soll, wie der Wähler wählt. Wenn man sich schon nicht durch die ganzen Parteiprogramme durchfinden kann, dann muss man sich eben an andere Sachen halten. Wer hat welchen Schlips um? Wer sagt wie viel mal »Äh«? Wer kann »Brutto« und »Netto« auseinanderhalten? Daran ist Scharping 1994 noch gescheitert. Wenn die Merkel diesmal nicht daran scheitert, könnte das ein Beweis dafür sein, dass das Bildungsniveau inzwischen so gesunken ist, dass wahrscheinlich gar keiner mehr weiß, was der Unterschied ist. Dabei ist das so einfach. Brutto hat Schröder vier Frauen, aber netto steht ihm bloß die Doris zur Verfügung. Und die Doris hat versucht, der Merkeln das auch noch mal zu erklären, als sie sagte, dass Angela netto null Kinder habe. Obwohl sie wohl Stiefsöhne hat. Die sind dann aber brutto. Na, Muttilein, wenn der Wahlkampf schon für die Politiker so kompliziert ist, da muss man sich eben als Wähler an eine klare Ansage halten. Und das ist eben der Wetterbericht. Die Bauern orientieren sich doch auch am Wetter. Dadurch sind ja auch die ganzen Bauernregeln entstanden. Wie zum Beispiel: »Wenn das Barometer fällt, es am Boden meist zerschellt«. Oder: »Ist der Bauer wieder knülle, fällt er manchmal in die Gülle.« Da steckt viel Lebensweisheit drin. Und die Erfahrung zeigt: Wenn das Wetter zur Wahl schön ist, soll das wohl eher Regierungswetter sein. So nach der Regel: »Wenn die Sonne am Wahltag lacht, wird's Kreuzel bei der Regierung gemacht.« Ich habe das extra mal nachgegoogelt. Und was soll ich dir sagen? Muttilein, es stimmt! 2002 war vor der Wahl zwei Wochen schönes Wetter. Da wurde Schröder wiedergewählt. 1998 dagegen musste Kohl gehen, weil es im September laufend geschifft hat. Daraus folgt: »Wenn es um den Wahltag regnet, wird die Regierung nicht gesegnet.« Die CDU muss auch noch mal in die Regeln geguckt haben. Und weil da stand: »Soll der September den Bauern freu'n, muss er wie der Märze sein«, wurde gleich der Merz zum Kirchhof aufs Tandem gesetzt. Als Querlenker … Querdenker. Die SPD droht uns mit einer anderen Bauernregel: »Fallen Eicheln im September ab, steigt der Sommer früh ins Grab.« Was soviel heißt, wie: Wenn wir den Eichel nicht wieder wählen, steht uns ein harter Winter bevor, sagt Müntefering, denn: »Mit dem Merzen ist nicht zu scherzen.« Sagt die Bauernregel. Und so gibt es eben für jeden Tag eine andere Regel. Und die für den 18. September heißt klipp und klar: »Wenn sich der Bauer mit der Kuh vermählt, hat er sich total verwählt.«

15. Oktober 2005

So, Muttilein, nun wissen wir, was der Schröder der SPD wert ist. Ein Schröder ist genau zwei Ministerien. Soviel hat die Union der SPD als freie Wahl geboten, wenn die dafür die Merkeln als Kanzlerin anerkennt. Hat Stoiber gesagt. Politik ist eben ein Kuhhandel. Nun haben sie die Kuh vom Eis … also die Merkeln am rettenden Ufer. Aber denkste! Westerwelle hat plötzlich gesagt, er wolle sie nicht wählen als Kanzlerin. Na, Muttilein, das ist nun mal so bei Frauen. Gugge mal, wenn deine beste Freundin dir wochenlang erzählt, sie geht mit dir in einem schwarz-gelben Kleid auf den Ball und dann erscheint se plötzlich in schwarz-rot, da wärst du auch sauer. Das wird sowieso noch einen schönen Tanz geben. Die tanzen jetzt schon alle aus der Reihe. Jeder will den Eintänzer machen. Müntefering als neuer Minister für Arbeit und Soziales ... Nee, Muttilein, nicht Unsoziales, ich sagte – und Soziales ... Der hat schon gesagt, er lässt sich von dem Tanzmariechen Angela nicht vorschreiben, wie getanzt wird. Die SPD behält ihre Schrittfolge auf jeden Fall bei: Ein Schritt vorwärts – zwei zurück. Und auch der Stoiber hat schon angekündigt, dass er trotzdem weiter Ländler tanzen wird. Selbst wenn die Tanzmeisterin zehnmal sagt, jetzt ist Polonaise angesagt. Als Wirtschaftsminister hat sich Stoiber gleich mal vom Ressort Arbeit getrennt. Die will er nicht haben, weil die belastet die Wirtschaft zu sehr. Er wolle ein »Vollzugsministerium«. Ach du gute Mutter! Edmund als Vollzugsbeamter. Na, Muttilein, der kann sich doch bloß um die Wirtschaftzweige kümmern, die er auch aussprechen kann: Äh ... lektronik ... Was? ... Chemie ginge auch noch? ... Wieso Chemie? ... Ach wegen Plaste und Äh...laste. Einen ganz exotischen Tanzschritt soll ja jetzt der Tiefensee in den Berliner Ball einbringen. Sozusagen den Lipsi. Nach 15 Jahren Einheit ist man nämlich endlich drauf gekommen, dass man die Ostangelegenheiten dem Verkehrsministerium zuordnen muss. Sackgassen gehören nun mal zum Verkehr. Wenn sich da nämlich noch was entwickeln würde, hätte man den Osten wahrscheinlich der Wieczorek-Zeul angedreht. Am Rande der Tanzfläche sitzen dann die notorischen Nichttänzer Gysi & Bisky und fragen jede Tanzmaus: »Fräulein, könn'se linksrum tanzen?« Muttilein, ich sage dir, was wir zu erwarten haben, wird keine rauschende Ballnacht, eher ein Tanz auf dem Vulkan.

5. November 2005

Also nee, Muttilein, was zu viel ist, ist zu viel. Montag war Reformationstag, Dienstag: Allerheiligen, Mittwoch: Allerseelen ... Und schon war alles im Allerwertesten ... Die SPD kam gleich am Montag mit dem Reformationstag nicht zurecht. Sie befand sich im gleichen Zustand wie die Thesen von Martin Luther: Angeschlagen. Luther hat dabei gesagt: »Hier stehe ich, ich kann nicht anders.« Aber Müntefering, der Luther für Arme, ist entweder nicht bibelfest oder hatte keine Brille auf, jedenfalls sagte er: »Hier gehe ich, ich kann nicht anders.« Bloß weil er seinen Wasserhövel nicht gekriegt hat als neuen Generalsekretär. Und die Nahles wollte er nicht. Und so tobte in der SPD dann statt der Reformation die Inquisition. Am liebsten hätten sie die Nahles auf den Scheiterhaufen geworfen. Aber dann hat der Haufen sie nur zum Scheitern gebracht. Weißte, Muttilein, da erzählen sie uns immer, die Politik müsse endlich einen Schwenk machen. Und was macht sie? Einen Schwank. Na ja, Muttilein, so nennt man doch das Theater, in dem nichts klappt außer den Türen. Tür auf – Nahles rein. Tür auf – Müntefering raus. Tür auf – Platzeck rein. Tür auf – Nahles raus. Tür auf – Stoiber raus. Tür auf – Glos rein ... Der Stoiber, der ist ja mit solchem Schwung durch die Türe raus, das der gleich im Vatikan gelandet ist ... Was er da wollte? ... Tja, Muttilein, vielleicht wollte er sich schon heiligsprechen lassen, als St. Oiber, Schutzpatron der Scheinheiligen. Was hat der nicht im Wahlkampf immer auf dem Lafontaine und dem Gysi rumgehackt! Die wären unzuverlässig, die könnte man nicht wählen, weil die schmeißen immer das Handtuch. Und selber? Bei Edmund hat es nicht mal zum Handtuch gereicht, bloß zum Waschlappen. Aber dass es so kommt, das konnte man ja aus der Hand lesen ... aus dem Faust, meine ich. Ohne den Namen Stoiber direkt zu nennen, hat der Goethe dort geschrieben: Der alte Wessi in seiner Schwäche, zog sich in seine Berge zurück ... jedenfalls so ähnlich. Und weißt du, wo das steht, Muttilein? Im »Osterspaziergang.« Da steckt schon der Hinweis drin: OSTerspaziergang! Da ist die Bedeutung des Ostens schon ganz deutlich erwähnt. So ist das doch heute noch. Immer wenn die Westpolitiker am Ende sind, dann muss der Ossi ran. 1989 war Kohl am Ende. Was hat er gemacht? Er hat uns Ossis so lange gebettelt, bis wir gesagt haben: »Naja, da nehmen wir dich eben noch ein paar Jahre.« Dann ist die CDU im eigenen Spendensumpf versunken. Wer hat se wieder rausgezogen? Die Ossin Merkel. Und nun steht der SPD das Wasser bis zum Hals. Ist doch klar, dass sie sich da einen holt, der weiß, was er bei Hochwasser machen muss: Deichgraf Platzeck. Muttilein, ich sage dir, wenn das so weitergeht – und der Tag kommt, an dem der Ratzinger nicht mehr weiter weiß –, dann wird noch der Schorlemmer Papst.

26. November 2005

Muttilein, was haste denn hier für Wurst gekauft? Die ist doch schon abgelaufen. Wenn ich dir's sage. Hier, gugge, da stehts: Januar 07 ... Hä? ... Ach so, das ist der Preis. Ein Euro sieben Cent ... Na ja, man muss doch bissel aufpassen jetzt mit den ganzen Skandalen bei den Lebensmitteln. Mal sind Würmer in den Fischen, dann sind de Rinder blöde, dann haben die Schweine Pest, dann das Geflügel Grippe. Und jetzt machen sie uns auch noch das Tiefkühlgemüse madig. Manchmal denke ich, das wird irgendwie zentral gesteuert. Na, Muttilein, das kennen wir doch von früher. Wenn mal die Eier knapp waren, da hieß es plötzlich, die wären ganz ungesund. Dann hatten wir plötzlich eine Eierschwemme, da hieß es wieder: »Nimm ein Ei mehr!« Warum soll das heute anders sein? Man hört doch so viel von Lobby und so. Wenn die Leute plötzlich zuviel Fisch essen, da sagen die Rinderzüchter: »Eh, wir müssen auch mal wieder was verkaufen!« Und schon findet man plötzlich Würmer in den Fischen. Die Leute ekeln sich und essen alle Rumpsteak. Das guggen sich die Schweinemäster eine Zeit lang mit an, und dann sagen sie: »So, nun haben die Rindviecher genug Knete eingefahren, jetzt wollen wir auch mal bissel Absatz machen!« Da lassen sie dann im Fernsehen ein paar Kühe torkeln, und die Leute steigen alle um auf Schnitzel. Aber bloß so lange, bis man uns statt der torkelnden Kühe plötzlich schwankende Schweine mit blauroten Schnauzen zeigt. »Igitt !«, sagt da der Verbraucher, »Schnitzel ist bäh, da kaufe ich mir doch lieber einen Broiler« … Und schon machen die Geflügelzüchter ihren Reibach. Aber auch bloß so lange, bis die Fischer dann drängeln: »Hallo, jetzt sind wir wieder mal dran!« Und schon kommt de Vogelgrippe über uns … Was die mit den Fischern zu tun hat? … Muttilein, du musst mich mal ausreden lassen! Also, plötzlich kommt eben die Vogelgrippe, und da sagt der Kunde: »Ehe ich nun ganz ins Gras beiße, dann übe ich schon mal mit Tiefkühlgemüse!« Und nun wurden in dem Tiefkühlgemüse Maden gefunden, und damit weiß doch der Verbraucher: Oha, wenn die Maden jetzt im Gemüse sind, da können die ja nicht mehr in den Fischen sein, und schon brummt da das Geschäft wieder. Das ist alles aalglatte Berechnung ... Was sagste, Muttilein? ... Fehlt bloß noch, dass sie sagen, der Weihnachtsstollen wäre mit Mehltau überzogen? ... Nee, das würde keiner glauben, weil alle wissen, der liegt zur Zeit über dem Land.

31. Dezember 2005

Muttilein, da denkste, in dem Jahr passiert nichts mehr, und dann das: Die Linkspartei hat zwei neue Mitglieder. Den Papst und Horst Köhler ... Wieso ist das Quatsch?... Muttilein, der Papst hat gesagt, es muss möglich sein, durch mehr Humanität eine neue Weltordnung zu schaffen. Also, der Kapitalismus soll weg. Und als das der Horst Köhler gehört hat, muss er sich spontan der Linkspartei angeschlossen haben ... Klar geht das Muttilein, in der Linkspartei kannste jetzt Doppelmitgliedschaften haben. Der Gysi als PDS tritt in die WASG ein und der Lafontaine als WASG in die Linkspartei. Und der Köhler ist zwar in der CDU, redet aber plötzlich wie die Linkspartei: Die Arbeitnehmer sollen am Gewinn der Unternehmen beteiligt werden, hat er gesagt. Dann würden sich die Arbeiter mehr mit ihren Unternehmen identifizieren. Bis jetzt mussten wir uns immer von Günther Jauch, Kerner oder Beckmann sagen lassen: »Du bist Deutschland.« In Zukunft kannste dann antworten: Nee, »Ich bin Hakle-Feucht« oder »Ich bin Siemens«, was sich spätestens dann als Schwindel herausstellt, wenn jemand in deine Papiere guckt, die du dir gerade abgeholt hast, weil der echte Herr Siemens gesagt hat: »Du bist gefeuert!« Aber auch da wäre die Forderung von Horst Köhler erfüllt, indem man eine Entlassung einfach als negative Gewinnbeteiligung bezeichnet. Die Unternehmen in Deutschland machen ja nach eigener Aussage alle Negativgewinne. Deshalb verlegen sie ihre Produktion ins Ausland ... Was sagste, Muttilein? ... Ob die Gewinnbeteiligung dann auch für den Slowaken oder den Chinesen gilt? ... Ich denke mal, eher nicht, denn der Horst Köhler spricht ja nur für die Deutschen. Für das Gewerbe im Ausland sind Leute wie Peter Hartz zuständig. Der hat sich ja für die Schaffung von Arbeitsplätzen, beispielsweise in Brasilien, mächtig ins Zeug gelegt. Ins Bettzeug. Schöner wäre gewesen, er hätte ihn in Deutschland hochgekriegt. Den Arbeitsmarkt. Aber nun haben ihn ja der Papst und Horst Köhler in die Hand genommen. Und mit Gottes Segen lässt uns Angela Merkel für 2006 mitteilen: »Überraschen wir uns damit, was möglich ist und was wir können.« Roland Koch hat schon durchgucken lassen, was wir im nächsten Jahr können: »Heulen und Zähneklappern.« ... Was heißt, ich sehe zu schwarz? Muttilein, wer den Teufel an die Wand malt, spart die Tapete. Trost Neujahr!

Das Jahr 2006

Die Fußball-Weltmeisterschaft hatte noch gar nicht angefangen, da hörte sie schon auf, ein Problem des Sports zu sein. Sie wurde immer mehr zu einem Problem der Sicherheit. Früher haben die Trainer vor dem Spiel überlegt, brauchen wir hinten drei Verteidiger oder reichen zwei, um unser Tor abzusichern. Heute überlegt der Innenminister vor jedem Spiel: Brauchen wir drei Hundertschaften Polizei oder reichen auch zwei, um das Stadiontor abzusichern. Und das schon bei jedem Oberligaspiel. Wie soll das erst bei der Weltmeisterschaft werden? Wolfgang Schäuble wollte gleich mit der gesamten Bundeswehr anrollen, ließ aber durch seinen Sportbeauftragten Christoph Bergner verkünden: »Wir wollen eine fröhliche Fußball-Weltmeisterschaft.« Nach dem Motto: Wenn in den Stadien schon was kaputt geht, dann vor Lachen. Alle fragten sich, wie das gehen solle. Haben die Soldaten dann vielleicht Pappnasen auf oder einen Luftballon an der Flinte? Oder fliegen über den Stadien dann die AWACS-Aufklärungsflugzeuge mit einem großen Spruchband dran und lustigen Fußballersprüchen drauf, wie den von Lothar Matthäus: »Der Schuh weiß am besten, wo ihn der Fuß drückt«? Oder Klinsmanns Weisheit: »Wer Weltmeister werden will, muss alle schlagen«? Wobei der Spruch vielleicht nicht so günstig ist, weil »alle schlagen« könnte schon wieder von den Hooligans falsch verstanden werden. Vor allem stand die Frage im Raum, ob Deutschland überhaupt noch Weltmeister werden will. Ursprünglich war ja geplant, dass Gerhard Schröder den Anstoß machen sollte. Dieser hatte aber sein Qualifikationsspiel nicht überstanden, sondern wurde ausgewechselt gegen Angela Merkel. Weil Frauenfußball in Deutschland in den letzten Jahren erfolgreicher gewesen ist, soll nun die Angela Merkel den Ball ins Rollen bringen. Als Physikerin könne sie auch ganz genau die Flugbahn eines Balles berechnen, hat Müntefering gesagt. Bloß sie weiß eben nie so richtig, wo der Ball gerade ist. Für zusätzliche Panik unter den Spielern sorgte ihre Ankündigung, sie will beim Endspiel kommen. In die Kabine zu den Spielern.

Auch wenn Deutschland Zweiter wird. Im Interesse der Spieler arbeitete Klinsmann dann an einer Strategie, wie man am besten Dritter werden kann ...

14. Januar 2006

Muttilein, weißte, was der Unterschied ist zwischen der Autobahnbrücke auf der A14 bei Staßfurt und dem Friedenskanzler Schröder? ... Da gibt es keinen. Beide haben Risse. Die eine am Pfeiler, der andere in der Glaubwürdigkeit. Muttilein, wir haben doch immer geglaubt, da wäre ein Riss zwischen Schröder und Bush. Aber war gar nicht. Den haben sie nämlich zugeschmiert mit dem Alleskleber BND. Wo der dazwischengeschmiert wird, da bleibt immer was dran kleben. Schröder hat gesagt, Deutschland beteiligt sich nicht am Irak-Krieg; und nun sieht es so aus, dass wir eben doch dabei waren. Zwei BND-Leute sollen den Amis immer gesagt haben, wo die hinballern sollen. Na, Muttilein, du weißt doch, die Amis alleine sind hilflos. Die treffen immer daneben. Denke mal dran, wo sie die chinesische Botschaft getroffen haben. Und nun kommt mir die Botschaft auch wieder chinesisch vor, wenn sie uns jetzt einreden wollen, im Irak hätten die vom BND bloß gesagt, wo die Amis nicht hintreffen sollen. Um Menschenleben zu retten. Beispielsweise habe die vom BND den Amis einen Tipp gegeben, wo der Saddam Hussein sein soll. Die Amis also rauf mit der Bombe. Waren zwar 12 Iraker tot, aber ein Menschenleben wurde gerettet. Das von Saddam Hussein. Weil der gar nicht dort war. Und dafür hat man dem BND-Mann sogar noch einen Orden angehängt. Ich finde das nicht ordentlich, Muttilein. Das heißt doch nichts anderes, als Amerika war die Kimme und Deutschland das Korn.

Und da bist du jetzt auch mitschuldig ... Aber sicher, Muttilein, es heißt doch: Du bist Deutschland. Das ist der neue Trend. Wir sind jetzt immer das, was gerade anliegt. Als es hieß: »Habemus Papam«, waren wir alle Papst. Als es hieß: »Habemus Mamam«, waren wir plötzlich alle Bundeskanzlerin. Und jetzt, habe ich gelesen, will die CDU in den Landeswahlkampf ziehen mit dem Slogan: »Wir sind alle Wolfgang Böhmer.« ... Muttilein, es gab zu allen Zeiten Leute, die behauptet haben: Ich bin Napoleon, oder: Ich bin Julius Cäsar. Aber die hat man dann immer gleich eingezogen – in eine geschlossene Anstalt. Heute wollen sie mit so einer Behauptung in den Landtag einziehen ... Was sagste? ... So groß ist der Unterschied nun auch wieder nicht ... Da ist was dran. Zumal ja der Müntefering nun auch noch gesagt hat, sie hätten auf der Klausurtagung beschlossen, Deutschland wird Fußball-Weltmeister. Da kannste nur sagen: Wir sind alle balla-balla.

11. Februar 2006

Muttilein, nun haben wir 14 Tage nichts anderes im Fernsehen als die Dings hier ... Na, wie heißt denn das, wo die ganzen Flugzeuge sind und die 15000 Soldaten ... Nee, nicht Manöver ... Olympische Spiele, so heißt das! Die wichtigste Disziplin ist da die Sicherheit. Obwohl Hansa Rostock gar nicht dabei ist. Jeder Teilnehmer wird von drei Polizisten beschützt. Steht hier in der Zeitung. Also, da weißte, Muttilein, im Vierer-Bob sitzt dann bloß noch ein Sportler drin. Die anderen drei sind Bodyguards. Und beim Skispringen fliegt bei jedem Springer ein Hubschrauber daneben her. Umso blöder ist das ja, wenn sich unsere Funktionäre immer noch streiten, ob der Ingo Steuer nun beim

Eiskunstlaufen an der Bande stehen darf. Bei seinen Erfahrungen mit der Sicherheit kann der doch unsere Paarläufer am besten beschützen. Fein raus sind die vom Biathlon. Die haben gleich ihre Gewehre selber mit. Deshalb hat man ja auch der Kati Wilhelm die deutsche Fahne in die Hand gedrückt. Die war die Einzige, die sich getraut hat. Hackl-Schorsch und Friesinger-Anni haben gekniffen. Wahrscheinlich war ihnen das mit der Fahne zu heiß … Naja, Muttilein, man sieht doch egal jetzt im Fernsehen, wie da so Fahnen verbrannt werden. Vor allem von Dänen … Nee, nicht von Dänen, sondern von denen, denen die Dänen den Mohammed karikiert haben mit einer Bombe am Turban. Nun fühlen die sich verscheißert, weil man als Selbstmordattentäter die Bombe nicht am Koppe trägt, sondern am Gürtel. Und nun sieht das so aus, als wüsste das ihr eigener Prophet nicht. Wobei, ich bin mir nicht sicher, ob die Propheten überhaupt alles wissen, was in ihrem Namen so gemacht wird. Das ist bei unserem genauso. Was wurde denn nicht alles schon im Namen Gottes verbrochen? Aber war denn das auch in seinem Sinne? Oder hier, wo se jetzt den freigesprochen haben, der die Nazi-CD's auf den Schulhöfen verbreitet hat. Da haben sie auch gesagt: im Namen des Volkes. Ob das aber auch im Sinne des Volkes war, wage ich zu bezweifeln. Jedenfalls haben die Moslems erst mal im Namen Mohammeds zurückkarikiert. Sie haben die erste Karikatur von Angela Merkel in die Kamera gehalten. Hat aber bei uns keinen weiter erschüttert, weil die war schöner als das Original … Aber das wollte ich jetzt gar nicht erzählen … Siehste, das haben sie mit den Karikaturen nun erreicht, man wird vom eigentlichen Problem abgelenkt. Und die Religion dient wieder mal als Opium fürs Volk.

8. April 2006

Hier, horche mal, Muttilein, was die Ulla Schmidt gesagt hat: »Wir wollen die Gesundheitsreform in einem Zug.« Das wird also ein ganz abgefahrenes Ding. So ein Zug ist ja aufgeteilt in erste und zweite Klasse. Das haben wir ja schon immer vermutet. Wenn wir da mitfahren wollen, müssen wir entweder die Kopfpauschale lösen oder die Bürgerversicherung ... Was das heißt? ... Na, Muttilein, entweder müssen wir mehr bezahlen, oder es wird alles teurer. Oder wir legen uns gleich auf die Gleise ... Nee, nicht wie beim Castortransport. Da tun sie dich ja runterzerren, bevor der kommt. Wenn der Lazarettzug von der Ulla Schmidt kommt, binden sie dich eher noch drauf fest. »Wenn man ihrer Politik vertrauen würde, dann kann man auch den Würger von Boston um eine Halsmassage bitten.« ... Muttilein, das war jetzt kein Spaß, sondern Ernst. Klaus Ernst von der WASG, der hat das gesagt. Wenn die Schmidt'n immer sagt, wir wären alle unfinanzierbar, da meint sie doch bloß, dass die Kohle, die sie in uns reinstecken, dann auf dem Tender für die Lokomotiven fehlt. Oder besser gesagt, bei denen, die sich dafür halten. Kassenvorstände, Aufsichtsräte, Ackermann und die ganzen Schwarzfahrer ... Natürlich sind das Schwarzfahrer, Muttilein, weil die für den Zug gar keine Fahrkarte lösen müssen, da die Beitragsbemessungsgrenze so niedrig ist. Und die hauen dann auch noch solches Zeug raus wie der Ehrenpräsident der Industrie- und Handelskammer München, Claus Hipp. Der hat gesagt, dass man überlegen sollte, ab einem bestimmten Alter die medizinische Betreuung ganz einzustellen. Sozusagen Ex und Hipp. Und wer diesen Medizynismus trotzdem überlebt, dem schrauben sie das Rentenalter hoch und höher. Dabei schrecken sie nicht mal vor Menschenversuchen zurück. Gugge dir doch den Wolfgang Böhmer an! Mit 70 musste der arme alte Mann noch mal Ministerpräsident in Sachsen-Anhalt werden. Und wenn der die nächsten fünf Jahre durchhält, ist das der Beweis dafür, dass man das Rentenalter eigentlich auch auf fünfundsiebzig hochschrauben könnte. Angeblich haben wir zu wenig junge Leute im Land. Und wo welche sind, was ist denn da? Die stolpern vom unbezahlten Praktikum in Hartz IV. Und dann wird für sie auch noch die Stallpflicht verordnet, weil sie keine Arbeit haben. Gut, könnte man sagen, Stallpflicht ist immer noch besser als keulen. Aber was nicht ist, kann ja noch werden. Ist doch wahr, Muttilein, wenn jetzt sogar die Bundeswehr die Jugendlichen von der Straße holen soll. Mit dem Gewehr … äh, ans Gewehr. Wer vier bis acht Jahre dient, soll hinterher bei der Jobvergabe bevorzugt werden. Dazu soll das Ausbildungsgebiet sogar bis in den Kongo ausgedehnt werden. Und wer da über eine Mine hoppelt, braucht hinterher keinen Job mehr.

6. Mai 2006

Also weißte, als hätte es Mecklenburg-Vorpommern nicht schon hart genug getroffen. Kaum haben die die Vogelgrippe hinter sich, da stehen die schon vor der nächsten Katastrophe. George Bush kommt über sie … Wieso? … Muttilein, das hat die Merkeln verbockt. Die war doch jetzt wieder im Weißen Haus, bei Schorsch'n, und da hat der mit ihr über Gott und die Welt geredet. Also, über sich und den Iran. Dass er da jetzt hin will und so … Und da hat die Merkel gesagt: »Nee, komm, lass das mal sein!« Aber sein Öl wäre bald alle, hat da Schorsch gequengelt, und wo doch jetzt der Neue in Bolivien die Erdölfelder verstaatlicht hat, müsste er guggen, wo er neues Öl herkriegt. »Du egal mit dei'm Öl«, hat da Angela gesagt. »Bei mir im Wahlkreis, da ist im Sommer der ganze Strand voll.« Dass die Merkeln da einen Scherz machen wollte und mit dem Öl das Sonnenöl meinte, das da immer in den Sand tropft, das hat der Bush schon gar nicht mehr mitgekriegt. Der hat bloß Öl gehört. Und nun will er da hin. Am 14. Juli! Jetzt sind die in Stralsund schon am Rotieren. Na, denen ist sofort Mainz eingefallen, als dem Bush eingefallen war, dort einzufallen, was da alles ausgefallen ist. Keiner konnte zur Arbeit. Gut, das wäre in Mecklenburg-Vorpommern nicht das größte Problem. Da hat kaum noch jemand welche. Aber wohin denn mit den ganzen Menschen? Im Sommer! An der Ostsee! Nun war schon große Katastrophensitzung im Stralsunder Rathaus, und da ist ihnen eingefallen, dass sie ja durch die Vogelgrippe gerade das ganze Geflügel gekeult haben. Dadurch sind die Ställe frei. Da könnten sie für die Urlauber die Stallpflicht verhängen. Gut, für die Ossis unter denen ist das kein Problem. Da wird der eine oder andere vielleicht sogar den Hühnerstall wiedererkennen, in dem er zu DDR-Zeiten schon mal untergebracht war, wenn er Urlaub an der Ostsee machte ... Was sagste, Muttilein? ... Wenn die Urlauber alle vom Strand weg müssen, dann sieht der Bush doch kein Öl? ... Das ist ja der Sinn der ganzen Übung. Wo kein Öl ist, da bleibt der auch nicht lange. Aber Angela hat ihn erst mal vom Iran weggelockt ... Verstehste? Und einen Krieg verhindert! Wenigstens vor der Fußball-Weltmeisterschaft. Sonst würde doch der Iran als Mannschaft ausfallen. Wo sie nun schon die ganzen Tickets verkauft haben. Und wo sie jetzt extra noch eingeführt haben, dass die Väter Geld dafür kriegen, wenn sie zwei Monate zu Hause bleiben. Die meisten nehmen jetzt gleich Juni/Juli. Damit sie rund um die Uhr Fußball gucken können. Ja, Muttilein, oder denkst denn du, in Deutschland wird zur Zeit etwas gemacht, das nicht mit der WM zusammenhängt?

10. Juni 2006

Das ist interessant, Muttilein, wie wichtig Körperteile in der Geschichte der Menschheit sind. Nimm doch bloß mal das Haupt der Medusa, die Ferse von Achilles oder die Wade von Ballack. Daran hing das Schicksal von ganzen Nationen. Und jetzt kommt noch der Wirbel von Niebel dazu. Dirk Niebel, Muttilein, der Generalsekretär von der FDP, der hat im Selbstversuch bewiesen, dass Politiker auch noch etwas anderes brechen können als Wahlversprechen. Nämlich Lendenwirbel. Der ist mit dem Fallschirm gesprungen und zack, Wirbel durch … Was sagste? … Ob der den Fallschirm von Möllemann erwischt hat? … Muttilein, mit so was macht man keine Witze. So ein Lendenwirbel ist lebenswichtig. Weil die Dinger ermöglichen nämlich, dass man sich in verschiedene Richtungen beugen, biegen und drehen kann. Die wichtigsten Handlungen für einen Politiker. Und wenn der Niebel sich nur noch geradlinig bewegen könnte, dann wäre der für die FDP nicht mehr tragbar. Du siehst, Muttilein, in Deutschland sollte man keine großen Sprünge machen. Das geht schief. Wie bei Beck's ihrem Kurt. Der hat uns in dieser Woche als SPD-Vorsitzender auch einen Sprung gezeigt. Den in seiner Schüssel. Stell dir mal vor, Muttilein, da sagt der doch: »Man muss nicht alles rausholen, was geht.« Oh, da haben sie den aber fertiggemacht. Seine eigenen Parteifreunde. Die dachten wahrscheinlich, er hätte sich kritisch zur Fußball-WM geäußert. Weil doch da jeder versucht, alles rauszuholen, Muttilein. Die Bäcker backen Fußballbrote, die Kneiper erhöhen die Bierpreise, und jetzt tauchte sogar in einem Berliner Bestattungsunternehmen eine schwarzweiß gefleckte Urne in der Form eines Fußballs auf. So nach dem Motto: »Jedes Spiel geht mal zu Ende.« Oder: »Der Abpfiff kommt auch für Sie.« Im Moment denkt man in diesem Land doch nur noch in Bällen. In den Buchläden liegen nur noch Bücher von Ballzac, in den Apotheken ist der Verkaufsschlager Balldrian, Mütter nennen ihre Neugeborenen Ballthasar, die Reisebüros werben mit Reisen ins Balltikum und an den Ballaton. Und in diese Stimmung hinein sagt der Beck: »Man muss nicht alles rausholen, was geht.« Wollte er damit etwa unsere Mannschaft auffordern, auf die 300 000 Euro Titelprämie pro Spieler freiwillig zu verzichten und in der Vorrunde auszuscheiden? Als Klinsmann, Beckenbauer und Meyer-Formfehler … äh Vorfelder schon die Abwahl Becks forderten, weil er ein Ballast wäre für die WM, hat er das Missverständnis aber noch schnell aufklären können. Nicht die Millionäre im Lande wären unanständig, hat er gesagt, sondern die Hartz-IV-Empfänger. Die habe er aufgefordert, nicht alles aus ihren 345 Euro ausschöpfen zu wollen, was geht. Denn Hartz IV ist nicht zum Ausschöpfen gemacht, sondern nur zum Auslöffeln.

17. Juni 2006

Muttilein, der Monat Juni, der steckt ja voll von Geschichte. Gugge ma, vor 53 Jahren am 17. Juni, da sind die Arbeiter auf die Straße gegangen, weil die Regierung gesagt hatte, sie sollen für das gleiche Geld mehr arbeiten. Wenn die Regierung heute sagt, sie sollen für weniger Geld noch mehr arbeiten, was passiert denn da? Gar nichts ... Was? ... Weil jeder froh ist, wenn er überhaupt arbeiten kann ... Nee, Muttilein, das soll eben so nicht stimmen, sagen die Politiker. Von den vier Millionen Arbeitslosen soll glatt die Hälfte zu faul zum Arbeiten sein. Deswegen kam aus der CSU die Idee, die gemeinnützige Arbeit für Hartz-IV-Empfänger einzuführen. Der arbeitsmarktpolitische Obmann der CSU, ein Herr Müller, nennt das eine »vorausschauende Maßnahme«. Also, die CSU hat eine Woche vorausgeschaut. Und zwar auf den 26. Juni. Da trat vor 71 Jahren das »Gesetz über den Reichsarbeitsdienst« in Kraft ... Was sagste, Muttilein? ... Ob die eine Hacke haben? ... Manche auch einen Spaten ... Ach, du meinst nicht die vom Arbeitsdienst, die von der CSU ... Muttilein, ich will mal so sagen. Die CSU ist ja eine zutiefst religiöse Vereinigung. Und die weiß eben ... nee, die glaubt mehr, dass man den Teufel mit dem Beelzebub austreiben müsse. So nach der Devise, die Arbeitslosigkeit kann man nur bekämpfen, wenn man die Arbeitslosen bekämpft. Die sollen sich also, wenn es nach dem Herrn Müller von der CSU geht, jeden Morgen bei einer Behörde melden, und dort werden sie dann zu gemeinnützigen Arbeiten eingeteilt. Acht Stunden lang. Und da wird auch kein Unterschied gemacht, ob es sich um arbeitslose Akademiker handelt oder Bauarbeiter. Beim Reichsarbeitsdienst nannte man das »Arbeiter der Stirn und der Faust« sollen zusammenarbeiten. Morgens ist Zählappell, anschließend werden die Arbeitskolonnen zusammengestellt, und dann geht es im Gleichschritt los. Dabei wird die Nationalhymne gesungen. Beim WM-Spiel gegen Polen wurde schon lautstark bewiesen, dass man die dritte Strophe ganz gut beherrscht.

Da erschrak sogar Horst Köhler. Befürchtete er, dass man sich nun langsam auch an die erste heransingt? Deutschland, Deutschland über alles wird geredet, nur nicht über die wahren Ursachen der Arbeitslosigkeit. Und so ist es nur eine Frage der Zeit, bis einer auf die Idee kommt, Langzeitarbeitslose in Gemeinschaftsunterkünften zu kasernieren, weil das Wohngeld spart ... Hm? ... Warum sie den Hartz-Leuten nicht gleich eine römische IV an die Jacke nähen? ... Muttilein, wahrscheinlich konnten sie sich noch nicht auf eine Farbe einigen. »Gelb« scheitert bisher am Widerstand der FDP.

5. August 2006

Muttilein, ich könnte mich wegschmeißen, wenn ich lese, die Politiker wollen mehr Arbeitsplätze schaffen ... Na klar ist Arbeit wichtig. Ohne Arbeit wäre der Mensch heute noch ein Affe. Das ist Marx. Aber auf der Suche nach Arbeit macht sich der Mensch heute wieder zu einem. Das ist Murx. Der Marx, der ist ja aus unserem Alltag weitgehend verschwunden, dafür haben wir den Murx jeden Tag vor Augen und Ohren. Zum Beispiel eben, wenn die Politiker immer versprechen, sie wollen mehr Arbeitsplätze schaffen. Ja, wie denn? Ich habe mal gelesen: »Arbeit ist sichtbar gemachte Intelligenz. Dann scheint Politik keine Arbeit zu sein. Jedenfalls wird da nichts sichtbar, was irgendwie intelligent klingt. Tatsache ist doch: Mit jeder neuen Erfindung werden weniger Arbeitskräfte gebraucht. Muttilein, ich mache mal ein Beispiel. In der Urgesellschaft, wenn die ein Mammut essen wollten, ist am Anfang immer die ganze Sippe losgerammelt, um das irgendwie einzufangen. Dann hat plötzlich jemand die Falle erfunden. Ab da wurde dann nicht mehr die ganze Sippe gebraucht, um die Mammutarbeit zu leisten. »Och, bleibt mal ruhig zu Hause«, haben die Jäger gesagt. »Ihr könnt euch nach dem Essen nützlich machen und die Knochen wegräumen.« Und schon war der Dienstleistungssektor erfunden. Und wer für die Knochenarbeit nicht zu gebrauchen war, der betätigte sich eben als Höhlenmaler. Die Kunst war geboren. Die Neandertaler wussten, wie sie mit den Mitgliedern ihrer Gesellschaft umgehen mussten, die nicht mehr im Arbeitsprozess gebraucht wurden. Obwohl sie nie Marx gelesen hatten. Mit jeder neuen Erfindung wurden weniger Arbeiter gebraucht. Mehr Arbeitsplätze zu schaffen, hieße also, ab sofort alle technischen Errungenschaften vernichten: Weg mit den Waschmaschinen, damit wieder Waschfrauen eingestellt werden müssen. Sofort die Verkehrsampeln abschrauben! Dann müsste wieder auf jeder Kreuzung einer mit der Hand den Verkehr regeln. Für jeden entsorgten Computer könnten dann wieder fünfzig Leute auf dem Abakus Murmeln hin- und herschieben … Nee, das ist keine Lösung, Muttilein. Das haben ja schon die Maschinenstürmer im 19. Jahrhundert gemerkt und ihren Vandalismus aufgegeben. Technischer Fortschritt lässt sich nicht aufhalten, solange der Mensch denkt. Gut, an dem Problem wird gearbeitet. Die letzten PISA-Studien waren ganz ermutigend dafür, dass von Deutschland in absehbarer Zeit keine Innovationen ausgehen. Dafür geht uns die Bevölkerung aus. Die geht dahin, wo noch Arbeit ist. Nach Holland, Österreich, in die Schweiz. Das ist es, wovor sie Angst haben, die Politiker. Wer soll sie dann hier noch wählen, wenn die Leute alle weg sind? Und Billigwähler aus Rumänien oder Albanien sind bei uns noch nicht zugelassen.

22. September 2006

Muttilein, jetzt wo es in Deutschland langsam kälter wird, bietet das Reisebüro Jung & Steinmeier eine schöne Mittelmeerreise an. Eine Kreuzfahrt vor dem Libanon. Die Reisekauffrau Merkel hat die am Donnerstag verkauft. Dazu hatte sie in das Reisebüro am Reichstagsufer eingeladen. 152 Kunden haben sich bei dem Verkaufsgespräch als Reisemuffel geoutet. Nee, hamse gesagt, an so einer Kreuzfahrt hätten sie kein Interesse. Weil, es könne ja passieren, dass einige mit einem Kreuz heimfahren. 442 Interessenten haben sich dagegen verkaufen lassen. Für dumm. Sie waren hell begeistert, als die Verkäuferin Merkel von einer »historischen Dimension« der Reise sprach ... Historische Dimension, was das heißt? ... Muttilein, historisch heißt so viel wie geschichtlich, und Dimension ist ein Ausmaß. Also, so eine Schiffsreise hat in der Geschichte schon mal Ausmaße angenommen. Beispielsweise 1939, da hat das deutsche Kriegsschiff »Schleswig-Holstein« vor der polnischen Ostseeküste gekreuzt und 4.45 Uhr plötzlich losgeschossen. Und Deutschland war im 2. Weltkrieg ... Nein, Muttilein, das war bloß ein Beispiel. Deshalb schicken wir ja auch nicht die »Schleswig-Holstein« vor den Libanon, sondern die »Mecklenburg-Vorpommern«. Die soll die jüdische Bevölkerung in Israel davor schützen, dass andere Länder Waffen an die Hisbollah im Libanon liefern. Und gleichzeitig soll sie den Libanon davor schützen, dass andere, außer Deutschland, U-Boote an Israel liefern. Gut, so ausführlich hat die Merkel das nicht gesagt im Reisebüro ... äh, Bundestag. Gesagt hat sie: »Es dient deutschen Interessen.« Und deshalb nennt man das auch Neutralität, wenn wir da hinmachen. Bloß, ob da nun ausgerechnet die »Mecklenburg-Vorpommern« das richtige Signal ist, um der jüdischen Bevölkerung da unten Sicherheit zu geben? … Wieso? … Na, Muttilein, weil doch gerade in Mecklenburg-Vorpommern die NPD in den Landtag eingezogen ist; und die behauptet nach wie vor, das mit dem Holocaust damals wäre gar nicht so schlimm gewesen. Muttilein, wenn Deutschland wirklich so viel an Israel liegen würde, dann müsste die Marine eigentlich vor der Küste Mecklenburg-Vorpommerns kreuzen oder die Elbe raufschippern bis zum Dresdner Landtag. Um dort die NPD in Schach zu halten. Das wäre wahrscheinlich ein sinnvollerer Beitrag zur Erhaltung des Existenzrechts Israels. Aber leider gibt es ein Tonband mit dem Geständnis »Wir haben es vermasselt … Wir haben in den letzten eineinhalb bis zwei Jahren gelogen« bisher nur auf Ungarisch.

30. September 2006

Also, Muttilein, man kann über den Islam sagen, was man will, aber man kann nicht sagen, dass der nichts für unsere Bildung tut. Wer kannte denn bis vor paar Tagen die Oper »Idomeneo«? Keine Sau. Obwohl die von Mozart ist. Aber jetzt ist sie plötzlich seine bekannteste. Dagegen stinken die »Zauberflöte« oder Don Giovanni« voll ab. Und weißte warum? Durch den Telefonjoker … Nee, nicht dem von Jauch, vom Landeskriminalamt Berlin! Das hat in der Deutschen Oper angerufen und gesagt: »Wenn ihr den ›Idomeneo‹ weiter spielt, dann könnte was passieren.« … Was? … Na, Muttilein, das wusste das LKA auch nicht so genau. In der Oper geht's nämlich darum, dass sich die Menschen gegen die Götter auflehnen. Und da hat sich der Regisseur einfallen lassen, die Köpfe von Poseidon, Buddha, Jesus und Mohammed abhacken zu lassen. Und nun wurde vermutet, dass da vielleicht unter den Zuschauern ein Moslem auch seinen Kopf verlieren könnte und eine zündende Idee hat … Verstehste, was ich meine? … Ausgerechnet in dem Moment hatte doch der Schäuble die ganzen Muslime nach Berlin eingeladen zu einer Konferenz. Jetzt wollten die aber plötzlich alle die Oper sehen. Weil sie gehört hatten, dass da auch dem Jesus der Kopp abgehackt wird. So etwas kriegt ein Muselmann nun auch nicht alle Tage zu sehen. Ging aber nicht, denn die Oper war ja vom Spielplan verschwunden. Jetzt kriegte nun wieder die Intendantin Feuer von allen Seiten, weil sie den Muslimen dadurch die Freude verdorben hatte. Was sollste denn nun überhaupt machen, Muttilein? Wenn das so weitergeht, können die Theater bald gar nichts mehr spielen, wenn da jeder reinreden kann. »Hänsel und Gretel« geht nicht, weil da könnte man befürchten, dass sich der Seniorenverband aufregt, weil eine von ihnen in den Ofen geschoben wird. »Rotkäppchen und der Wolf« fällt als Weihnachtsmärchen auch flach, weil militante Tierschützer mit Aktionen drohen könnten, wenn einem Wolf der Bauch aufgeschnitten wird … Was sagste? … Wenn man statt eines Wolfes einen Kampfhund nehmen würde? … Da könnten dann wieder welche Blumen für den Kampfhund niederlegen, wenn der ein Kind aufgefressen hat. Das hat es doch auch schon gegeben. »Othello« kannste auch vergessen, weil ein Farbiger als Mörder hingestellt wird. Das gibt Proteste vom Migrationsbeauftragten. »Rigoletto« würde dann wieder am Behindertenverband scheitern, weil ein Buckliger auf der Bühne verhöhnt wird. Die einzige Veranstaltung, die in diesem Land noch durchgeführt werden könnte, wäre dann wahrscheinlich die »Goldene Henne«.

Wenn die weiter an solche Leute vergeben wird wie Kohl und Merkel, der nächste ist dann vielleicht Bush, verhöhnen wir damit nur Helga Hahnemann. Und die kann sich nicht mehr wehren. Leider.

7. Oktober 2006

Muttilein, was habe ich dir immer gesagt: Es stimmt was nicht in Deutschland. Und jetzt wissen wir auch was. Der Leiter der Gedenkstelle in Berlin-Hohenschönhausen hat das aufgedeckt. Hubertus Knabe. Der ist durch die Straßen gegangen und hat Straßenschilder gezählt. Dabei ist ihm aufgefallen, dass im Osten immer noch »in jedem Dorf die kommunistische Diktatur verherrlicht wird«. Tja, Muttilein, wenn das so ist, dann kann es natürlich nichts werden mit Deutschland. Weil wir auf den falschen Straßen gehen. Wie kann man denn aber auch noch 613 Straßen »Ernst-Thälmann-Straße« heißen lassen? Nach einem Mann, der die antifaschistische Einheitsfront propagiert hat, wo deutsche Gerichte doch jede NPD-Demonstration genehmigen? Aber wer Antinazisymbole trägt, wird zu 6 000 Euro Strafe verurteilt. Das ist doch voll daneben. Oder wenn Liebknecht und Luxemburg zusammen auf 596 Straßen und Plätze kommen. Muttilein, das passt doch gar nicht mehr in die Zeit. Ausgerechnet Liebknecht, der als Einziger die Bewilligung von Kriegskrediten ablehnte. Wie müssen sich denn da unsere Bundestagsabgeordneten fühlen, wenn sie durch so eine Straße gehen müssen, wo sie doch gerade wieder 40 Millionen für die Bundeswehr locker gemacht haben. Und dann die Luxemburg mit ihrem Satz: »Freiheit ist immer die der Andersdenkenden« … Was heißt hier, den hat die Vera Lengsfeld immer zitiert? … Muttilein, das war in der DDR. Damals hat sie auch noch Wollenberger geheißen ... Nee, nicht die Rosa Luxemburg. Die Vera Lengsfeld, die hieß früher Wollenberger und dachte anders als die Regierung. Seit sie aber Lengsfeld heißt, denkt sie nicht mehr anders als die Regierung und entrüstet sich immer, wenn andere anders denken. Also, da ist es schon besser, sie verschwindet ... Nicht die Lengsfeld, die Luxemburg. Genauso wie der Karl Marx. Der taucht noch 550 Mal auf. Allein in Sachsen-Anhalt steht der in Burg, in Gardelegen, Schönebeck, Zerbst, Osterburg, Salzwedel und Wernigerode auf Straßenschildern. Und deshalb ruft Hubertus Knabe: »Schildbürger der Welt, schaut auf diese Städte!«, denn schließlich ist Karl Marx an dem ganzen Elend schuld. Den Vorwurf muss er sich schon gefallen lassen. Immerhin hat er den Kapitalismus so genau beschrieben, dass sich die Unternehmen noch heute danach richten können, wie sie am besten Profit machen. Indem sie immer mehr Leute auf die Straße setzen, die dann wie zum Hohn vielleicht noch »Straße der Arbeit« heißt. Und darüber öffnet uns der Hubertus Knabe nun endlich die Augen. Dafür sollten wir ihm dankbar sein. Am besten, indem wir eine Straße nach ihm benennen. Ich bin sicher: Irgendeine Sackgasse wird sich doch wohl finden.

21. Oktober 2006

Siehste, Muttilein, so schnell kann es gehen. Vor kurzem waren wir noch Papst, Bundeskanzlerin und Deutschland. Und jetzt sind wir bloß noch abgehängtes Prekariat ... Was das ist? ... Prekariat, das ist eine Mischung aus prekär und Proletariat ... Was sagste? ... Da kommt keiner mehr mit? ... Du sagst es, Muttilein, weil denen immer mehr angehängt wird, kommen die nicht mehr mit in der Gesellschaft und werden nach unten durchgereicht in die Unterschicht … Hm? … Müntefering hat gesagt: »Wir haben in diesem Land keine Schichten.« … Muttilein, das ist es ja eben. Früher hatten die nämlich alle noch Schichten. Frühschicht, Tagschicht, Nachtschicht. Aber damit ist jetzt Schicht. Dadurch bleibt ihnen bloß noch die Unterschicht. Und wenn die sich dann zum zwanzigsten Mal, zwar erfolgreich umgeschult, aber erfolglos beworben haben und nicht mal als Schichtkohlschichter in einer Kantine eingestellt werden, dann wundert sich Herr Beck auch noch, warum die plötzlich mutlos und am Boden sind. Weil sie genau wissen, sie kriegen vom Kuchen kein Stück mehr ab … Ja, Muttilein, die Gesellschaft funktioniert doch wie so ein Kuchen. Nehmen wir als Beispiel mal einen Pflaumenkuchen. Der besteht auch aus Unterschicht, Mittelschicht und Oberschicht. Besser gesagt aus Hefeboden, dann kommt der Pudding, und ganz oben sind die Pflaumen. So ist das auch im Staat. Erst kommt die Unterschicht, also das Prekariat, dann kommt … Wer kommt da? … Dr. Oetker?… Wieso denn der? … Wegen des Puddings … Muttilein, der Pudding symbolisiert nicht bloß Dr. Oetker, sondern die ganze Wirtschaft. Und ganz oben ist die Regierung. Die Pflaumen machen es sich im Pudding bequem, so wie die Politiker in ihren Nebenjobs in der Wirtschaft. Nun droht aber der Pudding andauernd damit, wegzulaufen, wenn ihm die Unterschicht nicht dick genug ist, so wie die Wirtschaft damit droht, nach Tschechien oder Polen wegzulaufen, wenn nicht genug billige Arbeitskräfte aus der Unterschicht kommen. Je dicker also die Unterschicht, um so sicherer fühlen sich der Pudding und die Pflaumen. Dabei wird bloß vergessen, dass die Unterschicht eben aus Hefe besteht. Und die kann größer werden, indem es in ihr gärt. Es heißt ja nicht umsonst: Was lange gärt, wird Wut. Aber darüber machen sich die Pflaumen keine Gedanken.

18. November 2006

Muttilein, ich habe eine gute und eine schlechte Nachricht. Welche willst'n zuerst hören? ... Die gute: In Sachsen-Anhalt werden sieben Finanzämter geschlossen. Und nun die schlechte: Unseres ist nicht dabei. Der Bullerjahn, was unser Finanzminister ist, der muss sich an die alte DDR-Losung erinnert haben: »Weniger schaffen mehr.« In dem Falle aus uns rauszuholen. Und das scheint zu klappen. Die Steuereinnahmen sprudeln. Kannste doch überall lesen. Die wissen schon gar nicht mehr, wohin mit dem Geld. Deshalb will Sachsen-Anhalt 2007 den Hof seiner Landesvertretung in Berlin überdachen lassen ... Ja, Muttilein, die »Möwe«. Erinnerste dich noch, als sie dem Höppner damals vorgeworfen hatten, er hätte einen Vogel, die »Möwe« zu kaufen? Jetzt stellt sich raus, die Leute, die ihm das immer vorwarfen, haben einen noch größeren. Geltungsdrang. Als hätten wir keine anderen Sorgen. Da werden Schulen geschlossen, da wissen die Jugendlichen nicht, wo sie hin sollen, weil die Kommunen ihnen die Freizeiteinrichtungen schließen, weil sie keinen Clubleiter mehr bezahlen können. Und dann wundern sie sich, wenn in jedem geschlossenen Jugendclub ein Wahlkampfbüro der NPD aufmacht. Und hier ist plötzlich eine Million übrig, um einen Innenhof in Berlin mit einem Glasdach zu versehen ... Warum? ... Muttilein, die einen sagen, damit es bei Empfängen nicht in die Sektgläser regnet und der Kaviar wegschwimmt. Die anderen sagen, die Landesregierung wollte wenigstens einmal eine überdachte Entscheidung treffen. Wenn du mich fragst, ist das eher ein Dachschaden – den sie langsam alle haben. Wenn ich lese, wie die Innenminister ... Ja, Muttilein, unserer auch ... wie die sich auf ein neues Gesetz zum Bleiberecht geeinigt haben, da stehen einem die Haare aber wieder zu Berge. Künftig sollen nur noch Ausländer in Deutschland bleiben dürfen, die einen Arbeitsplatz nachweisen können ... Was heißt hier, schön für die Ausländer? ... Muttilein, damit ist quasi beschlossen worden, dass sich die Ausländer für noch niedrigere Löhne anbieten, bloß um bleiben zu können. Dagegen ist der Ein-Euro-Job dann direkt Hochleistungslohn. Und wo, bitteschön, sollen denn die die Arbeitsplätze überhaupt herkriegen? ... Was? ... Durch die Verlängerung der Ladenöffnungszeiten werden neue geschaffen? ... Das ist natürlich eine Möglichkeit. Da kann sich dann der Asylant aus Nigeria für 20 Cent am Tag als »Sarotti-Mohr« ins Schaufenster stellen. Der nächste tappt als Uncle Ben mit einer Tüte Reis durch den Laden, und am Ausgang des Einkaufstempels steht dann der Nickneger und dankt für den Besuch ... Was heißt, ich bin rassistisch? ... Muttilein, dann lies mal, wo die Innenminister das beschlossen haben: In Nurnberg! Da hat man schon mal Gesetze gemacht, wie man in Deutschland mit anderen Rassen umgeht.

Das Jahr 2007

... begann mit einer hoffnungsvollen Botschaft: »Der Präsident kürzt sich die Bezüge.« Wer das las, hatte sich aber zu früh gefreut. Es war nicht unserer gemeint, sondern der Präsident von Ecuador. Der kürzte sich und seinen Ministern die Bezüge, um

Reformen im Lande durchzuführen. Damit erhöhte er sein Ansehen. In Deutschland dagegen sehen Reformen so aus, dass sich die Politiker ihre Bezüge erhöhen und damit ihr Ansehen senken. Im Sozialreport war deshalb zu lesen, dass 92 Prozent der Befragten angaben, kein oder nur wenig Vertrauen in die Politik zu haben. Wie denn auch? Wasser auf diese Mühlen war das aktuelle Gezerre um Edmund Stoiber. Am Montag hieß es: Die Partei steht geschlossen hinter ihm. Am Dienstag hieß es: Die Partei steht geschlossen neben ihm. Am Donnerstag stand die Partei geschlossen unter ihm. Und am Freitag stand die Partei geschlossen vor ihm. Damit er besser zurücktreten konnte. Seine Zeit war abgelaufen. Bei Stoiber sollte man wohl besser sagen, seine »Ära«. Jedenfalls brannte in Bayern die Luft. Und die heißen Luftmassen trafen dann in Braunschweig auf die kühle Atmosphäre, die nach dem Urteil im Prozess gegen Peter Hartz aufkam. Und wenn warme Luft auf kalte trifft, gibt's Sturm. Der brach auch prompt los. Der Sturm der Entrüstung über das Urteil. Zwei Jahre Bewährung für die Veruntreuung von 2,6 Millionen. Jeder kleine Ladendieb wird dagegen eingesperrt. Deshalb steht ja in jedem Laden der Hinweis: »Ladendiebstahl lohnt sich nicht.« Korruption dagegen schon. Nein, das steht nicht im Laden, sondern im Geschäft, das der Hartz mit der Justiz gemacht hat.

13. Januar 2007

Muttilein, ich dachte schon, die gäbe es gar nicht mehr, die »Drushba-Trasse«. Aber jetzt war sie plötzlich wieder in den Schlagzeilen. Weil sie den Hahn abgedreht hatten, die Russen. Das ist der Unterschied zu früher. Als die Russen noch Sowjets waren, da wurde mit der Erdölleitung die Freundschaft hochgehalten. Jetzt bloß der Preis. Kannste dich noch erinnern, Muttilein, wie wir damals immer gesagt haben: »Chemie bringt Wohlstand, Brot und Schönheit für alle.« Und das war ja auch so. Wohl stand für alle die Losung gut sichtbar auf den Transparenten zu lesen. Brot hatten wir so viel, da mussten dann sogar die Karnickel mithelfen, damit es alle wurde. Gut, bei der Schönheit, da gab es allerdings noch gewisse Unterschiede. Je näher man an der Chemie dran wohnte, also Leuna, Buna, Schkopau, desto schöner waren die Leute. Deshalb heißt es ja auch: Die schönsten Mädchen tun in Sachsen wachsen. Wohnte man dagegen weiter weg, also sagen wir mal beispielsweise in der Uckermark, da ließ die Schönheit dann nach. So wie heute die Öl- und Gaslieferungen aus Russland. Angela Merkel hat deshalb auch gleich mit aller Energie die Kernfrage gestellt, also die nach der Kernenergie: Wollen wir nicht doch wieder Atome spalten, hat sie gefragt? … Nee, Muttilein, das ist kein Witz. Der Witz geht anders. Nämlich so: Wie kann man ein Atom spalten? … Man gibt es seiner Frau und sagt: »Aber nicht kaputtmachen, Schatzi!« … Natürlich ist das Quatsch, Muttilein. Genau so ein Quatsch ist es aber auch, Öl und Gas durch Atomspaltung ersetzen zu wollen, weil Öl und Gas für die Wärmeerzeugung gebraucht werden, Atomenergie zur Stromgewinnung. Müsste die Merkel eigentlich wissen als Physikerin. Was wir brauchen, sind alternative Energieformen. Deshalb wurde in dieser Woche schon mal mit der Windkraft rumexperimentiert. Leider hat die Dosierung nicht ganz gestimmt. Mehr Schaden als Nutzen. Darum hat man das Sturmtief über Deutschland auch gleich »Franz« genannt. Wahrscheinlich nach Müntefering ... Warum? ... Na, seit der über unseren Sozialstaat fegt, gibt's auch mehr Schaden als Nutzen. So ein Sturm ist aber bei Stärke 17 am Ende seiner Skala. Müntefering ist dagegen bereits bei 67. Und die Rentenskala ist nach oben offen. Außerdem gab es im Sturmtief nach zwei Tagen Entwarnung. Müntefering kann noch zwei Jahre wüten. Und bis dahin ist dann vielleicht die ganze Rente vom Winde verweht.

14. April 2007

Muttilein, da sage noch einer, in Deutschland hätten wir kein Wachstum. Bei uns wächst alles. Die Armen werden immer ärmer. Die Reichen werden immer reicher. Und jetzt sollen auch die Dicken immer dicker werden. Das ist alles das Werk unserer Regierung. Na gugge doch mal, Muttilein, für das Armwerden hält die Regierung immer mehr Abzocke bereit, für das Reichwerden immer mehr Steuergeschenke und für das Dickwerden sollen jetzt mehr Krippenplätze geschaffen werden ... Was das damit zu tun hat? ... Muttilein, die Amerikaner haben herausgefunden, dass Kinder in großen Gruppen bis zu einem Drittel mehr essen, als wenn sie alleine sind. Ich kann dir das gerne mal vorlesen, was in der Zeitung steht. Hier schreiben sie: »Kinder, die sowieso die Tendenz haben, zu viel zu essen, laufen Gefahr, in lauter und geschäftiger Umgebung noch mehr zu konsumieren.« Damit ist doch erwiesen, dass das, was die

Familienministerin fordert, unmenschlich ist. Schon vom ernährungswissenschaftlichen Standpunkt aus. 750 000 Krippenplätze zusätzlich will sie schaffen. Muttilein, das heißt: 750 000 Kleinstkinder sollen verführt werden, sich in reizüberfluteter Atmosphäre der Völlerei hinzugeben. Da können sie die Krippe auch gleich umbenennen in KIM – »Kombinat Industrieller Mast.« Deshalb hält ja die SPD die von der Leyen auch schon für eine Art Knusperhexe, die die kleinen Hänsel und Gretel in Laufgitterbatterien einsperren will, um sie dann zu mästen. Bis sie alle aussehen wie Moby Dick. Oder Kurt Beck ... Was sagste, Muttilein? ... Wer das ist? Moby Dick, das ist ... Ach, den kennste. Wer Kurt Beck ist, willste wissen? ... Das fragen sich zwei Drittel der Deutschen auch. Die wissen nämlich immer noch nicht, dass der SPD-Vorsitzender ist. Der arbeitet sozusagen undercover. In der Öffentlichkeit tritt er eher auf als Rasierklingenvertreter, der Arbeitslosen Rasiertipps gibt oder den Bischof Mixa mit einem kastrierten Kater vergleicht. Der könne auch nicht mehr, aber dafür berät er jetzt. Der Vergleich hat ihm großen Ärger eingebracht. Es wäre unfair, einen kastrierten Kater mit einem Bischof zu vergleichen! Sagt der Tierschutzverein. Beim Bischof wäre es schließlich eine selbstgetroffene Entscheidung. Für Beck spricht allerdings, dass damals die amerikanische Dickmann-Studie noch nicht veröffentlicht war. Deshalb konnte er auch nicht wissen, warum der Bischof so erbittert die fettsuchtfördernde Kleinkinderhaltung bekämpft. Weil er nämlich das 5. Buch Mose kennt, wo im 32. Kapitel geschrieben steht: »Er ist fett und dick und feist geworden und hat den Gott verworfen, der ihn gemacht hat.« Über diese Bibelstelle ist jetzt in der SPD großer Jubel ausgebrochen. Denn damit ist klar: Schon Moses kannte Kurt Beck.

12. Mai 2007

Muttilein, was soll denn das hier? … Wieso hast du überall Zettel drangemacht? … Was, die Bundesregierung will das jetzt so? Die Lebensmittel sollen besser gekennzeichnet werden … Ja, aber doch nicht, indem du an die Wurst – Wurst schreibst, oder ans Brot – Brot. Das sehe ich doch alleine, was was ist. Muttilein, mit Kennzeichnung meinen die, dass man da ablesen können soll, wie viel Fett in der Marmelade ist oder wie viel Zucker in der Wurst oder so. Jetzt will uns die Regierung auch noch das Essen verekeln. Wir können der aber auch gar nichts recht machen. Einmal sind wir ihr zu alt, dann wieder zu faul und zu teuer, und jetzt sind wir ihr auch noch zu fett. 75 Prozent der Männer und 53 Prozent der Frauen. Wenn du das zusammenrechnest, sind das 128 Prozent der Deutschen … Wieso kann das nicht stimmen? … Ach, dass das 128 Prozent sind? … Na, die 28 Prozent, das werden die Kinder sein. Die musst du ja noch dazurechnen. Bloß, bei denen wussten wir das schon eher. Durch die PISA-Studie. So wie die da abgeschnitten haben, war klar: Dumm frisst viel. Und nun hat die Regierung eine Aktion gestartet: »Fit statt Fett.« Also, wenn du nachher das Schnitzel brätst, sollst du statt Fett jetzt »fit« nehmen. Ist ja auch logisch. »Fit« löst bekanntlich Fett auf. Nur wissen das eben zu wenige. Und deshalb sollen jetzt besonders Kinder, Jugendliche und andere sozial Benachteiligte über gesundes Essen aufgeklärt werden. Also, so eine Hartz-IV-Familie soll endlich lernen, dass Cola und Hamburger dick machen. Warum kaufen die sich nicht mal Sekt und Kaviar? Wer so was zu sich nimmt, ist meistens reich und schön. Die sieht man doch immer im Fernsehen. Während die, die immer bloß Fastfood mampfen, arm und unförmig sind. Die sieht man dann immer auf der Straße. Und das Fernsehen hat nun mal Vorbildfunktion. Deshalb geht ja auch die Forderung an die Sender, ihr Programm zu verschlanken ... Wie das geht? ... Indem beispielsweise die »Wildecker Herzbuben« ersetzt werden durch Florian Silbereisen. Die Hitparade im MDR macht nicht mehr Achim Mentzel, sondern Andrea Ballschuh. Als nächstes sind dann die Theater dran. »Falstaff« darf nicht mehr auf die Bühne. Genauso wie »Julius Caesar« ... Was sagste? ... Caesar war nicht fett ... Nee, aber in dem Stück ist doch die Stelle drin, wo der Caesar sagt: »Lasst wohlbeleibte Männer um mich sein.« Das könnte als Aufruf zur Völlerei verstanden werden. Dabei wollte der Caesar bloß sagen: Dicke sind gemütlich. Die tun nichts. So wie Kurt Beck oder Sigmar Gabriel. Und die drei Knöppe an der Jacke von der Merkel sind auch jeden Abend froh, dass sie gehalten haben. Bei unseren Politikern gilt eben immer noch: Fett statt fit.

19. Mai 2007

Muttilein, was hältst'n davon, wenn wir dieses Jahr im Urlaub mal in die verbotene Stadt fahren ... Nee, nicht nach China. Wir haben doch jetzt auch eine. Heiligendamm heißt die. Was da abläuft, ist auch verboten. Das liest man jeden Tag. Da geht es zu wie im alten China. Da tummelte sich in der verbotenen Stadt nur der Kaiser mit seinen Mandarinen. Und in Heiligendamm tummelt sich bald die Kanzlerin mit ihren Früchtchen. G 8 nennen die sich. Kennst du doch von der Speisekarte beim Chinesen um die Ecke. Da gibt's auch immer die G8: Acht Gostbarkeiten. Pute, Rindfleisch, Schweinefleisch, Morcheln, verschiedene Gemüse und so. Fragt sich bloß, wer ist in Heiligendamm nun welche Kostbarkeit? Gut, ich meine, bei der Pute könnte man glatt auf … Nein, Muttilein, ich sag's jetzt nicht. Außerdem ist das alles geheim. Da darf ja nichts nach außen dringen. Deshalb hat man die Stadt abgeriegelt mit 12 Kilometern Zaun. Zweimeterfünfzig hoch! Um den Zaun rum kommt noch eine Bannmeile. Zweihundert Meter! Also momentan. Die soll entsprechend der Situation immer größer werden. Wenn wir Pech haben, haben sie die bis zum 6. Juni bis Magdeburg ausgedehnt. »Demokratiefreier Raum« heißt das. Das muss man sich mal auf der Zunge zergehen lassen. Wenn sich heute Politiker treffen, dann darf in dem Raum keine Demokratie sein. Früher, also in der DDR, wenn da die G8 auftauchten, da mussten wir immer extra auf die Straße, um zu zeigen, für wie viel Demokratie bei uns Raum war … Wieso, gab's bei uns keine G8-Treffen? … Natürlich haben sich die G8 regelmäßig getroffen. Am 1. Mai, am 8. Mai, am 7. Oktober, und da waren mindestens acht dabei, die mit G anfingen. Günter Mittag, Günter Schabowski, Generalsekretär Erich, Genosse Mielke, Genosse Sindermann … Natürlich war das nicht ernst gemeint. Wenn wir an denen vorbeidemonstriert sind, auch nicht. Bei den Demonstrationen haben wir sozusagen bloß geübt für den Kerzenmarsch 89. Da gibt's ja die schöne Stelle in dem Film »Nikolaikirche«, wo der Stasigeneral am Ende konsterniert sagt: »Mit allem haben wir gerechnet, nur nicht mit Kerzen.« Muttilein, die Kerzen damals waren die größte Erleuchtung seit dem Stern von Bethlehem. Jetzt stelle dir mal vor, die G8-Gegner würden in Heiligendamm auch mit Kerzen um die Bannmeile ziehen. Besser könnte man die Bonzen in ihrer verbotenen Stadt gar nicht blamieren.

2. Juni 2007

Na, jetzt wird mir ja einiges klar … Muttilein, ich lese gerade: Norwegen ist das friedlichste Land der Welt … Was sagste? … Wie man so was messen kann? … Na, die haben geguckt, wie es da so aussieht mit Gewalt, organisiertem Verbrechen, Kriminalität und so. Und da war nix, also haben die Norweger eben gewonnen. Vor Neuseeland und Dänemark. Dagegen liegen die USA, Großbritannien und Russland weit hinten auf abgeschlagenen Plätzen. Und ausgerechnet die hat die Merkeln nach Heiligendamm eingeladen. Hätte die sich mal lieber mit den Norwegern getroffen … Ja, Muttilein, das weiß ich auch, dass die nicht zu den G8 gehören. Aber das ist doch eigentlich bloß wieder ein Beweis dafür, wer nicht kriminell genug ist, wird nie zu den Mächtigen gehören. Und nun haben wir den Salat. Jetzt müssen sie das Hotel in Heiligendamm einzäunen – wie Guantanamo –, damit die Einwohner vor den ganzen Ganoven geschützt werden können. Na, das sagt schon das Sprichwort: Der Fisch stinkt zuerst am Kopf. Und welche Köpfe kommen nach Heiligendamm? Die USA liegen bei Gewalt und organisiertem Verbrechen kurz vor dem Iran. Und der Iran liegt kurz vor dem Irak. Und der Irak ist abgeschlagen Letzter. Da weißte ja, was das heißt. Oder Italien mit seiner Mafia! Da kann man den da oben nicht frei durch die Gegend spazieren lassen, den Padrone … äh, den Prodi. Das reicht, wenn die Mafia schon Sachsen zu ihrer Enklave gemacht hat. Oder nimm Russland und England! Die bringen sich gegenseitig ihre Agenten mit Polonium um … Weißte denn, was Putin und Blair in ihren Waschbeuteln mit sich rumschleppen, um es sich gegenseitig heimlich in die Zahnpasta zu quetschen? Deshalb hat man ja die Sicherheitszone um das Hotel so groß gemacht. Wegen der Ausstrahlung. Wenn da welche in ihren dünnen Zelten direkt vor dem Hotel campieren würden, wie schnell könnten die sich was wegholen. Und dann die Japaner! Die sind ja eiskalte Walkiller. Deshalb auch noch 12 Kilometer Zaun in die Ostsee rein, um die zu schützen … Nee, Muttilein, nicht die Japaner, die Wale. Die sind doch mittlerweile so zutraulich, die legen sich an jeden Strand. Und in der Konferenzpause ist so ein kleiner Japaner schnell nach draußen geflutscht und macht aus dem Wal Sushi … Was sagste, Muttilein? … Warum sich die Merkeln nicht mal mit den F8 trifft? … Wer soll das jetzt sein, bitte? … Ach, die friedlichsten acht … Nee, das geht nicht. Da wäre Deutschland nämlich gar nicht dabei. Wir kommen erst auf Platz zwölf.

30. Juni 2007

Ach du lieber Gott, Muttilein, jetzt haben wir die Merkeln wieder auf dem Hals. Die war doch bisher nie da. Seit die Kanzlerin ist, reist sie ja nur in der Welt rum. Gut, das hat den Vorteil, dass künftig die Auslandsgebühren bei Mobiltelefonen sinken. Das ist ein Erfolg der Koalition. Ihr war das auf Dauer zu teuer, wenn sie mal mit ihrer Chefin sprechen wollten. Ein halbes Jahr hat die nun in der Elefantenrunde Europa die Leitkuh gespielt. Und jetzt muss sie wieder durch ihren eigenen Porzellanladen trampeln. Und da hat se ja nicht mehr alle im Schrank. Alle Akten. In Dresden beispielsweise hat man Akten vom Verfassungsschutz, wo alles über die Korruption und Kinderprostitution drin stand, durch den Schredder gejagt … Was sagste, Muttilein? Wieso macht das nix? … Da könnten die sich mal die Computer von der Birthler ausborgen, die die Stasi-Schnipsel wieder zusammenfriemeln, und schon wäre der Sachsen-Sumpf trockengelegt ... Muttilein, das wäre zu schön, um wahr zu sein. Die haben doch von der Stasi gelernt und bewahren das Zeug nicht erst in Säcken auf, sondern lassen es gleich richtig verschwinden. So wie die Daten über die Auslandseinsätze der Bundeswehr von 1999 bis 2003. Plötzlich weg. Komisch, dass da gerade der Fall Kurnaz dabei war. Blöderweise hat jetzt einer von der europäischen Datenbehörde gesagt, dass man Daten, die auf solchen Bändern einmal drauf waren, wieder lesbar machen könnte. Selbst wenn sie jemand gefressen hätte und sie aus dem Verdauungskanal wieder rauskämen. Mit anderen Worten, die verscheißern uns ... Was das für Konsequenzen hat? ... Ja, Muttilein, wahrscheinlich lässt Verteidigungsminister Jung ein Ehrenmal bauen: »Für die unter den Tisch gefallenen Daten.« In der SPD-Zentrale ist Ähnliches passiert. Durch die Gründung der Linkspartei entstand eine Überspannung, und dadurch sind alle Daten verlorengegangen, was Sozialdemokratie überhaupt heißt. Gysi und Lafontaine wollten aushelfen und reichten eine wortgetreue Kopie eines alten SPD-Antrages zum Mindestlohn im Bundestag ein. Mit dem Ergebnis, die SPD hat ihren eigenen Antrag abgeschmettert ... Wie so was passieren kann? ... Muttilein, ganz einfach. Um überhaupt was auf ihrer Festplatte zu haben, hat sich die SPD bei ihrem Koalitionspartner Daten ausgeliehen. Und seitdem arbeitet sie voll nach dem Programm der CDU. Aber nun ist ja geklärt, warum es auf der Festplatte Deutschland immer wieder zu Abstürzen kommt. Sie ist von einem Virus befallen: H5N1! ... Ja, Muttilein, manche sagen auch Vogelgrippe dazu. Aber »es besteht kein Anlass zur Panik«, sagt Horst Seehofer. Und der muss es wissen, denn der kennt sich ja aus mit Vögeln.

14. Juli 2007

Ach du heiliger Bimbam! Muttilein, kaum fahren bei der Bahn wieder Züge, lässt auch der Papst einen fahren. Einen Kreuzzug. Gegen die evangelische Kirche. Er warnt davor, sie Kirche zu nennen. Muttilein, das musste dir ungefähr so vorstellen, wie wenn Kurt Beck in seinem »Sommerbrief« alle SPD-Mitglieder vor der Linkspartei warnt. Die wäre gar kein linkes Ding, wie die SPD, sondern das wären nur Protestanten. Und denen hat der Papst eben abgesprochen, dass sie sich Kirche nennen dürfen. Sie wären allenfalls eine Gemeinschaft. Also, ihr Schaffen wäre gemein, weil sie ihn, den Papa Ratzi, nicht als Nachfolger von Petrus anerkennen ... Was sagste, Muttilein? ... Da haben die Protestanten recht. Der Ratzinger ist auch nicht der Nachfolger von Petrus, sondern von Karol Woytila ... Muttilein, so kannste das nicht sehen! Nachfolger ist doch nicht personell gemeint, sondern intellektuell. Also geistlich. Der Papst sieht sich als Nachfolger von Apostel Petrus. Und weil die Protestanten das nicht so sehen, hält sie der Papst für völlig verlottert ... verluthert, weil die z.B. beim Gottesdienst der Gemeinde ins Auge sehen. Das Gesicht zum Volke eben, wie Pfarrer Schorlemmer immer sagt. Während der Papst für die katholische Messe wieder zugelassen hat, dass die Priester den Gläubigen den Rücken zudrehen können. Die Gemeinde geht denen quasi am Arsch vorbei. Und dann sollen sie auch noch lateinisch reden. Damit ja keiner versteht, was da mit dem lieben Gott gekungelt wird. Aber von den Muslimen wird verlangt, dass sie in ihrer Moschee deutsch predigen. Es hat gerade noch gefehlt, dass auch noch der Dschihad zwischen der katholischen und der evangelischen Kirche ausbricht. Dann könnte es ja passieren, dass George Bush als Evangele im Vatikan einmarschiert, und Franz Müntefering wäre als Katholik plötzlich selbst Mitglied einer terroristischen Vereinigung, wenn der Ratzinger Hass zwischen Katholen und Evangelen predigt. Das hat dem Bischof Mixa schon Mut gemacht zu fordern, dass die Schöpfungsgeschichte in den Biologieunterricht aufgenommen werden soll. Abgesehen davon, dass Figurenkneten mit Lehm eher in den Werkunterricht gehörte oder in Kunsterziehung, zeugt die Forderung von gewisser Konsequenz: Man muss nicht unbedingt von einem fremden Affen abstammen, wenn man sich selbst zu einem machen kann. Muttilein, nun dauert es bestimmt nicht mehr lange, bis jemand fordert, dass in den Geografieunterricht aufgenommen gehört: Die Erde ist eine Scheibe. Vor Augen haben sie einige offenbar schon.

21. Juli 2007

Muttilein, was hältst du davon, wenn wir heute mal in den Zoo gehen? Na, eh die Tiere noch alle weg sind? … Nee, das ist kein Quatsch. In Erfurt haben sie schon angefangen, Zootiere abzuschießen und aufzuessen. Wer das war, wissen sie noch nicht so hundertprozentig. Und nun sollen in Deutschland auch noch die Ratten verschwinden. Eine nach der anderen. Da wissen sie aber, wer dran schuld ist. Die Linkspartei. Das hat der Peter Struck geschrieben. In einem Rundbrief. Die Linkspartei und allen voran Lafontaine wären Rattenfänger. Daran kannst du sehen, Muttilein, wer einen Rundbrief schreibt, muss selber noch lange nicht rund laufen. Erstens ist der Lafontaine nämlich gar nicht aus Hameln, sondern aus Saarlouis, und zweitens ist das eine Wortwahl, mit der wurden Menschen, die einem nicht passten, schon von Goebbels verunglimpft. Und wenn jetzt der Joseph Struck … äh, Peter Struck diesen Begriff verwendet, beweist er damit, dass er nicht nur von Erdkunde keine Ahnung hat, denn da sucht er bekanntlich unsere Freiheit am Hindukusch, sondern sein Geschichtswissen auch an dunkelste Zeiten erinnert. Als würde es nicht reichen, wenn sein Generalsekretär Heil heißt. Gut, die Zeiten sind für die SPD im Moment ziemlich düster. Sie hat keine Lichtgestalt. Wo ein Kurt Beck steht, ist eben viel Schatten. Und so ein SPD-Mitglied will ja auch mal die Sonne sehen. Nicht umsonst haben die Sozialdemokraten früher gesungen: »Brüder zur Sonne zur Freiheit.« Und Letztere nehmen sich immer mehr SPD-Mitglieder und treten zur Linkspartei über, weil sie denken: Och, der Gysi und der Lafontaine sind nicht so groß, da fällt ein bisschen vom Sonnengold auch auf sie. Das Goldigste, was sie bisher mit der SPD erreichen konnten, war eben das Porträt von Gerhard Schröder, das jetzt im Kanzleramt hängt. Interessant an dem Bild ist ja, dass da hinter dem Kanzlerkopf eine Horde von Pavianen rumturnt. Was wollte uns der Künstler damit sagen? Entweder war der Immendorff beim Malen wieder mal bekifft, oder es soll heißen: Wer hinter dieser Politik steht, macht sich zum Affen. Und wer möchte das schon? Und deshalb laufen eben immer mehr SPDler über. Und das sind in Strucks Augen gemeine Ratten. Aber, Muttilein, da kennt er eben die neusten Forschungen nicht. Die besagen nämlich, dass Ratten gar nicht gemein sind. Im Gegenteil! Sie haben sogar die Angewohnheit, bedürftigen Artgenossen zu helfen. Wenn sie also ein sinkendes Schiff verlassen, heißt das, sie sind eben nicht so blöd, um mit dem Kahn unterzugehen. Sonst würden sie ja auf dem Dampfer SPD bleiben. Der sinkt unaufhörlich. In den Umfragen. 55 Prozent der Wähler glauben nicht daran, dass Kurt Beck ein guter Kapitän ist … Hm? … Und die anderen 45 Prozent? … Die wissen es.

20. Oktober 2007

Muttilein, sag mal, eine Frau, die sich immer bloß auf Partys rumtreibt, so wie die Paris Hilton, die nennt man doch Partyluder? Oder die Cora Schumacher, die sich da immer bei den Autorennen verlustiert hat, zu der haben sie doch immer Boxenluder gesagt. Wenn man das jetzt konsequent weiterdenkt, dann wäre ja Angela Merkel sozusagen ein Gipfelluder. Andauernd treibt die sich auf einem rum … Wieso ist das ein unanständiges Wort? … Gipfel kann man doch sagen … Ach, Luder meinst du … Nö, Muttilein, Luder, das hat auch was mit Anstand zu tun. Also, mit dem, wo immer die Jäger drauf sitzen, aus deren Sprache das Wort kommt. Luder nennen die nämlich das Lockmittel, das eingesetzt wird, um die Raubtiere anzulocken. Und, Muttilein, was machen denn die auf so einem Gipfel? Die locken da auch Raubtiere an. Zum Beispiel Heuschrecken. Weil sie für die immer bessere Bedingungen schaffen. Gut, Muttilein, ich gebe zu, im Laufe der Jahre hat sich das Wort weiterentwickelt. Heute sagt man so was auch zu Frauen, die in dem Ruf stehen, ihre Reize einzusetzen, um prominente Männer zu verführen und dadurch ihre eigene Karriere zu befördern. Selbst das wäre ja bei Angela nicht falsch. Erst hat sie sich an Kohl rangewanzt, jetzt an Bush und Putin. Und sogar mit dem Dalai Lama hatte sie ein Tête-à-tête ... Was sagste? ... Ob mich auch was an der Merkeln reizt? ... Ja. Jedes Wort. Weißte, woanders, da spuckt die große Töne, und zu Hause, da fallen die Kinder andauernd in den Brunnen ... Gut, das war jetzt mehr ein Bach, wo sie im Harz wieder eins drin gefunden haben. Ich meinte das ja auch mehr bildlich, Muttilein. Wenn es schon so weit ist, dass sie Kinder in Schnapsläden schicken wollten, um zu testen, ob man mit zehn Jahren an »Asbach« rankommt, dann sehen wir aber uralt aus. Was kommt als nächste Idee? Schicken sie vielleicht Kindergärten nach Hamburg auf die Reeperbahn, um zu testen, ob die in eine Peep-Show reinkommen? Und dann wundern sie sich, warum das Vertrauen in die Politiker immer mehr verloren geht. Dazu hätte sie mal den Dalai Lama fragen sollen. Der hätte ihr sagen können, was Konfuzius dazu sagt. Konfuzius sagt nämlich: »Ein Staat ist wie ein Baum voller Affen, alle auf verschiedenen Ästen, auf verschiedenen Höhen. Einige klettern hoch, manche machen Unsinn, und manche sitzen untätig herum. Die Affen ganz oben schauen herunter und sehen einen Baum voller lachender Gesichter. Die Affen ganz unten schauen nach oben und sehen nichts als Arschlöcher.«

10. Novbember 2007

Muttilein, da kannste mal wieder sehen, dass in Europa alle voneinander lernen. Die Finnen z.B., die haben das deutsche Schulsystem inzwischen komplett übernommen. Erst von der DDR die Lehrpläne und jetzt von der BRD auch noch die Amokschützen. Aber auch Deutschland lernt von anderen. Beispielsweise von Italien. Da hat nämlich ein Nudelfabrikant einen Monat lang im Selbstversuch herausgefunden, dass man mit dem Geld, das er seinen Beschäftigten zahlt, nicht überleben kann. Und nun zahlt er denen 200 Euro mehr. Das haben unsere Abgeordneten gleich aufgegriffen, weil es in Deutschland auch viele gibt, die von dem, was sie durch ihre Arbeit verdienen, nicht überleben können. Und nun zahlen sie auch mehr. Also sich. Und nicht bloß lapprige 200 Euro wie der Nudelmensch da in Italien, sondern gleich 700 Euro. Muttilein, so ein Abgeordneter kann auch nicht von dem leben, was er so an Diäten kriegt. Deshalb haben doch die meisten auch noch einen Nebenjob. Als Berater bei Konzernen. Da sagen sie denen dann, wie die mehr verdienen können am Volk. Indem sie beispielsweise die Strompreise erhöhen könnten oder die Wasserpreise. Und dann lesen wir wieder in der Zeitung: Zwei Drittel der Deutschen haben kein Vermögen. Muttilein, seit gestern gehören wir auch dazu. Ich war tanken … das ist jetzt kein Witz. Als ich an die Tankstelle kam, ist gerade ein Preisschild umgefallen. Es hat sich zu Tode geschämt. Das unterscheidet es eben von unseren Abgeordneten. Die schämen sich nicht. Die haben auch gar nicht lange gefackelt, rumms, war das Gesetz zur Diätenerhöhung durch. Bei anderen Gesetzen trödeln die jahrelang rum. Sieben Jahre hat es gedauert, um jetzt endlich zu beschließen, dass die Spätheimkehrer aus der Kriegsgefangenschaft eine einmalige Entschädigung kriegen. Und die wird auch erst 2009 gezahlt … Warum? … Weil das Geld jetzt erst mal für die Diätenerhöhung gebraucht wird … Nee, Muttilein, damit können sie nicht bis 2009 warten, denn dann sind doch wieder Wahlen; und wer weiß denn von denen, ob er dann wieder in den Bundestag kommt. So denken die doch, die Schlitzohren. Wenn sie aber bei den Spätheimkehrern noch bissel warten, dann spart der

Staat trotz der Zahlung noch Geld ein ... Na aber, Muttilein! Vor sieben Jahren wären noch 50 000 in den Genuss einer Entschädigung gekommen. Jetzt sind es bloß noch 12 200. Und in zwei Jahren ist es dann für noch paar mehr zu spät. Im Prinzip sind die Spätheimkehrer auch selbst dran schuld. Hätten sie damals an der Front ihren Job ordentlich gemacht, hätte sie der Russe nicht gefangennehmen können und sie wären früher nach Hause gekommen. Aber das sagte ja schon Gorbatschow: »Wer zu spät kommt, den bestraft das Leben.«

24. November 2007

Muttilein, ich habe es dir gleich gesagt, wenn der Müntefering zurücktritt, dann wird das teuer. Der SPD kostet es Stimmen und uns mehr Steuergelder ... Nee, Muttilein, wenn die einer weniger sind, wird das dadurch nicht billiger. So eine Regierung musst du dir vorstellen wie den Drachen im Märchen. Verliert der einen Kopf, wachsen zwei neue nach. Na gugge doch: Müntefering war Vizekanzler und Arbeitsminister in einer Person. Jetzt haben wir aber den Scholz als Arbeitsminister und den Steinmeier als Vizekanzler. Das sind schon mal zwei, die jetzt die Arbeit machen, die früher einer gemacht hat. Weil der Steinmeier nun aber auch noch Außenminister ist, braucht der noch einen neuen Staatssekretär, der sich in der Koalition um das Innere kümmert ... Nee, Muttilein, das macht nicht der Innenminister. Dazu hat der gar keine Zeit, weil der ist beschäftigt mit dem Äußersten, was man rausholen kann. Also, aus uns ... Was sagste? ... Wieso der dann Innenminister heißt? ... Na, weil er überall drin ist. In unseren Computern, in unseren Telefonen, in unseren Hörgeräten ...

Verstehste?! Aber es kommt uns ja noch teurer! Weil der Steinmeier einen dritten Staatsekretär dazu gekriegt hat, kriegt jetzt auch noch der Jung einen dritten Staatssekretär dazu. Wegen des Proporzes ... Nee, Muttilein, das hat jetzt nichts mit Protz zu tun. Proporz, das ist das Verteilungsverhältnis. Damit in der Koalition die Statik gewahrt bleibt. Statik ist die Lehre von ruhenden Körpern. Also, es darf sich nichts bewegen in der Koalition, verstehste! So wie bei unserer Fußballmannschaft gegen Wales. In der ersten Halbzeit war Pumpe und in der zweiten erst recht. Es blieb eine Nullnummer ... Wieso ich jetzt auf Fußball komme? ... Wegen der Halbzeit, Muttilein, unsere Regierungsmannschaft hat auch die erste Hälfte hinter sich. Und es ist zu befürchten, in der zweiten werden die nicht besser spielen. Selbst die Unparteiischen stöhnen: Hoffentlich gibt es keine Verlängerung. Und damit die Gurkentruppe bei der nächsten Wahl vom Platz gestellt werden kann, absolvieren die anderen schon die ersten Trainingseinheiten. Die Pauli ist extra aus der CSU ausgetreten, um eine eigene Partei zu gründen. Vermutlich die LDPD. Die Leder-Dessous-Partei-Deutschlands. Und auch die »Grünen« rüsten schon auf. Die haben für den kommenden Wahlkampf extra den »Kannibalen von Rothenburg« als Mitglied aufgenommen ... Wieso ist das Quatsch, Muttilein? Dadurch können die »Grünen« jetzt von sich behaupten: Unsere Partei hat wieder Biss.

8. Dezember 2007

Was sagste, Muttilein? ... Ob ich an Wunder glaube? ... Nee, so direkt nicht. Warum fragst'n? ... Du hast eins gesehen? ... Ä, komm, Muttilein, ein Wunder, das ist etwas, wie soll ich dir das jetzt erklären? Das ist was … was man eben nicht erklären kann. Was willst du denn für eins gesehen haben? … Diesel ist teurer als Benzin … Das ist doch kein Wunder. Das ist Abzocke. Ein Wunder wäre, wenn unser Diesel jetzt mit dem billigeren Benzin fahren würde … Was heißt, man muss nur dran glauben. Unser Auto würde dran glauben. Und du würdest dich dann wundern, wenn du deine ganzen Weihnachtseinkäufe heimtragen müsstest … Was sagste? … Es wundert dich auch, dass die Händler alle klagen, dass die Kaufkraft sinken würde, obwohl die Frau Merkel immer sagt, dass der Aufschwung da ist … Das ist auch kein Wunder! Der Aufschwung ist doch gerade deshalb da, weil die Leute weniger Geld kriegen. So wie die Arbeitslosenzahl nicht gesunken ist, weil wir weniger Arbeitslose haben, sondern weil wir mehr Leute haben, die in Billiglohnjobs gerutscht sind. Man darf eben Ursache und Wirkung nicht verwechseln. Jesus ist auch nicht zufällig zu Weihnachten geboren worden, sondern weil Kaiser Konstantin I. einfach den 25. Dezember dafür festgelegt hat. So wie Helmut Kohl einfach den 3. Oktober als Tag der Einheit. Das hat also mit Wunder gar nichts zu tun. Und Maria und Josef waren realistisch gesehen sozusagen die erste Hartz-IV-Familie. Na gugge, Muttilein, die waren beide arbeitslos, aus der Wohnung mussten sie raus. Na ja, und von wem die Maria nun schwanger war, ist bis heute nicht richtig geklärt. Man sagt zwar von einem gewissen Herrn Gott. Aber wen man auch fragt, den kennen alle nur flüchtig. Jedenfalls sind die dann der Quadratmeterzahl für Hartz-IV-Empfänger entsprechend in einem Stall gelandet. Ochse, Esel und Schafe guckten in die Krippe rein. Heute würde man das »Ferien auf dem Bauernhof« nennen. Die Weihnachtszeit ist bekanntlich für viele Ferienzeit. Da ist in den Reisebüros der Kunde König. Und drei von diesen Königen hatten auch den Bauernhof gebucht, wo die Hartzis im Stall waren. Und durch die ist dann das Kind erst zu seinem Namen gekommen. Einer von den Königen will guggen, was da in der Krippe liegt, passt aber nicht auf, wo er hintritt, nämlich mitten in einen Fladen, den der Ochse vorher da hingemacht hat. Und wie er dann seine teuren italienischen Schuhe sieht, flucht er: »Jesus Christus!« In dem Moment dreht sich Maria zu ihrem Mann um und sagt: »Du, Josef, das wäre doch eigentlich ein viel schönerer Name als Otto.« Und selbst wenn das nicht so gewesen wäre, Muttilein, mich tät's nicht wundern.

15. Dezember 2007

Muttilein, mach mal bitte das Fenster wieder zu! Es wird nämlich kalt … Was heißt, darauf kannst du keine Rücksicht nehmen? … Weil unser Ministerpräsident verlangt hat, dass du gucken sollst … Muttilein, was hast du denn da wieder verstanden? Die Losung heißt doch nicht »Rausgucken«, sondern »Hingucken«. Das sollst du, wenn irgendwo was passiert. Damit du dann der Polizei helfen kannst. Früher war das umgekehrt. Da war »Die Polizei – dein Freund und Helfer«. Aber jetzt ist die Polizei auf unsere Hilfe angewiesen. Also beispielsweise, wenn da wieder einer einem Afrikaner eine Bierpulle auf den Kopp haut und dabei rülpst: »Jude verrecke!« Oder ein Vietnamese ungünstig in eine Klinge aus Solingen läuft, dann sollst du richtig hingucken, damit du der Polizei sagen kannst, der und der ist es gewesen. Dann wird der und der höflich gebeten, mal aufs Revier zu kommen, auf ein Plauderstündchen. Und wenn die dann sagen: »Nee, wir waren das nicht!«, zieht die Polizei dich als Ass aus dem Ärmel und sagt: »Aber die Frau Sowieso oder der Herr Dingskirchen haben Sie doch dabei beobachtet.« – »Och, da müssen die sich verguckt haben«, sagen dann die Vorgeladenen. Und dann greift die Polizei zu einer List. Die lässt die einfach wieder laufen und braucht nun bloß noch zu gucken, ob die beiden schnurstracks zu der Frau Sowieso hinmachen und der die Scheiben einschlagen oder dem Herrn Dingskirchen den Hund ans Garagentor nageln. Und dann kriegen sie die dran wegen Sachbeschädigung und Tierquälerei … Nee, Muttilein, nicht wegen der ausländerfeindlichen Gewalttaten … Es sei denn, der Hund wäre ein Afghane gewesen. Aber da müsste man auch erst mal prüfen, ob der in seinem Stammbaum nicht vielleicht einen Taliban drin hatte. Dann wäre es allerdings gleich gar keine Straftat, sondern würde wahrscheinlich unter Terrorbekämpfung fallen … Wieso bist du dir deines eigenen Lebens nicht mehr sicher? … Muttilein, dafür gibt's doch die Aktion »Reingucken«. In die Zeitung. Da wirst du doch gewarnt. Da steht doch immer: Die Täter befinden sich wieder auf freiem Fuß. Nun kannste bei der Polizei vorbeigucken und dich ins Zeugenschutzprogramm aufnehmen lassen … Was sagste? … Das schlägt dem Fass die Krone ins Gesicht? … Deshalb heißt das ja auch Kronzeugenregelung. Da kannst du mit einer neuen Identität in einer anderen Stadt neu anfangen. Aber davor scheuen eben noch viele zurück. Und deshalb tun die meisten lieber zugucken. Aber wenn die Polizisten weggucken und die Politiker sich nicht nach Lösungen umgucken, werden wir alle bald dumm gucken.

22. Dezember 2007

Oh, Muttilein, jetzt kommen wieder die Tage, wo nicht nur die Kerzen tropfen, sondern auch die Münder der Politiker. Vor Gefühlsduselei. Es war sogar die Rede von einem Kindergipfel. Kindergipfel klingt irgendwie wie Vanillekipfel. So süß. »Ihr Kinderlein kommet« hat die St. Angela im politischen Kreißsaal angestimmt. »Aber ja nicht ins Grundgesetz« sangen ihre eigenen Unionswichtel zurück. Vor lauter Angst wahrscheinlich. Weil dann noch mehr im Grundgesetz stehen würde, wogegen sie verstoßen könnten. Wie mit ihren Hartz-IV-Gesetzen. Da hat das Verfassungsgericht gerade wieder festgestellt, dass es nicht so geht. Und beim Antirauchergesetz sind schon die ersten Klagen unterwegs. Da wurde auf dem Kindergipfel vorsichtshalber bloß festgelegt, dass die Zusammenarbeit zwischen Hebammen, Kinderärzten und der Polizei verstärkt werden soll. Wahrscheinlich soll bei der Geburt immer gleich ein Polizist dabei sein. Der ABV. Der Abnabelungsbevollmächtigte. Der muss dann aufpassen, wenn die jungen Mütter einkaufen gehen, ob die nicht verdächtig wenig Babynahrung kaufen, aber dafür verdächtig viele Müllsäcke und so. Ist doch wahr, Muttilein, ansonsten bleibt es wieder dabei, da schlägt das »Herz für Kinder« einmal im Jahr bei der großen Spendengala. Und danach kriegt es wieder einen Herzkasper. »Ist doch alles nicht bezahlbar«, sagen die Ministerpräsidenten der Union. Wohlgemerkt, die nennen sich christliche Demokraten. Denen müsste man das um die Ohren hauen, was der Peter Ustinov mal gesagt hat. »Noch niemals hat mich auf der Straße jemand aufgefordert, für Kernwaffen Geld zu spenden. Offenbar deshalb, weil die Regierungen für Waffen stets genug Geld zur Verfügung haben. Aber unzählige Male haben mich Menschen mit Sammelbüchsen um eine Spende für Arme, Kranke, Alte und Kinder gebeten. Es mag der Fantasie jedes Einzelnen überlassen bleiben, sich auf diese Ungereimtheiten einen Vers zu machen.« Die Fantasie hätte ich schon. Man müsste das einfach mal umdrehen. Beispielsweise die Rüstung auf Spendenbasis umstellen. Und die dafür am meisten spenden, kommen dann ins Fernsehen: »Ein Herz für Bomben« moderiert von Franz Josef Jung. Stell dir mal vor, Muttilein, es klingelt an der Haustüre. Draußen sitzt Schäuble und bittet um eine milde Gabe für Tornadoeinsätze im Inland. Den würde ich aber abfahren lassen. »Geiz ist geil« würde ich dem hinterher rufen ... Was sagste, Muttilein? ... Das ist Wunschdenken ... Man wird sich doch zu Weihnachten mal was wünschen dürfen. Und das wäre ja wohl nicht der schlechteste Wunsch: Denken.

Das Jahr 2008

... könnte unter dem Namen »Dumm gelaufen« in die Annalen der Geschichte eingehen. »Dumm gelaufen«, sprach der Igel und stieg von der Klobürste. Oder, um in der Politik zu bleiben: Da stieg Georg Milbradt vom sächsischen Regierungssitz, nachdem er seine BANKrotterklärung abgegeben hatte. Womit sich wieder einmal herausgestellt hat, dass der Wähler einen Politiker zwar in ein Amt hineinwählen kann, aber wie lange er da drin bleibt, bestimmt dann eben eine Bank. Noch härter traf es Andrea Ypsilanti. In ihrem Falle hat eine Bank, genau gesagt, die Hinterbank, bestimmt, dass sie gar nicht erst auf den Regierungssitz steigen durfte. Dumm gelaufen. Das kann

auch der Kassenpatient von sich behaupten, den man unverrichteter Dinge wieder zunähte, weil der Arzt das Spenderorgan doch lieber »kostengünstiger« in einen Privatpatienten verpflanzte. Aber auch im privaten Bereich lief es nicht immer gut. Mein Nachbar hat mir erzählt: Seine Frau hätte von ihm verlangt, er solle sie zum Hochzeitstag doch endlich mal an einen teuren Ort ausführen. Da hat er sie zum Tanken mitgenommen. Danach lebte er in Scheidung. Dumm gelaufen. Wie das olympische Feuer. Das kam ja nur vorwärts, weil es von brutalen chinesischen Elitepolizisten durch die Straßen gepeitscht wird, wie im Fernsehen immer gezeigt wurde. Als dann herauskam, dass die Polizisten extra von unserem BKA ausgebildet wurden, war das dann auch dumm gelaufen. Für Wolfgang Schäuble. Oder in diesem Falle besser: Dumm gefahren. Und Gefahren lauerten überall. Als der französische Präsident Sarkozy in England zu Besuch war, hat die englische Presse Aktfotos von seiner neuen Frau veröffentlicht. Ähnliches widerfuhr auch unserem Kanzlergatten, Prof. Sauer, als man das mit seiner Frau in Oslo machte. Diese Fotos von Angela Merkel sollen sogar die Abholzung des Regenwaldes für einen kurzen Moment gestoppt haben, weil man sehen konnte, in Deutschland hat man genügend Holz vor der Hütte. Dumm gelaufen war das allerdings für die SPD. Weil an den beiden Airbags von Angela Merkel jegliche Profilierungsversuche Kurt Becks abprallten. Deshalb wollte die SPD im Gegenzug Kurt Beck bei seinem nächsten Auftritt in Bermuda-Shorts, offenem Hemd nebst Goldkettchen und Brusthaartoupet vor die Kameras treten lassen. Als Haarspender konnte Wolfgang Thierse gewonnen werden. Aber wie bei allen Aktionen der SPD hieß es hinterher auch wieder: Dumm gelaufen. Also, wo laufen Sie denn?

12. Januar 2008

Muttilein, weißte, was ich im nächsten Leben mal werden möchte? Eisbär. Na gugge doch mal, nachdem der ganze Rummel um den Knut in Berlin überstanden ist, kommt jetzt die Knute aus Nürnberg auf uns zu. Eisbären haben es so was von gut bei uns. Die werden gehätschelt und gepäppelt. Weil die Eisbärenmutter in Nürnberg ihren Nachwuchs hat paarmal fallen lassen, wurde er ihr gleich weggenommen und die Menschen haben ihm aus weichen Decken ein Lager bereitet. Bei seinem eigenen Nachwuchs ist der Mensch nicht so fürsorglich. Wer da fallengelassen wurde, für den soll zwar jetzt auch ein Lager bereitet werden, aber das soll nicht weich sein, sondern hart. Sagt Roland Koch. »Wer andern in die Fresse haut, dem Roland Koch ein Lager baut.« Deshalb nennt man seinen Wahlkampf auch Lagerwahlkampf. Da will er dann die einen Disziplin lehren, die anderen Gehorsam und die dritten Mores. Also »Jedem das Seine« könnte über dem Lagertor stehen. Dafür hat die NPD den Roland Koch schon gelobt. Endlich würden ihre Vorstellungen auch von etablierten Politikern ausgesprochen. Das ist ausgesprochen gefährlich. Für die NPD. Denn wer braucht sie noch, wenn er dafür Roland Koch hat? Andererseits heißt das wieder: Wer Roland Koch wählt, wählt NPD. So platt kann man Wahlkampf machen. Aber wer etwas plattmacht, soll ja eigentlich in ein Lager … Nein, Muttilein, Roland Koch denkt dabei nicht an sich. Der denkt offenbar gar nicht. Sonst hätte er ja nicht seit 2004 jährlich acht Millionen Euro für Jugendhilfemaßnahmen gestrichen. Das ist so, wie wenn du erst das Kind in den Brunnen fallen lässt und dann sagst: Der Brunnen ist schuld, weil der da so rumstand. Übrigens sind Brunnen auch eine ausländische Erfindung ... Ja, Muttilein, die ersten Brunnen kennt man aus Zypern. Deshalb ist für Koch auch klar, wer schuld ist: Die Ausländer. Wenn es nach dem Koch gehen würde, da müssten die beiden Eisbärinnen in Nürnberg sofort abgeschoben werden ... Warum? ... Muttilein, die eine hat ihre beiden Jungen gleich aufgefressen und der anderen musste das Junge aus einem verwahrlosten Haushalt entzogen werden. Typische Fälle von Ausländerkriminalität. Obwohl die in Nürnberg leben, sind die ja keine Deutschen. Die haben hier nur Asyl. Eigentlich sind die vom Nordpol. Also, Nordpolacken, wie Koch sagen würde ... Was sagste? ... Warum die trotzdem bleiben dürfen? ... Muttilein, weil im Wahlkampf jeder Bär gebraucht wird, um ihn uns aufzubinden.

2. Februar 2008

Muttilein, jetzt sind wir wieder voll in der närrischen Zeit. Also, wo sich der Deutsche gerne verkleidet. Der Kostümverleih Jung bietet schöne Soldatenuniformen an. Damit soll man dann sogar am närrischen Treiben in Afghanistan teilnehmen können. Aber erst im Juni. Die sind eben da unten der Zeit ein bisschen hinterher. Damit das anders wird, soll endlich auch der deutsche Narr mit »Helau!« und »Alaaf!« durch Kabul marschieren, damit da unten mal ein Funken abendländischer Kultur zündet. Die ist für die da noch ein Fremdwort, die abendländische Kultur. Deshalb gehören die ja auch zum Morgenland. Beispielsweise das Knallen von Sektkorken ist da völlig unbekannt, da Alkohol für Muslime verboten ist. Deshalb reagieren die sich anders ab. Die binden sich ihr Zeug zum Knallen immer um den Bauch. Und wenn es dann »puff« macht, hören wir bei uns in den Nachrichten, was dabei alles kaputtgegangen ist. So geht's doch nicht. Und nun sind eben die Narren los. Also, erst mal einer. Franz Josef Jung, unser Minister für Kriege im Ausland, hat sich standesgemäß schon mal als Gott Mars verkleidet und mit dem Afghanischen Faschingsprinzen Karsai I. darüber geredet, wo das närrische Treiben stattfinden soll. Dazu ist er verdonnert worden vom Karnevalsclub »NATO e.V«. Dem gefällt nämlich gar nicht, dass die Norweger solche Stimmungsmuffel sind und wieder nach Hause wollen. Deshalb wäre es schön, sagen die von der NATO, wenn dafür die deutsche Prinzengarde aufmarschieren würde und auch mal paar Bolzen abschießen könnte. Bisher hat die sich geziert und zu den anderen Narren gesagt: »Schieß du und lass mich hintern Baum!« Die Taktik ginge jetzt nicht mehr. Erstens werden in Afghanistan langsam die Bäume knapp, und zweitens wollen sich einige da unten nicht mehr zum Narren machen. Die Kanadier haben auch gedroht, dass sie ihre Pappnasen heimholen. Und nun sollen eben unsere da hin, um beim Maskenball den Eintänzer zu machen … Was sagste, Muttilein? … Das ist zum Schießen? … Das genau geht eben nicht. Dazu haben die vom deutschen Karnevalsclub »Parlament e.V.« überhaupt keine Genehmigung erteilt. Das verbietet nämlich das Grundgesetz. Außerdem hat der Chef der Bunten Wehr gesagt, sie hätten nicht mal genügend Munition. Aber wie ich unseren Elferrat kenne, schickt der die Prinzengarde trotzdem los. Wenn es sein muss, sogar mit der Konfettikanone ... Was sagste, Muttilein? ... Wo die das Konfetti hernehmen wollen? Das kann ich dir sagen? Das machen sie aus unserem Grundgesetz.

16. Februar 2008

Na, Muttilein, jetzt weißte endlich, warum wir überhaupt Steuern zahlen. Damit sich die Banken sanieren können. Wie jetzt die IKB. Weil die sich verspekuliert hat, wird die jetzt mit unserem Steuergeld wieder aufgepäppelt. Anstatt die, die die Bank in die Scheiße geritten haben, zur Verantwortung zu ziehen, ziehen sie lieber unsere Steuergroschen heran, damit die Manager auch weiterhin nicht auf ihr Klopapier aus Bütten handgeschöpft verzichten müssen ... Muttilein, das mit dem Klopapier habe ich bloß so gesagt. Als Allegorie. Um nicht sagen zu müssen, dass wir unser Steuergeld sozusagen für'n Arsch zahlen, wenn davon lieber Banken saniert werden als Schulen. Warum zahlen wir denn überhaupt Steuern an den Staat? Damit der seine Aufgaben erfüllen kann. Beispielsweise die Mitarbeiter im Öffentlichen Dienst zu bezahlen. Aber da kommt das Geld offenbar nicht an, sonst müsste doch ver.di jetzt nicht streiken, weil die Müllabfuhr, die Polizisten oder die, die im Krankenhaus arbeiten, zu wenig Geld kriegen. Im Gesundheitswesen scheint unser Steuergeld nämlich auch nicht anzukommen ... Nee, Muttilein, das Thema Augenärzte will ich gar nicht erst anfangen. Wenn heute irgendwo ein Augenarzt aufmacht, da hast du plötzlich Warteschlangen, wie wenn's früher Bananen gab. Das ist doch alles Methode. Warum gibt es denn so wenig Augenärzte? Damit immer mehr Bürger immer weniger durchsehen sollen, was in dem Staate los ist. Für die ist dann das Wappentier nicht mehr der Bundesadler, sondern der »Grüne Star«. Eine Million Deutsche soll das schon betreffen, für die es langsam immer finsterer wird. Deshalb spricht die Statistik sinnigerweise auch von einer Dunkelziffer ... Nein, Muttilein, Dunkelziffer ist nicht das Gegenteil von Liechtenstein. Liechtenstein ist zum Winkel geworden, wo die Post mit dem Geld hingeht, das uns hier abgeht. Der Post-Chef Zumwinkel hat mit dem Geld das gemacht, was ihm sein Vorname geraten hat: Klaus! Und schwupp, waren zehn Millionen Schwarzgeld in Liechtensteins Hauptstadt Vaduz. Und nun guggen unsere Politiker ganz vaduzt. Aber statt solche Pläne zu vereiteln, stellen die lieber Speisepläne für Hartz-IV-Empfänger auf. Denen wird empfohlen sich von einer Bratwurst für 38 Cent, 150 g Sauerkraut für 12 Cent und Kartoffelbrei für 25 Cent zuzüglich Öl und Gewürze für 20 Cent zu ernähren. Das macht dann im Monat ganze 29,45 Euro. Im Regelsatz für Hartz IV sind aber für Essen sogar 128 Euro vorgesehen. Wenn also der Hartzi das frisst, was ihm die Politiker eingebrockt haben, spart er sogar noch 98,55 Euro. Und die kann er dann zur Bank bringen, wo man gerade die Sanierung feiert. Mit Sekt und Kaviar.

8. März 2008

Na, Muttilein, und da sage noch einer, Politiker könnten nicht auf Kritik reagieren. Kaum hat der Wehrbeauftragte der Bundesregierung, was im Moment der Robbe ist, in seinem Bericht kritisiert, was unseren Soldaten alles so fehlt, schon ergreift unser Minister für Kriege im Ausland das Wort sowie die Klinke bei Horst Köhler und bittet ihn, einen »Tapferkeitsorden« für deutsche Soldaten zu stiften. »Oh«, hat da der Hotte Köhler gefragt, »sind wir denn schon wieder im Krieg?« – »Nö, nö«, antwortete ihm der Jung. »Vor dem Libanon macht unsere Marine bloß eine KdF-Reise, also eine Kontrolle der Fremden, im Kosovo helfen sie bei der Weinernte des Amselfelder-Rotweins und in Afghanistan, da gehen sie, wenn sie nicht gerade Brunnen bauen, auf Shopping-Tour über die Basare.« – »Das ist aber sehr tapfer«, sagte da der Köhler, »wo ich doch gehört habe, in Afghanistan soll es so gefährlich sein.« In dem Moment platzte eben der Robbe rein und sagt: »So, nun horcht mal her, ihr Etappenhengste! Anstatt Blech an die Brust brauchen unsere Soldaten erst mal was Ordentliches über den Arsch! Kälteschutzjacken, Splitterwesten, Nachtsichtbrillen und solches Zeug. Sonst könnt ihr eure Tapferkeitsmedaille gleich den Taliban spendieren. Und zwar dafür, dass die nicht vor Lachen umfallen, wenn die unsere Hanseln sehen. Vierzig Prozent unserer Soldaten sind nämlich zu dick!« – »Na und?«, fragte Jung, »noch nie was von Schwerer Artillerie gehört?« – »Komm, red dich nicht raus!«, redete sich der Wehrbeauftragte in Rage, »statt eines Gefechtsplans brauchen die erst mal einen Diätplan. Deine Soldaten können doch dem Gegner gar nicht ihre Zähne zeigen, weil sie die andauernd in einem pappigen Fleischbrötchen haben. Da wird der Kampfeinsatz zum Mampfeinsatz. Da bekommt die Nachricht, Deutsche Soldaten rücken in breiter Front vor, eine ganz andere Bedeutung. Und wer nicht zu fett ist, ist zumindest unsportlich. Dieser Truppe könnt ihr höchstens ein Hohlkreuz verleihen!« – »Ich hab's«, sagte da der Hotte Köhler, »damit unsere Soldaten ihren Diätplan tapfer einhalten, ersetzen wir Ritter-Sport durch ein Ritter-Kreuz. In der ersten Stufe mit …« Nee, Muttilein, nicht mit Eichenlaub … sondern mit »Rucolasalat« und als höhere Stufe dann mit »Messer und Gabel« … Ja, Muttilein, wo früher mal die Schwerter waren. Aber das Kreuz soll nicht so sehr an früher erinnern, sagte Köhler. Aber genau das sollte er machen. Dann käme er vielleicht drauf, dass Politiker für Soldaten schon viele Kreuze gestiftet haben. Aber die meisten waren aus Holz.

29. März 2008

Muttilein, es hat sich wieder einmal bestätigt: Es war nicht alles schlecht in der DDR. Hat sich »Lidl« gesagt. Damit hat der Discounter aber nicht das Warensortiment gemeint, sondern das Sortiment an Möglichkeiten, wie die Tschekisten um Erich Mielke ihre eigenen Leute ausgekundschaftet haben. Und seit das »Leben der Anderen« mit dem großen Mühe sogar mit einem »Oscar« prämiert wurde, war es für »Lidl« nur eine kleine Mühe, auch mal solche Filmchen über das Leben von anderen drehen zu lassen. Wie es heißt, nur um »Fehlverhalten aufdecken zu können, das zum Schaden für das Unternehmen führt«. Eine schönere Formulierung hätte Mielke auch nicht aus seinem Lederhütchen zaubern können. Muttilein, da frage ich mich bloß, wenn man mit Überwachungskameras wirklich kriminelle Handlungen aufdecken wollte, warum hängen die denn da in den Banken immer im bloß im Schalterraum und nicht in den Vorstandsetagen? Was haben sie denn bei »Lidl« gefilmt? Wer sich mit wem, wann, wo und wie lange über was unterhält. Und, Muttilein, wenn die sich da beispielsweise über ihre Arbeitsbedingungen unterhalten haben, dann ist doch so ein Gesprächsprotokoll ein schönes Druckmittel, um den Lohn kürzen zu können oder den Mitarbeiter ganz zu entlassen. Das sagt Lidl natürlich so nicht. Im Gegenteil, sie begründen das noch damit, dass sie zum Wohle der Beschäftigten gehandelt hätten. In einem Falle ist man durch die Video-Überwachung sogar einem Techtelmechtel unter Mitarbeitern auf die Spur gekommen durch den Umstand, dass täglich eine Packung »Milka – I love you« auf den Damenbinden lag. Das ist doch unhygienisch. Also hat man die beiden in unterschiedliche Filialen umgesetzt. In einem anderen Fall ist eine Person gefilmt worden, wie sie aller Viertelstunden auf die Toilette rennt. Der haben sie dann am nächsten Zahltag statt eines Lohnstreifens eine Überweisung zum Urologen geschickt. Weil sie bei der Auswertung des Videos am Urinstrahl erkannt haben, dass da mit der Prostata was nicht in Ordnung ist. Gut, Muttilein, das mit dem Urologen ist eine Unterstellung. Jedenfalls heute noch. Aber wer weiß denn, was in der nächsten Woche alles auffliegt ... Was sagste? ... Die »Lidl«-Geschäftsleitung hat sich inzwischen bei der Belegschaft entschuldigt ... Ja, Muttilein, wahrscheinlich mit den Worten: »Ich Lidl euch doch alle!«

12. Juli 2008

Muttilein, heute wurden die Fragen für den Test veröffentlicht, den ein Ausländer machen muss, wenn er einen deutschen Pass haben will. Der Schäuble hat zwar gesagt, der Test wäre nicht schwerer als eine Führerscheinprüfung, aber ich weiß ja nicht. Wir können das ja mal testen, Muttilein. Stell dir vor, du wärst so eine Ausländerin und ich täte dir folgende Frage stellen: Wer entscheidet in Deutschland darüber, wo sich deutsche Soldaten aufhalten dürfen. A) der Bundestag, B) der Verteidigungsminister oder C) das Grünflächenamt ... Du tätst A sagen, wie Bundestag ... Da täte ich zu dir sagen: »Und tschüss!« Da haste den Pass verpasst. Richtig wäre nämlich C gewesen, das Grünflächenamt ... Na sicher, Muttilein, das hat doch in Berlin entschieden, dass die Soldaten am 20. Juli sich nicht auf der Wiese vor dem Reichstag aufhalten dürfen, um dort ihr Gelöbnis abzulegen. Wegen der »Folgebeseitigung«, hieß es. Also, mit anderen Worten: Wenn die Rekruten schon schwören müssen, dass sie für Deutschland ins Gras beißen sollen, dann muss dabei nicht unbedingt der Rasen vor dem Reichstag beschädigt werden. Mit so was hat das Grünflächenamt ganz schlechte Erfahrungen gemacht. Na, Muttilein, denke doch mal dran, wie der Rasen aussah, als 1945 Soldaten darauf rumgetrampelt sind. Dabei haben die immer gerufen: »Gitler kaputt!« Gut, das waren damals russische Soldaten. Aber heute stehen wir doch vor der gleichen Situation. Hitler ist schon wieder kaputt. Im Wachsfigurenkabinett in Berlin. Wäre es denn da nicht viel sinnvoller, man würde das Gelöbnis nicht vor dem Reichstag, sondern vor dem Wachsfigurenkabinett abhalten? Da hat doch endlich das geklappt, was Stauffenberg 1944 bei Hitler nicht geschafft hat: Kopp ab. Gut, das würde mit dem Datum nicht hinhauen, weil das Attentat im Panoptikum schon am 5. Juli stattgefunden hat. Aber für die Zukunft sollte man sich schon überlegen, ob man lieber an ein gescheitertes Attentat erinnern will oder an ein gelungenes. Aber Hut ab vor dem Grünflächenamt. Das hat kraft seines Amtes Soldaten einfach des Platzes verwiesen, damit sie keinen Schaden anrichten können. Stell dir mal vor, Muttilein, wenn so ein Amt schon mal früher die Kraft bewiesen hätte, Soldaten Platzverweise zu erteilen. Das Grünflächenamt von Bagdad-Mitte hätte 2003 zu Bush gesagt: »Hier nicht!« Oder das von Weimar-Nord hätte 1937 gesagt: »Der Buchenwald auf dem Ettersberg wird nicht abgeholzt und mit Stacheldraht verschandelt!« Oder wenn im Jahre 9 der Oberförster vom Teutoburger Wald Varus und Hermann aus der Schonung gejagt hätte … Da kannste nur sagen: Grünflächenämter aller Länder, vereinigt Euch!

26. Juli 2008

Das war ein Auflauf bei dem Obama! Alle wollten hören, ob der nun auch so einen Jahrhundertsatz sagt wie der Kennedy damals. Und dann kam er auch. Also noch nicht der Satz, sondern der Obama. Wenn man nicht genau hingeguckt hat, hätte man denken können, Bruce Darnell kommt da über den Laufsteg gewackelt. Aber die Leute waren aus dem Häuschen. 200 000 sollen ja da gewesen sein an der Siegessäule. Mehr waren bloß am 4. November 1989 auf der Straße. Da waren damals 500 000 auf dem Alexanderplatz. Und hinterher war die Regierung weg. Und diesmal soll die Regierung auch weg. In Amerika, sagt Obama. Bloß, wir können doch da gar nicht mitwählen. Es sei denn, wir haben was verpasst und sind schon deren Bundesstaat Nr. 51. Vielleicht hat Obama das mittags mit der Merkel ausgekungelt und sie zur Gouverneurin vom Bundesstaat Germany ernannt? Oder sagt man da Gouvernante? … Ja, Muttilein, weißt denn du, wo die Merkeln uns noch überall reintritt … äh, beitritt. Wir sind ja auch plötzlich Mitglied in der Mittelmeerunion, obwohl wir gar nicht am Mittelmeer liegen. Wahrscheinlich hat sie gedacht: Die einen haben eben das Meer, und wir haben die Mittel dafür. Also, die Touristen, die wir da hinschicken. Manchmal auch Waffen und so. Das ist ja alles nur eine Frage der Interpretation … Wie bei den Waffen. Das sind im Sprachgebrauch dann meist landwirtschaftliche Geräte. Panzer sind dann Güllekanonen und so.

Und der Obama wollte von der Siegessäule auch ein paar Kanonen mitnehmen. Also, nicht, dass der die abschrauben wollte, mehr symbolisch hat er angefragt, ob wir mehr Soldaten nach Afghanistan schicken könnten. Und die Masse hat gerufen: »Yes, we can!« Und dann kam der Satz, auf den sie alle gewartet haben. Ein Satz, Muttilein, den wirklich noch kein Politiker gesagt hat: »Mein Vater hat in Kenia Ziegen gehütet.« Und die Leute haben getobt. Wenn der Gregor Gysi clever ist, stellt der sich beim nächsten Wahlkampf auch hin und sagt, dass er mal Kühe gemolken hat ... Nein, Muttilein, nicht in Kenia, sondern in Blankenfelde. Aber immerhin: Stripp, strapp, strull und die Straßen, die sind vull ... begeisterter Leute. Auf die Frage, warum sie so begeistert ist, von dem Obama, hat eine Teilnehmerin im Interview geantwortet: »Er sieht gut aus, er kann reden und er ist ein bisschen schwarz.« Muttilein, angenommen die Merkeln käme auch noch auf die Idee, in ihrem Wahlkampf eine Rede in Amerika halten zu wollen ... Wo? ... Vielleicht an der Freiheitsstatue ... da ahne ich aber schon, was die Leute da sagen werden: »Sie ist schwarz, sie kann reden, und sie sieht ein bisschen gut aus.«

23. August 2008

Muttilein, jetzt geht das alles wieder von vorne los. Neben der NATO gibt es auch wieder einen Warschauer Pakt. Da packt einen das Grausen, wenn man das liest. In Warschau haben sich die Polen von den Amis einen Raketenschild-Vertrag aufschwatzen lassen. Als Schutzschild. Die Polen sind jetzt sozusagen Schildbürger. Muttilein, die kennst du doch, die Geschichte von den Schildbürgern? ... Nee, nicht so genau ... Da erzähle ich dir die mal schnell. Also, am

Anfang waren die Bürger von Schilda mal sehr klug, also so klug, dass die überall in der Welt begehrte Ratgeber waren. Dadurch wurde ihre Stadt aber entvölkert. Um das zu verhindern, haben sie sich dann dumm gestellt. Und zwar so dumm, dass sie jede Aussage wörtlich genommen haben. Wie das jetzt eben bei den Polen auch der Fall ist. Früher waren die Polen durch ihr Wissen und Können überall begehrt und berühmt: Denke doch nur mal an den Kopernikus, die Marie Curie, Chopin, Lolek & Bolek … Dann ging das aber langsam los, dass man ihnen alles einreden konnte. Angefangen hat das mit einem gewissen Woytila, dem man eingeredet hatte, er wäre der Stellvertreter vom lieben Gott, und jetzt geht das weiter mit diesem Donald Duck … äh, Donald Tusk, so heißt der polnische Ministerpräsident. Der hat sich von der Condoleezza Rice einreden lassen, dass die Polen sicherer wären, wenn die USA ihre Raketen bei ihnen abstellen würden. Damit könnten dann die Raketen, die der Iran mal abschießt, aber noch gar nicht hat, abgefangen werden. Das ist doch Dummenfang, sagen nun die Russen. Und weil sie sich von den amerikanischen Raketen vor ihrer Haustür gereizt fühlen bis zur Weißglut, wollen sie mit Weißrussland eine Abwehr zur Abwehr der Abwehr stationieren. Und die polnische Regierung freut sich auch noch ein Bein aus, weil sie glaubt, sie wären für die USA der Mittelpunkt. Dabei ist Polen nur Mittel. Punkt. Wie es die Polen schon mal waren. Ich sage nur Gleiwitz. Da hat die Katastrophe auch mit einer Verteidigungslüge angefangen. Muttilein, was waren wir danach froh, dass wir die Raketen raus hatten aus Europa. Und nun sind sie durch diesen Schildbürgerstreich von dem Tusk wieder da. Dabei war sein Großvater sogar ein Deutscher. Aber offensichtlich hat der seinem Enkel die Geschichte der Schildbürger leider nie bis zum Ende vorgelesen. Das geht nämlich so: Um eine schwarze Katze zu vertreiben, legten die Schildbürger Feuer an jedes Haus, auf dessen Dach sich die Katze flüchtet, was die ganze Stadt schließlich in Schutt und Asche legt …

6. September 2008

Muttilein, was keiner geglaubt hat, jetzt ist es passiert. Im Europaparlament in Straßburg hat der Klügere nachgegeben. Die Decke. Sie ist den Abgeordneten auf den Kopf gefallen. Also sprichwörtlich. Praktisch ging das ja nicht, weil gerade Sommerpause war. Was sich von der sonstigen Tätigkeit da drin nur dadurch unterscheidet, dass gar kein Abgeordneter getroffen werden konnte. Woran lag das jetzt, fragen sich die Experten? Haben die Brüder da drin so gelogen, dass sich die Balken bogen und knack … Oder, Muttilein, eine andere Variante wäre, wenn man sagt: Mir fällt die Decke auf den Kopf, dann heißt das ja so viel, wie, dass es stinklangweilig zugeht. Und bei den Debatten, die da geführt werden – über den Krümmungsgrad der Euro-Gurke und die Länge des Euro-Kondoms, wäre das durchaus denkbar. Dabei müssen dann wohl sogar die Halterungen der Deckenelemente eingeschlafen sein. So was nennt man Ermüdungsbruch. Ja, die deutsche Sprache hat für alles eine Formulierung, die die eigentliche Ursache schön verschleiert. Nämlich Baupfusch. So was nennt man Euphemismus. Man beschönigt einfach was, was nicht zu beschönigen ist. Nimm mal an, Muttilein, in Straßburg wäre nicht bloß die Decke eingestürzt, sondern das Ding wäre ganz abgebrannt, das hätte dann nicht etwa an fehlendem Brandschutz gelegen, sondern daran, das die Abgeordneten mit Feuereifer bei der Sache waren oder zündende Reden gehalten hätten. Und in der Zeitung hätte gestanden: »Europaparlament legte flammendes Bekenntnis ab.« Solche Beschönigungen findest du doch heute überall. Sozialabbau wird Reform genannt, die Abzocke bei der Bahn Bedienzuschlag. Oder gucke nach Afghanistan! Da darf das Wort Krieg nicht vorkommen. Also, sagt der Franz Josef Jung, es wäre ein »risikobehafteter Einsatz«. Ungefähr so, wie wenn man beim Poker einen Fuffi auf den Tisch legt, oder wie? Das ist auch ein risikobehafteter Einsatz. Bloß, beim Poker geht keiner drauf. Beim »risikobehafteten Einsatz« in Afghanistan schon. Aber da heißt es ja dann: Der Soldat ist gestorben. Ja, woran denn, Muttilein? Letztendlich doch an unserer Bundesregierung, weil die den da hingeschickt hat. Aber das will sie nicht zugeben. Und deshalb arbeitet die Verblödungsmaschinerie für kommende Fälle schon an Formulierungen wie: »Er hat sich für Deutschland in der Luft zerrissen«, oder: »Er geriet unplanmäßig in die Flugbahn eines unkontrolliert herumfliegenden metallischen Gegenstandes.« Ich sage dir, Muttilein, unsere Regierung hat zwar noch keinen Propagandaminister. Aber das, was sie uns erzählt, hinkt schon gewaltig.

25. Oktober 2008

Muttilein, wir müssen die Uhren jetzt wieder zurückstellen … Nee, nicht nur die in der Stube. Es geht jetzt generell wieder vorwärts in die Vergangenheit … Nee, Muttilein, das ist kein Filmtitel. Das ist das, was die Bildungsministerin auf dem Bildungsgipfel von sich gegeben hat. In Dresden. Im Tal der Ahnungslosen, wie wir früher immer gesagt haben. Und so haben die sich da auch alle angestellt.

Ahnungslos, wo die Probleme bei der Bildung überhaupt liegen. Die Frau Schavan hat doch ernsthaft vorgeschlagen, Mädchen und Jungen sollten wieder getrennt unterrichtet werden. Das ist es, was ich meine, mit Zeit zurückdrehen. Das war doch zuletzt beim Kaiser so. Das würde angeblich zu besseren Lernergebnissen führen, sagt die Schavan. Weil Mädchen und Jungen in bestimmten Fächern unterschiedlich reagieren. Beispielsweise beim Periodensystem. Da wissen die Jungs sofort: Aha, das hat was mit Chemie zu tun. Während die Mädels bei Periode an was ganz anderes denken. Denkt jedenfalls die Frau Schavan. Und ehe den Mädels der Irrtum klar gemacht wird, verlieren die Jungen wertvolle Zeit, die sie dann hindert, große Erfindungen zu machen. Na, Muttilein, die letzten großen Erfindungen in Deutschland sind ja gemacht worden, als es noch getrennten Unterricht gab. Robert Bunsen hat seinen Brenner erfunden, weil er nicht durch die Zöpfe von Mädels in seiner Klasse abgelenkt wurde. Oder der Robert Koch hat die Tuberkelbazillen entdeckt, weil er ins Mikroskop geguckt hat und nicht den Mädels hinterher. Und da will die Frau Schavan wieder hin. In den Mädchenklassen könnte dann über typische Mädchenprobleme gesprochen werden, wie rückwärts einparken und so ... Jedenfalls soll uns so eine Trennung angeblich weiterbringen. Aber da sollte die Frau Schavan nicht auf halbem Wege stehenbleiben. Vielleicht könnte man die Klassen dann auch noch nach blond und dunkelhaarig sortieren. Oder nach Sternbildern. In die eine Klasse zum Beispiel alle Schützen. Da wüsste man auch gleich, wenn wieder einer an der Schule rumballert, wo der herkommt. In eine andere Klasse kämen dann alle Jungfrauen. Wahrscheinlich eine eher kleine Klasse. Aber leider gibt es an unseren Schulen eben gar nicht so viel Klassenzimmer, geschweige denn Lehrer. Und so bleibt die einzige Trennung auch weiterhin die Trennung in die, die an der Schulspeisung teilnehmen können, und die, die dabei zusehen müssen.

1. November 2008

Muttilein, in dieser Woche hatten wir ja wieder zwei denkwürdige Tage: Weltspartag und Reformationstag. Also zwei Tage, an denen es um den Schein ging. Am Weltspartag um den Geldschein und am Reformationstag um den Heiligenschein, den sich unsere Regierung zur Rettung der Banken jetzt aufsetzt, weil der Steinbrück dafür seine Thesen an die Banktüren genagelt hat. Deshalb haben am Weltspartag die Banker auch ganz ängstlich zu ihrem Heiligen gebetet, dem St. Josef Ackermann. Damit der möglichst nicht die staatlichen Hilfen in Anspruch nehmen soll, sonst müssten die Bankmanager nämlich ihre Gürtel gewaltig enger schnallen. Der vorgesehene Regelsatz von 500 000 Euro pro Jahr wäre eine gewaltige Zumutung für sie. Sozialer Abstieg pur. Zumal ja, anders als bei Hartz IV, Wohngeld und Heizkostenzuschuss nicht mal extra gezahlt würden. Es sollen sich daraufhin schon die ersten Bankerselbsthilfegruppen gebildet haben. Und unter den Bankern ist schon die Rede von Montagsdemonstrationen. Die Marschroute ist auch schon klar: Immer am Dax entlang. Also den Bach runter. Und dabei sollen die in den Selbsthilfegruppen gebastelten Transparente mitgeführt werden, auf denen dann steht: »Steinbrück in den Steinbruch!« Muttilein, ich weiß gar nicht, warum die sich so aufregen. Was hat denn die Regierung so Schlimmes gemacht? Doch nichts anderes, als was sie immer macht, wenn sie nicht weiter weiß. Sie hat das

Grundgesetz reformiert. Diesmal hat es eben den Artikel 20 getroffen. Bisher stand da immer: »Alle Gewalt geht vom Volke aus.« Nach Steinbrücks Reformation liest sich das jetzt so: »Alles Gehalt geht vom Volke aus.« Und zwar gleich an die Banken. Denn arme Banken, Muttilein, sind für unsere Regierung offenbar gefährlicher als arme Kinder. Gugge doch mal, Muttilein, in Deutschland gibt es 1,9 Millionen arme Kinder. Dagegen bloß 230 Privatbanken. Und wem wird denn geholfen? Den Kindern nicht. Wenn nämlich eine Bank verarmt, dann bricht der ganze Markt zusammen. Wenn ein Kind arm ist, bricht es höchstens selbst zusammen. Vor Hunger. Und zwar zu Hause. Weil es gar nicht mehr bis auf den Markt kommt.

22. November 2008

Muttilein, es geht aufwärts an der Börse. An der Tauschbörse. Also bei ebay. Die Post hat doch eine Gedenkmünzenserie herausgegeben: »60 Deutsche Jahre.« Und da ist auch eine dabei, die soll an den Zusammenschluss von SPD und KPD erinnern. Für 34,90 Euro kannste die kaufen. Das heißt, die konntest du kaufen. Jetzt ist der Verkauf gestoppt worden. Von Tiefensee. Der hat gesagt, damit würde die SPD verhöhnt, weil ja viele kritische Sozialdemokraten durch das Zusammengehen mit den Linken Repressalien ausgesetzt waren und unterdrückt wurden, wenn sie eine andere Meinung hatten … Nein, Muttilein, der Tiefensee hat nicht von Hessen geredet … Woher ich das wissen will? … Na, weil auf der Münze nicht Ypsilanti und Gysi drauf sind, sondern Grotewohl und Pieck. Und die sind schon seit März unter den Leuten … Nicht Grotewohl und Pieck. Die Münzen, die sind im Umlauf! Und jetzt hat das der Tiefensee auch schon mitgekriegt und gefordert, dass die eingeschmolzen werden sollen. Und haste nicht gesehen, geht der Preis bei ebay für die Dinger aber so was von in die Höhe! Jetzt ist er fast schon auf hundert … Nicht Tiefensee. Der Preis! Und das wird noch mehr. Es sind ja noch fünf Tage zum Bieten. Jetzt ist der Steinbrück wohl schon am Überlegen, ob man durch solche Aktionen nicht die ganze Finanzkrise managen könnte. Wenn man z.B. eine Gedenkmünze für den Bau des ersten Trabis herausgäbe, könnte die Flachpfütze … äh, Tiefensee als Verkehrsminister wieder verbieten, weil damit nach seiner Ansicht die Autofahrer verhöhnt würden. Rumms – geht der Preis hoch. Und so könnte dann mit dem Trabi Opel gerettet werden. Oder wie wäre es mit einer Münze zum 81. Geburtstag von Margot Honecker? Verbieten! Bei ebay rein und von dem Erlös könnten dann unsere Schulen so ausgestattet werden, dass wir bei der nächsten PISA-Studie noch besser abschneiden. Nebenbei gesagt, Sachsen hat ja bei PISA den Westen schon überholt. Das läge aber daran, hat der Westen gesagt, dass Sachsen weniger Schüler mit Migrationshintergrund hätte als die alten Bundesländer. Im Klartext soll das heißen: »Haste Türken in der Klasse, tust du's Bildungsziel verpasse.« Oder: »Auch die Kinder von den Indern tun beim Lernen sehr behindern.« Solche Begründungen ersparen dann, über die wahren Ursachen nachzudenken: Dass Sachsen nämlich das zweigliedrige Schulsystem von früher weitgehend erhalten hat und Fächer wie Physik und Mathematik nicht abgewählt werden können, davon ist keine Rede … Was sagste, Muttilein, da müssten sie ja eine Gedenkmedaille zum Bildungssystem der DDR herausgeben. Eigentlich ja, aber die Wahrheit könnte nicht mal Tiefensee verbieten.

27. Dezember 2008

Es ist schon manchmal komisch, Muttilein. Da haben wir nun Flachbildfernseher, Laptops, Kartoffelsäcke, Bierkästen und ganze Gänsefarmen aus den Supermärkten herausgeschleppt, und trotzdem will die Konjunktur nicht anspringen. Und dabei ist das so leicht. Man muss doch bloß mal gucken, wie das in anderen Ländern gemacht wird. Bei uns sagen die Journalisten immer nur, wie schlimm das Jahr 2009 werden wird mit der Rezession und dem Stellenabbau. Im Irak tun sie was dagegen. Seitdem da der Journalist Montasser al-Saidi seine Schuhe nach dem Bush geschmissen hat, geht es in der Schuhbude aber bergauf. Sonst haben die immer nur 15 000 Paar im Jahr produziert. Jetzt haben die schon Bestellungen für 370 000 Paar aus allen möglichen Ländern gekriegt. Über 100 zusätzliche Arbeitskräfte mussten die schon einstellen. Das Modell 271 ist der Renner. Forscher arbeiten bereits an der Weiterentwicklung dieses Typs. Der Schuh soll noch flugtauglicher gemacht werden, um die Trefferquote zu erhöhen. Da hat das Modell noch Unzulänglichkeiten. Das hat man in der Zeitlupe ganz genau gesehen. Der erste Wurf ging knapp daneben. Der Zweite war schon dichter am Kopp von Bush dran. Erst der dritte Wurf hätte wahrscheinlich richtig gesessen. Aber wer hat schon drei Schuhe mit. Außerdem hat ja dann die Schufa, also die Schuhfahndung, das Experiment gleich abgebrochen und den Montasser al-Saidi in *Schuh*tzhaft genommen. Hollywood wollte sich schon die Filmrechte sichern, aber Bully Herbig war schneller und arbeitet bereits an seinem neuen Film »Der Schuh des Montasser«, der später auch als Musical auf die Bühne gebracht werden soll, unter dem Titel: »Zwei Schuhe im Dreivierteltakt.« Mit Musik von *Schuh*bert oder war's *Schuh*mann? Ist ja auch egal. Höhepunkt soll darin eine Szene sein, in der Johannes Heesters einen Schuhplattler hinlegt und dabei singt: »Bush, das war ein netter Mann, der sich sehr schnell ducken kann.« Woher Bush diese Fähigkeit hat, das erfahren wir dann aus Til Schweigers neuem Film mit dem Titel »Kein *Schuh*treffer«. Darin sehen wir, dass Dabbeljuh gut trainiert war, weil seine Frau Laura immer mit ihren Schlappen nach ihm geworfen hat, wenn er auf dem Sofa saß und beim Brezelessen gekrümelt hat. Wobei er sich einmal auch direkt in eine Brezel hineingeduckt hat, die ihm dann im Halse stecken blieb. Muttilein, du siehst, wie selbst ein einfacher Schuh die Konjunktur auf allen Ebenen ankurbeln kann. Man muss nur die richtige Zielgruppe haben. Das man allerdings in Rüsselsheim jetzt plant, einen Opel ins Kanzleramt rasen zu lassen, halte ich noch für ein Gerücht.

Das Jahr 2009

... sollte das Jahr der schlechten Nachrichten werden, so hatte es Angela Merkel in ihrer Neujahrsrede angekündigt. Schon am ersten Januar meldeten die Agenturen: »Thüringens Ministerpräsident gestürzt.« Allerdings nicht bei einem Putsch, sondern bei einem Rutsch. Der Skiunfall von Dieter Althaus lehrte uns, dass es für die Menschen noch gefährlicher sein kann, wenn Politiker das Brett nicht vor dem Kopf haben, sondern unter den Füßen.

Im Februar verloren wir dann Wirtschaftsminister Glos. Das Interessanteste an seinem Rücktritt war, dass dadurch viele erst erfahren hatten, dass er über-

haupt Wirtschaftsminister war. Alle anderen Wirtschaftsminister haben etwas Bleibendes hinterlassen. Ludwig Erhard die soziale Marktwirtschaft, Karl Schiller die konzertierte Aktion, Graf Lambsdorff eine Steuerhinterziehung, Wolfgang Clement Hartz IV und Jürgen Möllemann wenigstens die Erkenntnis, dass ein Rettungsschirm nicht unbedingt aufgehen muss. Aber was bleibt von Michael Glos? Immerhin der Satz: »Wenn der Himmel herunterfällt, sind alle Spatzen tot.«

Auch Hartmut Mehdorn musste zurücktreten. Von der Bahnsteigkante. Wegen eines Datenskandals. Viele fragten sich: »Warum erst jetzt?« Die Daten der Bahn waren schon lange ein Skandal. Besondern die Ankunfts- und Abfahrtsdaten.

Damit aber nicht genug der schlechten Nachrichten. Wir mussten auch noch den Tod von Schröders Gans verkraften. Also nicht von Doris, sondern von der, die Gerhard einst vorm Tod im Ofenrohr bewahrt hatte. Laut Befund starb sie an Leberzirrhose. Bei der Politik, die die SPD macht, hatte sie wahrscheinlich angefangen zu saufen. So musste sie nicht mehr miterleben, wie sich bei der Europawahl im Juni und der Bundestagswahl im September die SPD der Fünf-Prozent-Hürde näherte. Noch von oben. Münte nannte die Gründe: Lafontaine. Weil der die linke Mitte verlassen hätte, um dann mit der Linken die Mitte zu linken. Das war jetzt kein gutes Deutsch, sondern sozialdemokratisch. Das klingt so, weil die SPD immer mit gespaltener Zunge spricht. Ihre Sprache hat die SPD eigentlich nur einmal richtig beherrscht. Als sie verboten war. Unter Bismarck. Bismarck hat für das Ansehen der SPD mehr getan als die ganzen Vorsitzenden der letzten Jahre zusammen. Eigentlich müssten die SPD Bismarck posthum zu ihrem Ehrenvorsitzenden erklären. Unter ihm hat die SPD noch gekämpft. Im Untergrund. Heute ist bloß noch ihre Politik unterirdisch.

7. Februar 2009

Muttilein, es hat doch immer geheißen, der Papst ist der Stellvertreter Gottes. Und der soll ja bekanntlich alles wissen. Aber der scheint sein Wissen nicht mehr so richtig weiterzugeben. Jedenfalls muss lange keine Anleitung mehr gewesen sein. Früher war das ja immer so bei uns: Montags war Versammlung, da wurde die Linie durchgestellt und dann wussten alle Bescheid. Aber der Papst sagt, ihm hätte keiner was davon gesagt, dass dieser englische Bischof von der Piusbruderschaft schon wieder gesagt hätte, dass es keine Gaskammern gegeben hätte, in denen bei Adolf Juden umgebracht worden wären. Aber gerade wegen solcher Äußerungen ist ja die Piusbruderschaft exkommuniziert worden. Also, es wurden alle Brücken zu denen abgebrochen. Und nun hat sich aber der Ratzinger, der jetzt unter dem Künstlernamen Bendedikt XVI. arbeitet, gedacht, dass er als Papst ja auch Pontifex ist, was auf gut deutsch so viel heißt wie »Brückenbauer«. Und da wollte er den Piusbrüdern eine solche bauen, damit die wieder rüberkommen können. Weil die Kirche braucht ja jedes Schäfchen. Aber was machen die Hammel, die legen ihm gleich wieder einen Sprengsatz an den Brückenfeiler. Und von der Detonation wackelt nun der ganze Vatikan. Der »Heilige Stuhl« ist sozusagen zum »Heißen Stuhl« geworden;

und der Papst ist in einer ganz vermaledeiten Situation. Der Maledetto … Benedetto ist im Moment so was wie die Ypsilanti in der SPD … Nee, Muttilein, nicht weil der immer in einem Kleid rumrennt, weil der wie die von allen angefeindet wird. Die Ypsilanti wollte ja auch die Exkommunikation der Gysi-Bruderschaft in Hessen aufheben … Nee, Muttilein, vom Inhalt kannste das nicht vergleichen! Die Gysi-Bruderschaft ist nicht antisemitisch. Höchstens antikapitalistisch. Und Sozialismus ist eben für die SPD genauso unvereinbar, wie Antisemitismus für die Kirche sein müsste. Denn Jesus selber war ja auch Jude … Was sagste, Muttilein? … Wenn der Ratzinger das nicht packt, muss er eben zurücktreten … Muttilein, wie soll er denn das machen? Er steht doch schon mit dem Rücken an der Wand. Selbst Angela Merkel hat schon Du-Du mit ihm gemacht. Damit ist sie nach Luther bereits die zweite Ostdeutsche, die frech zum Papst geworden ist. Über ihre Kritik ist der Vatikan jetzt ganz besonders beunruhigt. Da hat er aber auch allen Grund dazu. Erinnere dich doch mal, Muttilein! Damals, als die Merkel Helmut Kohl kritisiert hatte, war sie kurz darauf CDU-Vorsitzende. Und wenn sie jetzt den Papst kritisiert, befürchtet der Vatikan, wird es wohl bald heißen: Habemus Mamam.

14. März 2009

Muttilein, in dieser Woche gingen ja wieder schockierende Meldungen durch die Medien. Eine davon war: Das Artensterben schreitet in unglaublicher Schnelligkeit voran. Jetzt trifft es auch die Spezies der Milliardäre *(lat. raffus raffus penunze)*. Die Anzahl der Exemplare ist drastisch gesunken. Um ein Drittel. Voriges Jahr waren noch um die 2379 in der freien Wildbahn unterwegs. Jetzt sind es nur noch 793. Das ist fast schlimmer als das Robbensterben. Die Robben sterben durch einen Schlag auf den Kopf. Die Milliardäre dagegen sterben mehr durch einen Schlag ins Kontor. Und dann kommt es bei ihnen zur Austrocknung der Konten. Das musst du dir wie bei den Walen vorstellen. Wenn die auf dem Trockenen liegen, dann versuchen ja unzählige Helfer, die wieder flüssig zu machen, indem sie die ins Weltmeer ziehen. Aber wie kriegt man jetzt die Milliardäre wieder ins Geldmeer? Hier scheitern bisher alle herkömmlichen Zuchtprogramme. Zumal die in Deutschland lebenden Exemplare, wie die ALDI-Brüder mit 89 und 87 Jahren, ja schon in so einem Alter sind, wo normale Fortpflanzung nicht mehr möglich ist. Gut, die Frau Klatten, von der Gattung BMW ist da mit ihren 46 Jahren eine Ausnahme. Aber auch hier blieben Nachzuchterfolge leider aus. Denn ihre Kreuzung mit einem Exemplar der Spezies Gigolo wurde von der Artenschutzkommission nicht als Nachzucht eingestuft, sondern als Unzucht. Mit der Konsequenz, dass der Gigolo die nächsten sechs Jahre in Käfighaltung verbringen muss – also für weitere Versuche nicht zur Verfügung steht. Na ja, Muttilein, man kann aber auch nicht einfach einen Nerz mit einem Maulwurf kreuzen. Kopulation führt also nicht unbedingt zur Erhöhung der Population. Somit kommt für die gefährdete Milliardärgattung nur noch die künstliche Befruchtung durch stattliche … äh staatliche Fördermaßnahmen in Betracht. Vielleicht so wie beim Kakapo-Papagei. Das habe ich gerade gelesen, Muttilein. Der Kakapo-Papagei galt auch schon als ausgestorben. Und plötzlich hat man auf einer einsamen Insel bei Neuseeland wieder 100 Exemplare entdeckt. Und warum? Weil da keine Menschen leben! Dadurch hat der auch keine natürlichen Feinde ... Was sagste? ... Wer die natürlichen Feinde von den Milliardären sind? ... Na, vor allem dieser komische Greifvogel, der Hartzer-IV-Roller. Der greift zwar nach jedem Strohhalm, aber eben nicht nach den Produkten von den Milliardären. Und nun gäbe es da zwei Möglichkeiten. Entweder man rottet den Hartzer-Roller aus, oder man siedelt die Milliardäre alle in ein Gebiet um, das menschenleer ist. Es muss ja nicht unbedingt bei Neuseeland sein. Bei Neustrelitz gibt's so was auch.

2. Mai 2009

Muttilein, weißt du, was das Schönste an dem 1. Mai war? Es gab keine Zeitung. Man brauchte sich mal nicht aufzuregen ... Nee, nicht über das, was passiert, dafür kann die Zeitung ja nichts. Aber wie darüber berichtet wird schon. Gugge dir doch mal bloß diese Woche an! Ich sage nur Schweinegrippe! Aber was steht in der Zeitung? Schweinskram. Von der Annemarie aus Dessau, die da bei dem Bohlen mitmacht. Da wird geschrieben, welche Strapse die in der nächsten Sendung an hat oder ob der Oliver nun in der rumgepochert hat oder nicht. Oder nimm Afghanistan! Da ist wieder ein Soldat ums Leben gekommen. Aber für die Medien ist ja wichtiger, dass der Klinsmann um seinen Posten gekommen ist. Da kannste mal sehen, so wichtig kann das gar nicht sein, dass die in Afghanistan angeblich unsere Freiheit verteidigen. Was für Deutschland wirklich wichtig ist, ist doch, ob Bayern München seinen Titel verteidigt. Da herrscht Ausnahmezustand. Da gibt es Brennpunkte im Fernsehen, da gibt es Sondermeldungen. Da interessieren nicht die Taliban beim Lynchen, sondern bloß noch die Balliban in München. Oder dann solche irreführenden

Überschriften, wie: »Blindgänger bei Merkels Wohnung entschärft«. Für einen Moment dachte ich schon, die haben den Pofalla aus dem Verkehr gezogen. Aber nee, es war bloß eine Fliegerbombe aus dem zweiten Weltkrieg, bei der sie den Zünder entschärft haben. Der Generalfehlzünder bleibt im Amt. Muttilein, ich sage dir, das gehört alles zu der Methode »Brot und Spiele«. Damit wir nicht merken wie uns der Brotkorb immer höher gehängt wird, spielen die mit uns wieder eine Runde doof. Und wenn eine wie die Schwan, die Gesine, sagt: »Leute, es könnte bald unruhig werden in unserm Land«, da kriegt sie aber eins mit der Zeitung über die Gusche. Wobei die Gesine den Deutschen an sich auch bissel überschätzt. Der geht nicht so schnell auf die Straße wie der Franzose. Und weißte warum? Immer wenn sich der Deutsche gerade seine Schuhe anziehen will, um zu demonstrieren, da wird ihm mitgeteilt, dass gerade wieder ein Trainerwechsel in der Bundesliga ansteht. Schon zieht er die Schuhe wieder aus, setzt sich in seinen Sessel und heult. Wie jetzt in Wolfsburg. Da sind alle geschockt, das der Magath zu »Schalke« wechseln soll. Ich frage mich, Muttilein, wenn die Trainer sowieso das ganze öffentliche Leben bestimmen, warum wählen wir denn dann überhaupt noch Politiker? Sollen das doch die Trainer machen. Da muss dann nicht mehr lange im Bundestag abgestimmt werden. Da werden die Entscheidungen durch Elfmeterschießen getroffen. Und ich sage dir Muttilein, mehr Selbsttore als jetzt würde es dabei auch nicht geben.

6. Juni 2009

Muttilein, der Obama hat aber auch Dinger drauf. Er wollte unbedingt mit Muslimen ins Gespräch kommen. Deshalb ist er extra durch den nahen Osten getingelt. Ägypten, Sachsen, Thüringen. Gut, in Ägypten gibt's Muslime haufenweise, aber in Sachsen und Thüringen? Alles rätselt jetzt, warum der ausgerechnet nach Dresden wollte. Berlin wäre doch da viel sinnvoller gewesen. Einmal quer durch Kreuzberg, da hätte der mit so viel Muslimen reden können... Aber in Dresden? Nun sind ja diesbezüglich die verschiedensten Theorien im Umlauf. Die einen sagen, das wäre seine Rache, weil er damals nicht am Brandenburger Tor reden durfte. Die anderen sagen, das wäre nur ein Übersetzungsfehler ... Na ja, Muttilein, von Dresden sagt man doch, das wäre die Stadt des Barock. Bei Obama ist aber angekommen, das wäre die Stadt des Barack. Also, sozusagen seine Stadt. Und dann hat ihm sein Großonkel auch noch erzählt, Dresden wäre für Amerikaner schon 1945 ein beliebtes Flugziel gewesen. Was zur Folge hatte, dass die Frauenkirche heute wieder wie neu aussieht. Und da war dann Obama nicht mehr zu halten. Jetzt waren die Sachsen in heller Aufregung. »Oh Gott!«, hat der Tillich gesagt, »wo soll ich denn so schnell Muslime auftreiben.« Er hätte höchstens paar Sorben anzubieten. »Mach dir keinen Kopp«, hat da die Merkel zu ihrem Parteifreund gesagt, »ich gehe mit Obama ins Grüne Gewölbe«. Da hat die Frau clever gedacht, Muttilein, denn in dem »Grünen Gewölbe« ist doch dieser berühmte »Hofstaat zu Delhi« zu sehen, den der Goldschmied Dinglinger für August den Starken gebastelt hat. Da sind viele Figuren mit einem Turban dabei, und zu denen kann dann der Obama was sagen. So ist Dresden zustande gekommen. Und mit Thüringen, da war das so: Die Merkel wollte ihrem Parteispezi, dem Althaus, bissel auf die Wahlsprünge helfen. Und da hat sie den Obama gefragt, ob er sich nicht mal mit ihm in den Thüringer Bergen fotografieren lassen würde. Der Althaus wäre auch sehr entgegenkommend. »Ok!«, hat da Obama gesagt, aber nur unter einer Bedingung. Auf dem Berg, wo ihm der Althaus entgegen kommt, dürfe kein Schnee liegen. »Kein Problem«, hat Merkel gesagt, »da trefft ihr euch auf dem Ettersberg. Da liegt kein Schnee, sondern Buchenwald.« Und da hat der Obama solche Ohren gekriegt. Buchenwald, das kannte er. Davon hatte ihm auch sein Großonkel erzählt. Als der 1945 da war, hätte da auch schon gestanden Barack an Barack … Also ist er hin. Muttilein, so gesehen können wir froh sein, dass nicht auch noch unser Böhmer ein Foto mit Obama haben wollte. Was hätten wir denn dem Obama hier zeigen sollen? … Was sagste? … Sein Wappentier? Ach, du meinst den kleinen Seeadler, der im Magdeburger Zoo geboren worden ist. Muttilein, was hätte denn das wieder für eine Schlagzeile in der Weltpresse gegeben: »Sachsen-Anhalt zeigt Obama einen Vogel.«

4. Juli 2009

Muttilein, der olle Bismarck hatte schon recht, wenn er sagt: »Nirgendwo wird so viel gelogen wie vor der Wahl, während des Krieges und nach der Jagd.« Er hätte noch hinzufügen können: wie während eines Begräbnisses von Soldaten. Als wäre es nicht schon schlimm genug, dass da die Eltern ihre Söhne verloren haben. Da verliert der Verteidigungsminister dann auch noch solche Sätze wie: »Wir sind in Afghanistan, weil wir die Sicherheit der Bürger Deutschlands schützen.« Jetzt weißt du auch, warum Deutschland keinen Propagandaminister hat. Der Jung hinkt selber. Mit solchen Sätzen an der Wahrheit vorbei. Gut, er hat ja den Josef auch schon im Vornamen … Was sagste? … Was er hätte sonst sagen sollen? Na, wie es wirklich ist! Er hätte einfach nur aus der militärpolitischen Richtlinie der Bundeswehr vorlesen sollen. Und zwar: Deutschland muss als »kontinentale Mittelmacht mit weltweiten wirtschaftlichen Interessen die Aufrechterhaltung des freien Welthandels und den ungehinderten Zugang zu Märkten und Rohstoffen in aller Welt sichern«. Dazu passt dann auch der Kommentar der Kanzlerin besser. Zur gleichen Stunde, als die Trauerfeier lief, hat sie im Bundestag verkündet: Wir werden weiter marschieren bis ... äh, nee, marschieren hat sie nicht gesagt, sondern laufen. Wir werden nicht weglaufen, bis unsere Aufgabe erfüllt ist. Daraufhin haben dann 461 Volksvertreter »Hurra!« geschrieen und den Einsatz von weiteren 300 Söhnen in Afghanistan beschlossen. Bloß welches Volk vertreten die eigentlich? 69 Prozent der Bevölkerung sind gegen den Blödsinn, dass unsere Freiheit angeblich am Hindukusch verteidigt wird. Da müssen wir uns doch nicht wundern, wenn die Taliban jetzt sagen: Der Islam wird an den Alpen verteidigt. Angeblich sind da wohl von denen nun welche unterwegs dahin, um mit Anschlägen unsere Bundestagswahl zu beeinflussen, sagt das ZDF. Aber Wahlbeeinflussung ist auch keine Angelegenheit für die Bundeswehr, sondern eher für den obersten Wächterrat ... Ach nee, so heißt der ja bloß im Morgenland. Wir sind ja das Abendland. Demzufolge haben wir einen obersten Nachtwächterrat. Und dessen Vorsitzende, also die Merkel, hat gesagt, dass es zum Einsatz in Afghanistan angeblich keine vernünftige Alternative gebe ... Siehste, Muttilien, jetzt rächt sich das, dass wir vor 20 Jahren das »Deutschlandlied« als Hymne nehmen mussten und nicht die von Becher und Eisler. Denn da steht ja drin: »Lasst das Licht des Friedens scheinen, dass nie eine Mutter mehr ihren Sohn beweint.« Und das wäre schon eine vernünftige Alternative.

29. August 2009

Muttilein, ich habe ja gar nicht gewusst, wie schlimm das mit der Bankenkrise wirklich ist. Jetzt gibt's schon die Tafel für Banker. Glaub's nur, Muttilein! Nachdem der Ackermann auf seine Bonuszahlung verzichtet hatte, konnte er nicht mal seinen 60. Geburtstag richtig feiern. Eine menschliche Tragödie. Als die Kanzlerin davon gehört hatte, hat sie als Pfarrerstochter sofort ihr christliches Herz und das Kanzleramt geöffnet, hat den Josef angerufen und gesagt: »Ich bin das Brot, wer zu mir kommt, wird nicht mehr hungern.« Gut, Muttilein, wenn den Satz jetzt Bernd das Brot gesagt hätte, o.k., aber die Merkeln? Der Josef jedenfalls hat sich das nicht zweimal sagen lassen. Wenn die schon so dumm wie ein Brot ist, wird er sich gedacht haben, da gehe ich da auch hin. Am Telefon hat er dann noch bissel rumgebarmt, ob er vielleicht noch paar Bedürftige mitbringen könnte. Jetzt hätte ja Angela, die als sehr fußballbegeistert gilt, sagen können: »Elf Freunde müsst ihr sein.« Aber nein, sie wollte sich nicht lumpen lassen. Vielleicht hatte sie auch gerade »Ali Baba und die 40 Räuber« gelesen. Aber soviel Freunde hatte dann der Ackermann wohl doch nicht gehabt, denn er hat nur 30 Mitesser zusammengekriegt. Darunter so bedürftige Gestalten wie Josefs Freundin Maria, also die Frau Schaeffler. Die verbeißt sich ja in ihrer Not in alles, was sie zwischen die Zähne kriegt. Sogar Continentalreifen hat sie verschluckt. Die sind ihr überhaupt nicht bekommen. Und nun kotzt sie laufend ihre Mitarbeiter an. Mit Kurzarbeit ohne Lohnausgleich. Neben ihr saß der Vorstandsvorsitzende der Bayer AG. Auch ein ganz armes Schwein. Der kann sich sonst bloß von Pillen und Tabletten ernähren. Und die werden ja immer teurer. Da wollte der auch mal was Richtiges zwischen den Zähnen haben. Und dementsprechend wurde das Menü zusammengestellt. Als erster Gang wurde Filzsuppe serviert, danach gab es Mauschelsalat. Zum Hauptgang gequirlte Lobby an Schwarzwurzeln und als Nachtisch Creme de la Creme. Als ich dann las, dass auch der Präsident des Goetheinstitutes dabei war, musste ich an Weimarer Zeiten denken … Nee, nicht wegen Goethe und Schiller. Sondern wegen 1932. Damals hatte der Industrieclub in Düsseldorf eingeladen … Nein, Muttilein, nicht den Josef. Den Adolf. Statt Schwarzwurzel wurde damals Braunkohl aufgetischt. Das Essen endete dann in Nürnberg vorm Tribunal … Nee, ich vergleiche das nicht, Muttilein, ich sage bloß: Damals haben Bank und Wirtschaft noch die Politik finanziert. Heute lässt sich die Wirtschaft von der Politik aushalten. Und das Essen endete auch nicht vor einem Gericht, sondern zum Glück nur im Haushaltsausschuss. Und der gab Entwarnung. Weil nämlich auch Frank Elstner dabei war, wird das Essen jetzt verbucht als Beitrag unter »Verstehen Sie Spaß?«

5. September 2009

Muttilein, in dieser Woche mussten wir gleich von zwei Dingen Abschied nehmen. Von der Glühlampe und von Dieter Althaus. Dass Althaus keine große Leuchte ist, war bekannt. Als er aber bei der letzen Ablesung des Zählerstandes sogar noch 12 Prozent an Ausstrahlung verloren hatte, hat das bei der CDU einen Kurzschluss ausgelöst. Bei der Energiebeauftragten Vera Lengsfeld brannten sofort die Sicherungen durch, und sie forderte, dass man den Althaus vom Netz nehmen sollte. Vor Wut hat er sich dann aber gleich selbst aus der Fassung gedreht. Jetzt hat die Vera Lengsfeld plötzlich wieder den Schalter umgelegt und gesagt, sie hätte nie gefordert, dass man den Althaus vom Stromkreis nehmen sollte … Was sagste, Muttilein, warum die plötzlich einen Rückzieher gemacht hat? … Ja, wahrscheinlich hat sie Angst gekriegt, dass der Althaus sie zu einem Skiausflug einladen könnte. Zeit dafür hätte er ja jetzt. Jedenfalls ist nun in der Staatskanzlei in Erfurt im Kronleuchter Platz für neue Leuchten, also sagen wir mal Lampen. Der Matschie von der SPD hatte ja schon vorher gesagt, er lässt sich nicht mit Althaus zusammen in einen Kandelaber schrauben. Wobei der Stromabnehmer in Thüringen ja eigentlich einen Anbieterwechsel vorgenommen hat. Mehr zu Rotlicht hin. Aber das will die SPD nicht. Sie sagt, röter als die Haare von Matschie ist mit ihr nicht drin. Nun wird in Thüringen wahrscheinlich mit Schwarzlichtlampen weiter gefunzelt. Der Abschied von Althaus fällt also nicht weiter ins Gewicht. Zumal der auch leichter zu entsorgen ist. In irgendeinen Aufsichtsrat oder eine Stiftung. Bei der Glühlampe trifft uns der Abschied schon härter. Ihr Nachfolger, die Energiesparlampe, geht uns jetzt an die Gesundheit. Sagen die Ärzte. Früher war es doch so, Muttilein, wenn dir mal eine Glühlampe runtergefallen ist, dann haste Schaufel und Besen geholt, die Reste zusammengefegt und gut. Wenn jetzt so eine Sparlampe runterfällt, da muss das ganze Zimmer evakuiert werden. Wegen der Quecksilberdämpfe soll man 20 Minuten lüften. Und dann musst du die Trümmer zum Werkstoffhof bringen. Am besten im Schutzanzug. Nun stell dir mal vor, dir fällt beim Putzen der ganze Kronleuchter runter. Da atmest du so viel Quecksilber ein, da kannste im Nebenjob noch als Thermometer arbeiten ... Wo da jetzt die Verbesserung sein soll? ... Na ja, Muttilein, wenn du dann mit den Scherben zum Werkstoffhof unterwegs bist, da brauchst du ja zu Hause kein Licht. Und das spart dann die Energie.

26. September 2009

Muttilein, was keiner mehr geglaubt hat, ist doch noch eingetreten. Angela Merkel hat sich im Wahlkampf bewegt. Nach Pittsburgh. Zum G 20 Gipfel. Für sie sind Auslandseinsätze eben ganz wichtig. Daran wird die auch nach der Wahl festhalten. Hat sie ja schon gesagt ... Na klar, wird die wieder Kanzlerin. Da muss ich doch nicht erst den Sonntag abwarten, um das zu wissen. Das haben die Parteien doch jetzt schon unter sich ausgemacht. Na gugge doch, Muttilein: Die »Gemeinsam für unser Land«-Partei will nicht mehr mit der »Unser Land kann mehr«-Partei zusammenarbeiten. Eigentlich möchte sie lieber mit der »Deutschland kann es besser«-Partei koalieren. Da weiß man aber im Moment nicht, ob es reicht. Nun will aber die »Unser Land kann mehr«-Partei die »Deutschland kann es besser«-Partei« auf ihre Seite ziehen, was die aber schon abgelehnt hat, mit der Begründung »Deutschland kann es besser« ist unvereinbar mit »Unser Land kann mehr«. Jetzt könnte ja die »Unser Land kann mehr«-Partei noch die »Damit sich was ändert«-Partei fragen. Aber selbst wenn die sich grün wären, würde das noch nicht reichen, weil die »Damit sich was ändert«-Partei zwar mit der »Deutschland kann es besser«-Partei würden würde, aber die »Deutschland kann es besser«-Partei auf keinen Fall mit der »Unser Land kann mehr«-Partei. Jetzt bliebe ja noch die Variante, dass die »Deutschland kann mehr«-Partei und die »Damit sich was ändert«-Partei die »Reichtum für alle«-Partei fragen würde. Aber die fragen sie nicht. Weil soviel Veränderung will die »Damit sich was ändert«-Partei nun auch wieder nicht. Dabei würde die »Unser Land kann mehr«-Partei schon mehr wollen wollen, aber eben nicht Reichtum für alle. Und damit ist klar, Muttilein: Wenn es am Ende nicht für die »Gemeinsam für unser Land«-Partei und die »Deutschland kann es besser«-Partei reicht, dann muss die »Gemeinsam für unser Land«-Partei eben wieder mit der »Unser Land kann mehr«-Partei zusammenarbeiten. Und dann ist nach der Wahl wieder wie vor der Wahl. Dann kriegt die Merkel ihre nächste Periode ... Was sagste? Wozu wir dann eigentlich noch wählen gehen? ... Na, Muttilein, damit das Fernsehen was zu senden hat. Obwohl, Programmänderungen sind ja nichts Ungewöhnliches. Gugge mal, als eigentlich das TV-Duell gesendet werden sollte, lief ja dann an der Stelle der Film »Friedhof der Kuscheltiere.« Und die Leute haben trotzdem geguckt. Da könnten sie anstatt der Wahl am Sonntag auch gleich den Film zeigen: »Betrogen bis zum Jüngsten Tag«.

24. Oktober 2009

Muttilein, was kramste denn die ganze Zeit in dem Schrank rum? ... Was suchste? ... Unsere Impfausweise? ... Warum denn das? ... Ach, weil am Montag die Impfung gegen die Schweinegrippe losgeht? ... Sage mal, jetzt haben die dich wohl auch schon angesteckt mit der Hysterie? Selbst die Experten sagen, dass das Blödsinn ist. Und der geht schon beim Namen los: Schweinegrippe. Bisher hat noch kein Schwein die Grippe gehabt. Deshalb ist doch die Pharmaindustrie so sauer. Den ganzen Tag dudelt da der Betriebsfunk das Lied:

»Kein Schwein steckt sich an.
Keine Sau infiziert sich für mich,
unsre Produktion, ach, es ist ein Hohn,
bringt uns keinen Lohn.«

Deshalb wollen sie das Zeug jetzt in die Menschen jagen. Ich sage dir, Muttilein, jede Spritze ist bloß eine Finanzspritze für die Pharmaindustrie. Der Impfstoff soll ja gefährlicher sein als die ganze Grippe selber. Wegen der Nebenwirkungen. Die Amerikaner haben das nämlich schon mal versucht und dann gleich wieder aufgehört damit, weil das bei den Leuten zu abnormen Reaktionen geführt hat. Zum Beispiel zu Bewusstseinstrübungen. Die Geimpften haben Sachen gesehen, die gab es gar nicht. Die tragischsten Fälle waren ja Donald Rumsfeld und Colin Powell, die haben im Irak plötzlich mobile Bio-Waffen-Labore gesehen. Dabei waren es bloß einfache Lkw. Wie das geendet hat, ist ja bekannt. Für den Irak im Krieg und für Saddam Hussein am Strick. Und der Impfstoff, den sie jetzt bei uns haben, der ist nach dem gleichen Strickmuster gebaut. Wer weiß, Muttilein, was du dann alles siehst? Dann rennst du vielleicht nachts schreiend durchs Haus: »Hilfe, Hilfe, die Aliens kommen!« Dabei ist es bloß unsere Katze … Nee, Muttilein, mich kriegen die nicht an die Nadel. Vielleicht ist die ganze Impferei sogar nur eine gezielte Kampagne, um uns auch das Bewusstsein zu trüben? Damit wir nicht mehr mitkriegen, was mit uns eigentlich passiert. Na gugge doch! Was hat der Westerwelle vor der Wahl immer gesagt? Der Bürger soll mehr Netto vom Brutto haben. Und was machen se jetzt? Die Pflegeversicherung soll teurer werden, sagt die Pieper, von der Pkw-Maut ist auch schon die

Rede. Sogar Müll und Abwasser sollen besteuert werden. Durch unsere Klospülung will der Staat mehr Einnahmen machen, verstehste?! Deshalb tun die in den Impfstoff, den wir kriegen sollen, auch noch die Verstärker rein, die dann Nebenwirkungen hervorrufen wie: Atemnot – damit wir schön das Maul halten, oder: Verstärkter Urindrang und chronischer Durchfall – damit wir schön oft die Klospülung betätigen, wegen der Mehrwertsteuer. In dem Impfstoff, den die Regierung kriegt, sind die Verstärker nämlich nicht drin. Und mal ehrlich, Muttilein, um sich selber zu bescheißen, muss man sich nicht extra impfen lassen. Da reicht schon, dass man wählen war.

31. Oktober 2009

Na, Muttilein, das nenne ich Timing! Pünktlich zum Reformationstag haben wir eine neue Regierung. Pfarrer Luther hat uns damals seine Thesen an die Kirchentür angeschlagen, und Pfarrerstochter Merkel hat den Koalitionsvertrag auf den Tisch gelegt. Ob der anschlägt, das bezweifeln ja schon viele. Bei Luther waren es immerhin 95 Thesen. Der Koalitionsvertrag besteht im Prinzip nur aus einer: Finanzierungsvorbehalt. Das heißt so viel wie: Wenn kein Geld im Fiskus klingt, das Wahlversprechen in den Papierkorb springt. Aber so was darf man ja nicht so laut sagen, da wird der Westerwelle fuchsteufelswild. Er hat gesagt, wer an dem Koalitionsvertrag rummäkelt, sei »hirnverbrannt«. Aus seiner Sicht hat der Koalitionsvertrag nämlich schon ein bedeutendes Ergebnis gebracht. Drei Minuten nach der Unterschrift sagen Horst Seehofer und der Guido »Du« zueinander. Horst Seehofer hat jetzt nicht nur eine Freundin in Berlin, sondern auch einen Freund.

Und mit dem ergänzt er sich gut. Während der Guido Englisch nicht so mag, soll Horst Seehofer Französisch gut leiden können. Und zur Feier des Tages ist dann Angie mit ihrer Truppe eine Runde Karussell gefahren. Ministerkarussell. Danach war dann der alte Verteidigungsminister der neue Arbeitsminister, der alte Wirtschaftsminister der neue Verteidigungsminister, der alte Kanzleramtsminister der neue Innenminister und der alte Innenminister der neue Finanzminister. Da musste aber Schäuble von heute auf morgen ganz schnell umdenken. Nicht mehr abhören, sondern abkassieren. Aber als Finanzminister brauchte die Merkel eben einen, der sitzen kann. Auf den ganzen Schulden. Auf der anderen Seite muss er aber auch nach außen den Anschein erwecken, dass der Rubel rollt. Da ist doch Schäuble ideal. Sitzen und rollen. Auch für den Guttenberg. Als ehemaliger Wirtschaftsminister weiß der, dass Deutschland Zugang zu den Märkten und Rohstoffquellen in aller Welt braucht. Als neuer Verteidigungsminister jammert ihm die Bundeswehr die Hucke voll, dass sie schlecht ausgerüstet wäre. Nun, kann der neue Verteidigungsminister zum neuen Finanzminister gehen, der ja als alter Parteivorsitzender mal gute Kontakte zum Waffenhändler Schreiber hatte. Da kann der vielleicht günstig neue Waffen besorgen. Und hinterher hat der Schäuble dann vielleicht sogar wieder hunderttausend Euro in der Schublade … Ja, Muttilein, das hat der doch bis heute nie richtig aufgeklärt. Aber mit seiner Ministerurkunde hat ihm die Merkeln sozusagen nun einen Ablassbrief verkauft. Und da sind wir wieder bei der Reformation, Muttilein. Der Luther sagt nämlich in These 32: »Wer glaubt, durch einen Ablassbrief seines Heils gewiss sein zu können, wird auf ewig mit seinen Lehrmeistern verdammt werden.«

14. November 2009

Muttilein, da hat man nun gedacht, man hat den ganzen Rummel um den Mauerfall hinter sich. Alle lagen sich in den Armen. Den ganzen Tag wurde im Fernsehen bewiesen, dass das Bildungssystem in der DDR doch nicht so gut gewesen sein kann, wie man dachte. Der DDR-Bürger Schabowski wurde immer wieder vorgeführt, wie er nicht mal einen einfachen Zettel ordentlich ablesen konnte. Bei dem Gestammel ging nicht nur manchem Deutschlehrer der Hut hoch, sondern auch der Schlagbaum an der Grenze. An sämtlichen deutschen Schulen ehrte man Schabowski seither durch Leseleistungen, die uns im PISA-Vergleich knapp vor dem Bermuda-Dreieck platzierten. Deshalb dankte Angela Merkel am 9. November lieber gleich Leuten wie Lech Walesa, Miklos Nemeth und Gorbatschow, die gar kein Deutsch können ... Nein, Muttilein, Schabowski hat sie nicht gedankt. Auf den ist sie sauer, weil er ihr damals den Saunaaufenthalt versaut hat. Hat sie selber gesagt: »Als die Mauer fiel, war ich gerade in der Sauna.« Deshalb geht ihr der Mauerfall bis heute sau nah. Das betont sie immer wieder. Und während die in Berlin dann symbolisch noch mal die Mauer umgeschubst haben, wird im Harz schon wieder klammheimlich eine neue aufgebaut. Zwischen Ostharz und Westharz. Die streiten sich zur Zeit darüber, wer nun Oberharz und Unterharz ist. Obwohl die Gemeinde Oberharz im Westen seit 1972 eine Samtgemeinde ist, fasst sie die neue »Stadt Oberharz am Brocken« im Osten nicht gerade mit Samthandschuhen an, sondern wirft ihr den Fehdehandschuh vor die Füße. Die dürfte nicht »Oberharz« heißen, denn mit Sorge und Elend, die nach der Gebietsreform dazu gehören, will im Westen niemand in Verbindung gebracht werden. Das versaut den Tourismus. Und nun wird an der Harzgrenze scharf geschossen. Vorerst nur mit Worten. Aber wenn das so weiter geht, werden wohl bald die Alliierten wieder eingreifen müssen ... Wie das gehen soll, Muttilein? ... So wie früher. Der ganze Harz wird in vier Besatzungszonen eingeteilt: Harz I bis IV. Harz I-III wird von Clausthal-Zellerfeld aus regiert, Harz IV von Sorge und Elend. Als nächstes wird eine Währungsreform durchgeführt. In Harz I bis III gilt der Clausthaler, Harz IV zahlt mit Brockensplittern. Dann wird die »Teufelsmauer« von Blankenburg aus um den ganzen Harz herum verlängert. Als Termin der Fertigstellung soll der 13. August 2010 ins Auge gehen ... äh, gefasst werden. Das Problem ist bloß, ob dann Schabowski am 9. November 2038 noch da ist, um die mit einem Zettel wieder einzureißen. Gut, im Notfall könnte dann immer noch Johannes Heesters einspringen. Und in die Geschichtsbücher werden die Vorgänge im Harz einmal eingehen als das, was sie schon heute sind: Harzer Käse.

12. Dezember 2009

Ja, Muttilein, jetzt haben die Nobelpreise ihre neuen Träger gefunden. Bloß bei Obama, da fiel der Jubel etwas träger aus. Viele fragen sich: Musste denn das sein? Der hat doch noch gar nichts gemacht. Nur geredet. Aber für Rhetorik gibt es eben keinen Nobelpreis. Und in den anderen Kategorien konnte er auch nicht nominiert werden. Ein Buch hat er noch nicht geschrieben, sondern sich höchstens in Gästebücher eingetragen. Fiel also der Literatur-Nobelpreis schon mal flach. Den Preis für Physik gab es für irgendwelche Zellen, die besonders lichtdurchlässig sind.

Und Obama hat ja noch nicht mal Licht in die Zellen von Guantanamo gebracht. In der Medizin hätte er auch keine Chance gehabt. Da gab es den Preis für die Entdeckung des Unsterblichkeitsenzyms. Da fragt man sich auch, ob da nicht Johannes Heesters der bessere Preisträger gewesen wäre mit seinem Knoblauchschnaps, den er täglich trinkt? Blieb also bloß noch der Preis für den Frieden übrig. Weil, da hat der Nobel nämlich gesagt, dass diesen Preis der kriegen soll, »… der am besten auf die Verminderung stehender Heere hingewirkt« hat. Und das hat Obama gemacht. Er vermindert sein Heer, das in Amerika steht, noch mal um 30 000 Soldaten. Die schickt er nach Afghanistan. Und damit ist laut Nobelpreiskomitee das Kriterium erfüllt. Im Gegensatz zu Mahatma Gandhi. Der hat ja den Friedensnobelpreis nie gekriegt, weil er eben für den gewaltlosen Widerstand war und deshalb auch nie ein Heer reduzieren konnte. Der Obama hat ja den Preis sozusagen als Vorschusslorbeer gekriegt. So wurde es gesagt. Das ist so, wie wenn sie in der Fußball-Bundesliga am ersten Spieltag die Meisterschale schon an Bayern München übergeben. In der Hoffnung, dass die auch Meister werden. Was sagste, Muttilein? … Und wenn nicht? … Dann wandert die Schale eben an eine andere Mannschaft. Gut, darin unterscheidet sich allerdings der Friedensnobelpreis. Der kann nicht wieder aberkannt werden. Was sagste, Muttilein? … Und wenn's nun doch nicht den Richtigen getroffen hat? … Deshalb sagt man ja auch vorsichtshalber: der Preis wurde vergeben. Was nur eine andere Formulierung ist von vertan. Denn wenn der Obama sich weiter weigert, das Verbot von Landminen zu unterschreiben – und heute lese ich gerade, dass er auch ein Abkommen über Kontrollen bei Bio-Waffen ablehnt –, dann kommt er mit seiner Politik dem ollen

Busch immer näher ... Nee, nicht George Bush. Wilhelm Busch. Denn der hat die Preisvergabe völlig richtig eingeschätzt, als er schrieb:

»Und trotzt getrost der ganzen Welt
Bewaffnet doch als Friedensheld.«

Das Jahr 2010

... unterscheidet sich vom Jahr 2009 dahingehend, dass Angela Merkel ihm in ihrer Neujahrsansprache keinen Beinamen verliehen hat. Wir erinnern uns: 2009 sah Angela Merkel als das Jahr der schlechten Nachrichten kommen. Und sie hatte recht. Sie ist wieder Kanzlerin geworden. Zum Jahr 2010 hat sie vorab lieber gar nichts gesagt. Das ließ das Schlimmste befürchten. In Sachsen-Anhalt z. B. hat sich kaum einer getraut, seinem Nachbarn einen »Guten Rutsch!« zu wünschen. War doch schon 2009 der halbe Ort Nachterstedt in die Erde gerutscht. Sollte 2010 die andere Hälfte etwa noch hinterher? Deshalb haben am Silvesterabend viele einfach nur »Prost!« gesagt. Das ließ alles offen, sowohl »Prost Neujahr!« als auch »Prost Mahlzeit!« Wobei die letztere Variante wahrscheinlich die wahrscheinlichere sein wird.

23. Januar 2010

Muttilein, haste das schon gelesen? ... Unsere Bundesregierung hat endlich was Greifbares für alle beschlossen. Die Koalition nennt sich ab sofort nicht mehr »schwarz-gelb«, sondern »christlich-liberal« ... Warum sie das gemacht haben? … Na, Muttilein, das kennste doch aus den Krimis: Wenn Leute was auf dem Kerbholz haben, dann tauchen die erst mal ab, und wenn sie wieder auftauchen, haben sie einen neuen Namen, weil sie denken, so kommt man ihnen weniger auf die Schliche. Die Mafia nennt sich dann nicht mehr Mafia, sondern »Freunde der Italienischen Oper«, oder die RAF-Terroristin Susanne Albrecht hieß dann Ingrid Jäger, die Inge Viett war dann Schnell. Und so macht es die Regierung jetzt auch. Als Biene Maja, also schwarz-gelb, ist sie abgetaucht, und nun taucht sie als Maria Magdalena wieder auf. Also christlich-liberal. Und wenn jetzt behauptet wird, die schwarz-gelbe Koalition wäre bestechlich, dann sagen die einfach: Wer ist hier schwarz-gelb? Wir sind christlich-liberal! Was natürlich auch wieder nicht stimmt. Wenn Parteien überhaupt was sind, dann gierig. Und das kolossal. Immerhin ist ja durch unsere neue Bundesregierung herausgekommen, was in Deutschland ein Gesetz kostet. Nicht etwa Zeit, Mühe und Überlegung. Nee, schlicht und einfach 1,1 Million Euro. Damit hat sich die Hotelbranche bei der FDP die Senkung der Mehrwertsteuer für ihr Gewerbe erspendet. Wie sagt schon das Sprichwort: »Wenn man dem Kutscher schenkt, so läuft der Gaul.« Und wo sitzt denn der Kutscher, Muttilein? »Hoch auf dem gelben Wagen.« Das ist doch die bekannte FDP-Hymne, die der Walter Scheel sogar öffentlich geträllert hat. Und wer den gelben Wagen »gut schmert, der gut fährt«. Da kann sich der Westerwelle zehnmal hinstellen und sagen: »Wie groß muss die Verzweiflung bei der SPD sein, dass sie solche absurden Vorwürfe erhebt.« Da kannste bloß antworten: Wie groß muss die Dummheit bei denen sein, die solchen Worten noch glauben. Spenden für Parteien sind doch im Prinzip nichts anderes als Doping für den Sport. Man verschafft sich Vorteile gegenüber anderen. Und Doping kriegt auch keiner in den Griff. Bloß im Sport sind wir da schon einen Schritt weiter. Da darf der, der am meisten spendet, auch gleich seinen Namen außen dran schreiben. Muttilein, denke nur mal an das Stadion vom FC Bayern: »Allianz-Arena«. Oder in Wolfsburg: »VW-Arena«. Ich sage dir, Muttilein, es ist nur noch eine Frage der Zeit, da steht auch über dem Kanzleramt »Mövenpick«. Inzwischen sind ja auch schon die ersten Fragen beim Sender Jerewan eingegangen: »Kann es sein, dass in Deutschland zur Zeit Zustände herrschen wie in einer Bananenrepublik?« Antwort: »Im Prinzip ja. Aber dafür sind die Menschen 1989 extra auf die Straße gegangen. Für mehr Bananen in der Republik.«

30. Januar 2010

Muttilein, also das verstehe, wer will ... Was? ... Na, das mit dem Afghanistan. Da machen sie große Konferenzen und reden davon, dass sie die Soldaten zurückholen wollen, aber auf der anderen Seite wollen sie erst mal noch mehr hinschicken? Was ist denn das für Blödsinn? Das ist ja so, wie wenn ein Alkoholkranker sich entschlossen hat, eine Entziehungskur zu machen, aber am Abend, bevor er in die Klinik geht, macht er noch mal Komasaufen. Und das nennen die neue Strategie? Ich weiß ja nicht. Da setzt sich der Innenminister de Maizière ins Frühstücksfernsehen und wird gefragt, was denn das Neue an der Strategie sei. Weißte, was er geantwortet hat? »Wir haben jetzt ein Ziel.« ... Dümmer geht's nimmer. Acht Jahre lang rumpeln da Soldaten durch den Hindukusch, kommen im Zinksarg heim; und jetzt stellt sich raus, die hatten bisher gar kein Ziel. Mal abgesehen von einem Tankwagen. Und nun besteht das Ziel plötzlich darin, die Afghanen Afghanen sein zu lassen. Das passt voll in die närrische Zeit. »Wolle mor se sei lasse?« Und dann Abzug der Truppen mit dem Narhalla-Marsch. Ja, Muttilein, so ungefähr musste dir die Afghanistan-Konferenz vorstellen. Wie eine Elferratssitzung. Jeder steigt in die Bütt und macht einen Vorschlag. Die Merkel schlägt vor, mehr afghanische Polizisten auszubilden. Das Dumme ist nur, wenn die ausgebildet sind, laufen die samt ihren Waffen zu den Taliban über, weil die mehr bezahlen als der Karsai. Um das zu verhindern, schlägt Westerwelle ein Aussteigerprogramm für Taliban vor ... Was sagste, Muttilein? ... Was die dann machen sollen? ... Guido meint, man könnte z.B. die Erfahrungen unserer ARGE nutzen. ARGE heißt dann soviel wie Afghanen-Rabotten-Gegen-Entgeld ... Hm? ... Außer Mohn- und Opiumproduktion ist da nicht viel los ... Na ja, beispielsweise könnten die Selbstmordattentäter mit ihren Sprengstoffgürteln als Leiharbeiter zum Tunnelbau nach Leipzig und Magdeburg geschickt werden. Wer aber 18 Monate lang nichts gesprengt hat, erhält dann automatisch Hindukusch-IV. Das gilt allerdings nur für die, die nicht in der Al Khaida waren. Um das zu überprüfen, könnten die Erfahrungen der Birthlerbehörde, dann KUNDUS-Behörde, sprich: Kommission-Unter-Nutzung-Deutscher-Untersuchungs-Sitten, genutzt werden. Aber davor warnt nun wieder der Guttenberg. Er hat gesagt: »Afghanistan soll keine Demokratie nach westlichem Vorbild werden.« ... Warum? ... Na, Muttilein, stell dir doch mal vor, die Afghanen wählen dann ganz demokratisch den bin Laden. Dann müsste die ganze europäische Politik sagen: Bin gescheitert.

13. Februar 2010

Muttilein, ein Gespenst geht um in Deutschland. Guido Westerwelle hat es schon gesehen ... Nee, Muttilein, nicht als er in den Spiegel geguckt hat. Es war eine andere Zeitung. In der »Welt« geht das Gespenst um. Das Gespenst des Sozialismus. Sagt Guido. Seit das Verfassungsgericht die Hartz-IV-Sätze als verfassungswidrig bezeichnet hat, würde »dem Volk anstrengungsloser Wohlstand versprochen«. Und das lädt laut Guido zu »spätrömischer Dekadenz« ein ... Was man sich darunter vorstellen muss? ... Muttilein, im alten Rom haben die Frauen plötzlich angefangen, in der Milch von 500 Eseln zu baden. Und das sieht jetzt der Westerwelle richtig vor sich, wie sich die Hartz-IV-Empfängerinnen in Eselsmilch suhlen; und die Männer dazu wie Nero auf der Harfe klimpern. Um das zu verhindern hat die Musikschule in Magdeburg schon mal die Unterrichtsgebühren erhöht. Harfe kostet jetzt nicht mehr 816 Euro pro Jahr, sondern 858 Euro. Ich weiß gar nicht, was die Panik soll! Es ist doch noch gar nicht raus, dass nach dem Karlsruher Urteil die Hartzis mehr Geld kriegen. Die Richter haben doch bloß gesagt, dass die Regierung die Sätze plausibler berechnen muss, weil sie dabei geschlampt hat. Kinder wurden als »kleine Erwachsene« behandelt, da waren im Berechnungssatz eben auch Beträge für Tabak und Alkohol drin. Die müssen jetzt raus. Bei den großen Erwachsenen dagegen sind auch Abschläge für Pelzmäntel, Segelflugzeuge und Sportboote enthalten. Die müssen auch raus ... Nicht aus dem Wasser, Muttilein, aus der Berechnung. Ich meine, dass Hartzis schon mal in die Luft gehen, habe ich auch gehört. Aber dafür brauchen die doch kein Segelflugzeug. Das kann also auch gestrichen werden.

Auch bei den Verpflegungskosten ist bisher zuviel über den Daumen gepeilt worden. Dabei liegt ja seit längerem ein detaillierter Hartz-IV-Speiseplan vor. Thilo Sarrazin hat den errechnet: 4,25 Euro pro Tag müssen es nicht sein. 3,76 Euro reichen auch … Was sagste, Muttilein? … Mit den von Sarrazin als ausreichend befundenen 1550 Kalorien täglich kommt es dann selbst bei den untätigsten Arbeitslosen nach vier Wochen zur Unterernährung. Die könnten sich dann nicht mal mehr bis zum Jobcenter schleppen … Wer sagt das? … Die Ärzte ohne Grenzen? … Aha … Na, Muttilein, vielleicht ist das ja gerade die Absicht! Wer sich nämlich nicht regelmäßig meldet, bekommt die Bezüge ganz gestrichen. Das spart dem Staat Geld. Noch effektiver wäre in dieser Hinsicht ja dann die Ernährung nach der Woyzeck-Methode. Muttilein, die kannste bei Georg Büchner nachlesen. Bei der Woyzeck-Methode ernährt man sich ausschließlich von Erbsen. Die gibt es erstens schon ab 49 Cent; und zweitens verändert diese Ernährungsmethode die Psyche derartig, dass man am Ende seine Frau umbringt, was wiederum die Zahl der Hartz-IV-Empfänger halbieren würde. Im Prinzip muss der Westerwelle gar keine Angst haben. Auch wenn die alten Regelungen gegen das Grundgesetz sprechen, müssen es die neuen noch lange nicht für die Betroffenen tun.

10. April 2010

Muttilein, jetzt geht's aber mit Riesenschritten auf den 20. Jahrestag der Deutschen Einheit zu. »Wir wollen sein ein einig Volk von Brüdern.« So heißt das ja in dem berühmten Rüttel-Schwur … Ja, Muttilein, das weiß ich auch, dass der eigentlich »Rütli-Schwur« heißt. Ich sage aber ganz bewusst Rüttel-Schwur, weil immer wieder daran gerüttelt wird ... Nee, Muttilein, nicht an dem Schwur, an der Einheit. Ich hab's doch im Fernsehen grade wieder gesehen. In Baden-Württemberg wurde eine Frau bei der Jobsuche abgelehnt, weil sie aus dem Osten kam. Die hat das sogar schwarz auf weiß. Auf ihrem Lebenslauf hatte der Unternehmer ein Minuszeichen an den Rand geschrieben und dahinter »Ossi«. Früher hätten sie bei so was Neger dahinter geschrieben. »Nee, nee«, das würde nicht stimmen, hat der Unternehmer gesagt, es hätte noch andere Gründe für die Nichteinstellung gegeben ... Welche? ... Na, Muttilein, vielleicht weil sie eine Frau ist? Ossi und Frau, das wäre dann wie Neger und AIDS. Das ist doppelt tödlich auf dem Arbeitsmarkt. Nun kommt die Sache in der nächsten Woche erst mal vor den Kadi, weil die Frau geklagt hat. Nach unserm Antidiskriminierungsgesetz darf nämlich niemand aufgrund seiner »Rasse oder wegen seiner ethnischen Herkunft benachteiligt werden« ... Was sagste? ... Deshalb darf ja beispielsweise in Deutschland auch seit 1945 auf keiner Bank mehr stehen »Nur für Arier«. ... Ja, Muttilein, aber auf der deutschen Werkbank darf offensichtlich draufstehen: »Nur für Wessis« – oder wie? Jedenfalls soll nun das jüngste Gerücht ..., äh, Gericht entscheiden, ob das Gesetz auch für Ossis gilt. Das mit der eignen Ethnie ... Ethnie, Muttilein, so nennt man »eine Gruppe mit gemeinsamer Abstammung, Sitten und Gebräuchen«. Die Richter müssen herausfinden, ob Ossis wie Wessis sind, oder doch eher ein eigener Volksstamm ... Was sagste, Muttilein? ... So wie die Pygmäen? ... Ja, so ähnlich. Ich glaube, da haben wir keine guten Karten. Na gugge doch mal, gemeinsame Abstammung ist schon mal nicht. Der Wessi stammt nämlich mehr so vom Neandertaler ab. Also, Großraum Düsseldorf. Der Ossi dagegen stammt eher vom Elbtaler ab. Großraum Dresden ... Genau, Muttilein, aus dem Tal der Ahnungslosen! Deshalb hatte doch der Elbtaler auch jahrelang keine Ahnung, was im Neandertal so abging. Deshalb hatten die Elbtaler auch ganz andere Sitten und Gebräuche. Die kleinen Elbtaler banden sich z.B. alle rote oder blaue Tücher um den Hals, während der Neandertaler gerne in Ringelsöckchen und Nietenhosen rumlief. Wenn ein Neandertaler mal einen Elbtaler besuchte, brachte er ihm bunte Glasperlen mit. Und der Elbtaler hat sich ein Bein ausgefreut. Dafür nahm dann der Neandertaler Meißner Porzellan mit, Musikinstrumente, Bücher ... So wird bei den Pygmäen heute noch getauscht. Und die sind ja eine eigene Ethnie. Haste selber gesagt, Muttilein! Auch in der Sprache gab es enorme Unterschiede. Die Neandertaler riefen immer »Yeah, Yeah, Yeah«, während die Elbtaler mit »Hoch-Hoch-Hoch«-Rufen ihre Stammesfürsten umtanzten. Die Ernährung konnte unterschiedlicher auch nicht sein. Während der Elbtaler sich noch von Russisch-Brot ernährte, hat der Neandertaler schon Hamburger gefressen. Also, ich bin gespannt auf das Urteil. Warum? ... Na, Muttilein, davon hängt schließlich ab, ob wir uns weiter neue Bundesländer nennen dürfen oder umbenannt werden müssen in Deutsch-Ostafrika.

24. *April* 2010

(per Telefon) Hallo, Muttilein ... Ich bin hier noch in Mainz ... Nee, ich sitze nicht fest, wegen des Vulkans. Ich laufe gerade in den Dom rüber. Mir ist nämlich heute früh schon der Erlöser erschienen. In der Zeitung. Großes Bild von Bischof Mixa, und drüber stand: »Er hat die Kirche

erlöst.« Na ja, Muttilein, weil er seinen Rücktritt angeboten hat. Wegen der Kinder. Die haben doch früher, als der noch Pfarrer war, von ihm nicht nur den Segen empfangen, sondern auch Ohrfeigen. Und das gab blaue Flecke. Eine befleckte Empfängnis sozusagen. Wo doch die Kirche immer so auf die unbefleckte Empfängnis pocht ... Na, Muttilein, in der Kirche wird doch alles vom Heiligen Geist gemacht. Aber bei dem Mixa hat ein Geist nicht ausgereicht. Deshalb mussten bei ihm gleich zwei heilige Geister nachhelfen: Erzbischof Marx und Erzbischof Zollitzsch. Die haben Mixa dann befruchtet, und nun steht er kurz vor der Entbindung. Er hat die zuständige Hebamme, also den Papst, gebeten, ihn zu entbinden. Von seinem Amt. Wenn der Name Mixa fällt, sehen zur Zeit alle rot. Auch die Claudia von den »Grünen«. Die hat gesagt: »Ein Geistlicher, der prügelt, lügt und Gelder für Waisenkinder zweckentfremdet, hat auf einem Bischofssitz nichts zu suchen.« Obwohl, Muttilein, prügeln, lügen und Geld zweckentfremden, das ist ja für die Kirche nichts ungewöhnliches. Ich sage nur: Inquisition, behaupten, dass die Erde eine Scheibe sei und Ablasshandel. Wobei man ja die Kirchen unterscheiden muss! Wir haben ja zwei große Kirchen. Die katholische und die evangelische ... Muttilein, die kann man ganz leicht auseinanderhalten. Die katholische Kirche ist die mit den Missbrauchsfällen, die evangelische ist die – wo es noch nicht rausgekommen ist. Aber um noch mal auf die Claudia Roth zurückzukommen: Wenn alle, die anderen Gewalt antun, Unwahrheiten verbreiten und Geld verplempern, ihrer Ämter enthoben werden sollten, dann hätten wir bald gar keine Regierung mehr. Zum Beispiel der Guttenberg! Der muss sich ja gerade wegen schwindelerregender Äußerungen vor dem Untersuchungsausschuss verteidigen. Deshalb heißt er auch Verteidigungsminister. Obwohl er eigentlich Kriegsminister ist. Da haben sie uns acht Jahre lang in die Tasche gelogen, dass das in Afghanistan nur »Brunnenbau« wäre, »Friedensmission«, »Stabilisierungseinsatz« oder »Putz- und Flickstunde« im Wüstensand … Nachdem nun aber immer mehr Landeskinder in den Brunnen hineingefallen sind, können sie plötzlich nicht genug kriegen vom Krieg. Bei Struck wurde nur unsere Freiheit am Hindukusch verteidigt, laut Frau Merkel inzwischen schon unsere ganze Demokratie. Eine schöne Demokratie! Eigentlich bedeutet das Wort ja Volksherrschaft. Aber 70 Prozent des Volkes sind gegen den Krieg. Nur die Herrschaft ist noch dafür. Das unterscheidet unsere Regierung eben von diesem isländischen Vulkan. Wenn der den Schlund aufreißt, weiß man schon vorher, was da rauskommt, ist Asche. Und die hat in ein paar Stunden das geschafft, was immer den Muslimen unterstellt wird. Die westliche Zivilisation in die Knie zu zwingen. Und deshalb lautet die Erkenntnis der Woche: »Viel schlimmer als manch Ayatollah ist für uns doch der Eyjafjallah.«

5. Juni 2010

Muttilein, das war knapp. Nachdem die Vogel- und die Schweinegrippe Deutschland gemieden hatten, standen wir kurz davor, doch noch von einer Epidemie hingerafft zu werden. Dem Lena-Fieber. Sondermeldungen im Radio, Sondersendungen im Fernsehen, Sondermüll in den Zeitungen. Muttilein, da wurde ja schon davon geredet, Niedersachsen umzubenennen in Landrut. Mit Lena-City als Hauptstadt. Und das alles bloß, weil eine Neunzehnjährige in Oslo gesungen hat, ich zitiere wörtlich: »Ich habe neue Unterwäsche gekauft, blau ... Ich habe mir sogar die Zehennägel für dich lackiert.« Zitat Ende. In vier Tönen umkreiste diese Botschaft dann wie ein Satellit unsere Gehirne und hat zu einem nationalen Blackout geführt. In dieser Dunkelheit hat man dann den Horst Köhler vor die Kameras treten lassen, weil man hoffte, im Rummel um den Auftritt von Lena würde sein Abtritt völlig untergehen ... Ja, sicher Muttilein! Gugge doch mal, alle rätseln sie jetzt rum: Warum hat der Mann das gemacht? Er hat doch nur die Wahrheit gesagt, dass unsere Soldaten die Aufgabe haben »ungehinderten Zugang zu Märkten und Rohstoffquellen in aller Welt zu sichern«. So steht das doch auch drin in der militärpolitischen Richtlinie der Bundeswehr. Jeder kann das nachlesen. Wenn er will. Das war ja auch nicht der Grund. Der Horst wurde reingelegt. Erinnere dich doch mal, Muttilein, wie das war! Der Köhler stand vor der Kamera und las von einem Papier ab. Immer wieder stockte er und guckte ganz entgeistert auf den Zettel, als wollte er es selbst nicht glauben, aber er las tapfer weiter: »Ich muss dir sagen, ... ich, oh, ich kann keine Minute mehr ohne deine Liebe sein. Ich würde hinunter in die Nacht fallen.« ... Muttilein, das ist der Text, der rauskommt, wenn du das Lied von der Lena mal übersetzt. Die haben dem Horst einfach den falschen Zettel untergeschoben ... Wer? ... Na, zuerst habe ich ja auf Stefan Raab getippt. Aber mittlerweile wissen wir: Es ist nicht der Raab. Es war der Wulff. Muttilein, glaub mir's! Das war ein Komplott gegen den Köhler. Das Lena-Komplott. Überleg doch mal, wer stand denn stundenlang in Hannover am Flughafen rum, um die Lena zu empfangen: Der Wulff! Und durch die Blume hat er ihr gesagt: »Schönen Gruß von der Kanzlerin.« Und nun hat die Kanzlerin ganz unverblümt gesagt: »Wenn er will, dann wird er es.« Und der Wulff wollte den Posten von dem Köhler ... Was heißt, da haben die anderen auch noch ein Wort mitzureden? ... Wer denn? Gabriel und Gysi können als Rotkäppchen gegen den Wulff gar nichts machen. Und selbst der grüne Förster Trittin kann ihn nicht aus dem Bett der Großmutter schubsen, weil da noch der Guido mit drin liegt. Und diese Koalition ist es, die jetzt mit dem Wulff tanzt. Tja, Muttilein, nun hat Schloss Bellevue ausgedient als »Köhlerhütte«. Ab 30. Juni heißt es dann wahrscheinlich »Wulffsschanze«.

10. Juli 2010

Muttilein, erinnere dich mal, was ich dir vor vier Wochen gesagt habe. Die ganze Fußballweltmeisterschaft wird wieder bloß ein großes Ablenkungsmanöver, damit die uns still und heimlich zur Ader lassen können. Die Stimmviehrudel wurden auf öffentlichen Plätzen zusammengetrieben, um sie besser auf den Schlachthof führen zu können. »Public viewing« nennt sich das. Aber da geht's doch schon los, Muttilein! Die Wenigsten wissen doch, dass »Public viewing« eigentlich »öffentliche Aufbahrung von Toten« bedeutet. Und genauso ist es doch, Muttilein! Alle glotzen wie versteinert auf Riesenleinwände, ob dem Schweinsteiger beim Bolzen ein Schuss gerät. Und im Endeffekt hatte das die gleiche Wirkung wie ein Bolzenschussgerät, mit dem jedes arme Schwein betäubt wird, bevor man es bluten lässt ... Was sagste? ... Es waren nicht alle zur öffentlichen Aufbahrung ... Nee, Muttilein, der Rest war zu Hause an die Glotze gefesselt. Das war dann sozusagen Hausschlachtung. Aber der Effekt ist doch derselbe. Die Leiterin vom Schlachthof, also was in dem Falle die

Merkeln ist … Was sagste, Muttilein? … Ich kann unsere Regierung nicht als Schlächter hinstellen … Muttilein, ich stelle die nicht hin, ich stelle nur fest, was bei der letzten Umfrage herauskam. Unsere Regierung wurde da als schlechter bezeichnet. Jedenfalls ist die Merkel extra nach Südafrika geflogen, um sich vor Ort zu überzeugen, dass auch alles so löwt, wie geplant … Klar hängt der Löw mit drin in dem Komplott. Der musste doch organisieren, dass wir garantiert wieder gegen Argentinien gewinnen können. Erinnere dich bitte mal an die WM 2006. Da hat Deutschland auch gegen Argentinien gewonnen, und die Merkeln huppte auf der Tribüne hoch. Jetzt ist sie wieder auf der Tribüne hoch gehuppt. Immer wenn die von einem Spiel gegen Argentinien zurückkam, war sie in Hochstimmung. 2006 ging danach die Mehrwertsteuer hoch und in diesem Jahr eben die Krankenversicherung. Während die Leute noch fröhlich sangen: »Guck doch nicht immer zu dem Maradona hin, was ist schon dran an Argentinien«… wurden sie in aller Ruhe zur Ader gelassen. Muttilein, da wird mir schon himmelangst, wenn ich an die Europameisterschaft 2012 denke … Was?… Da ist Argentinien gar nicht dabei … Nee, Muttilein, aber irgendwas werden die schon aushecken. Vielleicht wird dann der Eintopfsonntag wieder eingeführt oder das Winterhilfswerk. Der Bundespräsident hat schon so was angedeutet in seiner ersten Rede. Da hat der Wulff nämlich gesagt, er will in seiner Amtszeit »Brücken bauen für Jung und Alt.« Und warum? Damit einige dann überhaupt noch ein Dach über dem Kopf haben. Und unter so 'ner Brücke hat man dann das ganze Jahr über »Public viewing«.

Kein Ende

Der letzte Tag des Jahres 2010 ist zwar noch nicht heran, wohl aber der Tag der Abgabe des Manuskripts. Und so steht zwischen diesen Seiten nur das, was war. Was wird, steht noch in den Sternen. Wir wissen an dieser Stelle nicht, was alles noch und vor allem wo verteidigt werden muss. Glaubt man unserer Kanzlerin, wird inzwischen schon Europa in Griechenland verteidigt. So hat sie es im Mai verkündet. In ihrer »Tsatsiki-Rede«. Unter diesem Namen wird diese Regierungserklärung vielleicht einmal in die Geschichtsbücher eingehen. Wie einst die »Hunnenrede« Kaiser Wilhelms. »Pardon wird nicht gegeben. Kompromisse werden nicht gemacht. Führt die Geschäfte so, dass auf tausend Jahre kein Grieche mehr es wagt, einen Deutschen auch nur scheel anzusehen.« So ähnlich muss es jedenfalls für die Griechen geklungen haben, als Angela Merkel seit 1918 Deutschland wieder die erste Kolonie verschaffte. Kolonie, laut Lexikon ein »vom Mutterland abhängiges Gebiet, ohne eigene politische und wirtschaftliche Macht«. Mutter Merkel bestimmt in ihrem Land, was Papandreou mit seinem Volk zu machen hat: Kein Weihnachtsgeld mehr, dreijähriger Lohnstopp, Rentenkürzung, Nichterneuerung von Zeitverträgen, Streichung von Zuschlägen für Überstunden, Erhöhung der Mehrwertsteuer, Erhöhung der Krankenversicherungsbeiträge ... Also, kurz gesagt: Zustände wie in Deutschland schaffen. Und das können die Griechen nicht auf die lange Bank schieben. Das gehört auf die Deutsche. Josef Ackermann hat das so formuliert: »Wenn ein Haus brennt, dann muss man nicht lange über die Konstruktionsfehler diskutieren, sondern das Haus löschen.« Jeder vernünftige Feurwehrmann würde den Brand löschen und nicht das Haus. Aber Ackermann ist Banker und kein Feuerwehrmann. Wenn ein deutscher Banker von Löschung spricht, meint er eigentlich Tilgung. Am besten des ganzen Griechenlands aus dem Grundbuch der EU. Und wenn sich Griechenland das aber nicht gefallen lässt? Dann wird sein Schuldenberg zum Feldherrenhügel für Guttenberg. Dann wird Europa am Olymp verteidigt. Und danach vielleicht auch noch am Ätna, an den Pyrenäen, an der Algarve und am Tullamore Dew. Die Kenner unter den Lesern werden jetzt sagen: »Moment mal, Tullamore Dew? Ist das nicht ein Whisky!« Stimmt, aber zu Irland ist mir nichts anderes eingefallen. Wenigstens wissen wir jetzt, warum Karl-Theodor Maria Nikolaus Johann Jacob Philipp Franz Joseph Sylvester ... Bis dahin wollte ich eigentlich fertig sein. Also, kurz, warum Guttenberg gesagt hat: »Tod und Verwundung sind Begleiter unserer Einsätze geworden, und sie werden es auch in den nächsten Jahren sein, nicht nur in Afghanistan.«

So, nun habe ich ihre Stimmung ganz schön runtergezogen, gelle?

Aber keine Sorge! Unsere Bundesregierung sorgt dafür, dass es uns immer wieder hochkommt.